普通高等教育"十一五"国家级规划教材
高职高专系列教材
机械工业出版社精品教材

经济学基础

第3版

国家机械职业教育管理类专业教学指导委员会　组编

主　编　吴志清
副主编　黄忠林
参　编　刘淑芸　黄德浩　崔　平　毛锡平
　　　　卢仁祥　朱伯伦　顾建伟
主　审　李景霞

机械工业出版社

本书是由国家机械职业教育管理类专业教学指导委员会组织编写的高职高专规划教材。作者根据高等职业教育的特点，融合了作者多年的教学经验和成果，采用了先微观后宏观的阐述方法，深入浅出地介绍了经济学的基本理论、内容和方法。本书主要介绍了价格理论、消费者行为理论、生产理论、成本理论、市场理论、分配理论、市场失灵与微观经济政策、国民收入决定理论、宏观经济政策、通货膨胀与失业、经济增长与经济周期理论、国际经济。

本书各节采用了导入案例，以引起学生的学习兴趣与思考。每章附有小结、思考与练习，本书还附有综合练习试题库，以便于学生练习和老师出考试题。

图书在版编目（CIP）数据

经济学基础/吴志清主编．—3 版．—北京：机械工业出版社，2018.8（2024.6 重印）
高职高专系列教材
ISBN 978-7-111-60065-7

Ⅰ．①经⋯　Ⅱ．①吴⋯　Ⅲ．①经济学—高等职业教育—教材
Ⅳ．①F0

中国版本图书馆 CIP 数据核字（2018）第 116660 号

机械工业出版社（北京市百万庄大街 22 号　邮政编码 100037）
策划编辑：孔文梅　　责任编辑：孔文梅　张潇杰
责任校对：王　欣　　封面设计：鞠　杨
责任印制：邓　博
北京盛通数码印刷有限公司印刷
2024 年 6 月第 3 版第 9 次印刷
184mm×260mm・15.75 印张・384 千字
标准书号：ISBN 978-7-111-60065-7
定价：45.00 元

电话服务　　　　　　　　网络服务
客服电话：010-88361066　　机　工　官　网：www.cmpbook.com
　　　　　010-88379833　　机　工　官　博：weibo.com/cmp1952
　　　　　010-68326294　　金　书　网：www.golden-book.com
封底无防伪标均为盗版　机工教育服务网：www.cmpedu.com

前　言

本书是由国家机械职业教育管理类专业教学指导委员会组织全国机械工业系统有关职业技术院校教师编写的高职高专管理类专业系列规划教材之一。本书可作为高等职业院校、高等专科学校、成人高校及本科院校举办的二级职业技术学院和其他高校经济管理类各专业必修的通用教材，也可供其他人员参考。

本书第1版共有十四章。第一章导论，介绍了经济学的对象、内容和方法；第二～八章，介绍了均衡价格理论、消费与生产理论、成本理论、市场理论、分配理论、市场失灵与微观经济政策，这部分基本上属于微观经济学的内容；第九～十四章，介绍了国民收入决定理论、利息率与国民收入、通货膨胀与失业、经济增长与经济周期、宏观经济政策、国际经济，这部分基本上属于宏观经济学的内容。

本书第2版对宏观经济部分的章节进行了较大的调整，对第1版第九～十四章的国民收入决定理论、利息率与国民收入、通货膨胀与失业、经济增长与经济周期、宏观经济政策、国际经济的顺序和内容进行了调整与补充，第2版改为国民收入决定理论、利息率与国民收入、宏观经济政策、通货膨胀与失业、经济增长与经济周期、国际经济。

本次修订主要是以下几个方面：

1. 调整合并了原第九章国民收入决定理论及原第十章利息率和国民收入的有关内容，删去了原第九章第六节产品市场的均衡：IS曲线；删去了原第十章第二节货币市场的均衡：LM曲线和第三节产品、货币市场的一般均衡：IS-LM分析，以更适合学生的实际情况。调整合并后的第九章为国民收入决定理论。

2. 对第2版导入案例进行了全面的梳理，更换了不恰当的、过时的导入案例，使本书的导入案例更符合教材中涉及的教学内容，便于教师教学和学生学习。

3. 配套资源中新增加了综合练习试题库，以便于学生综合练习和老师出考试题。

本书根据高等职业教育培养技术应用型专门人才的教学特点，在参考国内外有关教材的基础上，融合我们多年的教学经验和成果，在教材的内容、体系等方面力求做到题材新颖、选材适当、突出案例、注重运用。

本书由上海电机学院吴志清教授主编，参编人员由上海、浙江、江苏等省市的职业技术院校长期从事经济管理类专业的教学工作、有丰富教学科研经验的教师组成。本书由上海电机学院李景霞教授主审。

为方便教学，本书配备电子课件等教学资源。凡选用本书作为教材的教师均可登录机械工业出版社教育服务网 www.cmpedu.com 下载。咨询电话：010-88379375；联系QQ：945379158。

本书在编写过程中，编者参考了大量同类教材及有关的论著资料，得到了中国机械工业教育协会、机械工业教育发展中心和许多兄弟院校的大力支持，在此一并致以诚挚的谢意。

编　者

目 录

- 前言
- **第一章 导论 // 1**
  - 第一节 稀缺性与经济学 // 1
  - 第二节 微观经济学与宏观经济学 // 6
  - 第三节 经济学的分析方法 // 10
  - 本章小结 // 13
  - 思考与练习 // 14
- **第二章 价格理论：需求与供给 // 16**
  - 第一节 需求与需求曲线 // 16
  - 第二节 供给与供给曲线 // 20
  - 第三节 均衡价格及其应用 // 23
  - 第四节 弹性理论 // 28
  - 本章小结 // 36
  - 思考与练习 // 36
- **第三章 消费者行为理论 // 41**
  - 第一节 基数效用论 // 42
  - 第二节 序数效用论 // 46
  - 第三节 消费者行为理论的应用 // 51
  - 本章小结 // 54
  - 思考与练习 // 54
- **第四章 生产理论 // 59**
  - 第一节 生产与生产目的 // 59
  - 第二节 短期生产函数与边际报酬递减规律 // 61
  - 第三节 长期生产函数与最优投入组合 // 66
  - 第四节 规模收益 // 71
  - 本章小结 // 73
  - 思考与练习 // 73
- **第五章 成本理论 // 77**
  - 第一节 成本与成本函数 // 77
  - 第二节 短期成本函数 // 80
  - 第三节 长期成本分析 // 84
  - 本章小结 // 88
  - 思考与练习 // 89
- **第六章 市场理论 // 92**
  - 第一节 市场的类型 // 92
  - 第二节 完全竞争市场 // 95
  - 第三节 垄断市场 // 102
  - 第四节 垄断竞争市场 // 110
  - 第五节 寡头市场 // 114
  - 本章小结 // 117
  - 思考与练习 // 117
- **第七章 分配理论 // 121**
  - 第一节 收入分配概述 // 121
  - 第二节 工资、利息和地租的决定 // 123
  - 第三节 效率与公平 // 128
  - 本章小结 // 131
  - 思考与练习 // 131
- **第八章 市场失灵与微观经济政策 // 134**
  - 第一节 垄断 // 134
  - 第二节 公共物品 // 139
  - 第三节 外部经济影响 // 142
  - 本章小结 // 145
  - 思考与练习 // 145
- **第九章 国民收入决定理论 // 148**
  - 第一节 宏观经济总量与核算 // 148
  - 第二节 消费函数和储蓄函数 // 154
  - 第三节 投资函数 // 159
  - 第四节 简单国民收入的决定 // 161

第五节　乘数原理 // 165
第六节　利息率的决定 // 167
本章小结 // 171
思考与练习 // 172

第十章　宏观经济政策 // 176

第一节　宏观经济政策目标 // 176
第二节　宏观财政政策 // 179
第三节　宏观货币政策 // 183
第四节　宏观经济政策的影响 // 187
本章小结 // 189
思考与练习 // 190

第十一章　通货膨胀与失业 // 193

第一节　通货膨胀及其影响 // 193
第二节　通货膨胀的经济根源 // 199
第三节　充分就业 // 205
第四节　通货膨胀与失业的关系 // 208
本章小结 // 210

思考与练习 // 211

第十二章　经济增长与经济周期理论 // 215

第一节　经济增长与可持续发展 // 215
第二节　两个经济增长模型 // 217
第三节　经济周期理论概述 // 220
本章小结 // 226
思考与练习 // 227

第十三章　国际经济 // 231

第一节　国际贸易 // 231
第二节　国际贸易组织 // 234
第三节　国际金融体系 // 236
第四节　国际收支 // 238
本章小结 243
思考与练习 // 244

参考文献 // 245

第一章 导论

- 学习目标 -

1. 理解经济学的定义。
2. 掌握经济学研究的三大基本问题。
3. 了解生产可能性曲线与机会成本。
4. 了解不同经济体制及其资源配置的方式。
5. 了解微观经济学的研究对象和基本内容。
6. 了解宏观经济学的研究对象和基本内容。
7. 了解实证分析与规范分析之间的差异。

第一节 稀缺性与经济学

导入案例 1-1 >>> 稀缺的水资源

水——人类生命之所系。目前世界上大约有 20 亿人处于缺水状态,水资源的稀缺已经成为制约世界经济发展的先决条件。据测算,几乎全世界所有主要城市都面临水危机。

中国是一个淡水资源严重匮乏的国家。我国淡水资源总量为 3.2 万亿立方米,占全球水资源的 6%,仅次于巴西、俄罗斯和加拿大,居世界第四位。但是,我国人均水资源只有 2 436 立方米,仅为世界平均水平的 1/4、美国的 1/5,在世界上名列 121 位,是全球 13 个人均水资源最贫乏的国家之一。同时,如果扣除难以利用的洪水径流和散布在偏远地区的地下水资源后,中国现实可利用的淡水资源总量则更少,仅为 11 000 亿立方米左右,人均可利用的水资源量约为 900 立方米,并且其分布极不均衡。突出表现为大量淡水资源集中在南方,北方淡水资源只有南方水资源的 1/4。

目前我国城市供水以地表水或地下水为主,或者两种水源混合使用,有些城市因地下水过度开采,造成地下水位下降,有的城市形成了几百平方公里的大漏斗。

由于许多地方工业废水的肆意排放，导致我国这些地方的地表水、地下水被污染。日趋严重的水污染降低了水体的使用功能，进一步加剧了水资源短缺的矛盾，对中国正在实施的发展战略带来了严重影响。

现在中国正在投入大量资金治理水资源的各项问题，如南水北调工程。自2013年、2014年相继建成通水以来，南水北调东、中线一期工程运行平稳，输水水质全线达标。

从东线来看，山东省平原区地下水位较去年同期上升0.18米，受益人口超过4 000万人；从中线来看，北京市、天津市等18座大中城市的供水保障能力得到有效提高，受益人口达5 300万人。从经济学意义上说，治理水资源就是解决水的稀缺性。资源的稀缺性是研究经济学的出发点。

一、欲望无限与资源稀缺

欲望是人们对生活资料和服务的不间断的需求。在人类社会循环往复的生产与消费过程中，人们的消费欲望以及用来满足这种欲望所引起的对物品的需求是无限的。人们总是有无限欲望，希望未来比现在更好，自己的生活更富裕，有更多的收入和荣誉。尽管人们的生活水平在不断提高，但人们的欲望也在提高。在这场竞赛中，胜方永远是欲望。这是人类永远无法解决的矛盾。这种相对于欲望而言资源总是有限的现象，经济学上称为稀缺性。

用来满足人们欲望的物品可以分为两类：一类是自由取用物品；另一类是经济物品。

自由取用物品是指人类无须做出努力或花费任何代价便可随意得到的物品，如阳光、空气和海水。面对人类无限的欲望，用来满足人类需要的自由物品将越来越少，如水资源，在200年前水资源可以说是自由物品，而在今天，水是人类稀缺资源之一。

经济物品是指人类必须付出一定的代价方可得到的物品，即必须通过生产和交换才能获得的物品。经济物品在满足人类需求方面具有特别重要的作用。进入21世纪，人类的物质生活水平得到了极大的提高，物质财富极大丰富。那么，为什么经济物品还是稀缺？这是因为加工生产成经济物品的资源是有限的。首先，地球上的自然资源是有限的，自然资源中森林资源、矿产、石油、煤等资源都是用一点少一点，某些资源在某些地区甚至是匮乏的，如有些地区森林资源的过度开采，引起生态的不平衡以至于给人类带来灾难。其次，经济组织中的资本、劳动力、机器等资源也是有限的。再次，时间资源也是有限的，由于时间是永远向前的，一刻也不停留。对所有人来说，人生都只有一次，而且每一刻都只有一次。很多事做坏了，就再也不能重来。很多事情就算能重来，也不复当初。

总之，在人类社会的进程中，资源的稀缺性无所不在。从历史上来看，稀缺性存在于人类社会的一切时期，无论是原始社会还是现代社会，都存在稀缺性。从现实来看，稀缺性存在于各个国家，无论是贫穷的不发达国家，还是富裕的发达国家，都存在这种稀缺性。经济学就产生于客观存在的稀缺性。

二、稀缺性引发的经济问题

（一）三大基本经济问题

西方经济学认为，正是由于相对于人类欲望的社会资源是稀缺的，人们才需要考虑如何利用和配置现有的社会资源，才需要考虑生产、交换、分配和消费等经济问题，也就产生了经济学这门学科。如果社会资源不是稀缺的，任何商品都可以无限地生产出来，那么，一切商品都不是经济物品而变成和空气一样的自由取用物品，这样，人类就不会面对诸多的经济问题，也就不需要经济学这门学科了。一切经济问题的产生都是由稀缺性这一客观事实引发的。

经济学产生于稀缺，但它并不研究稀缺，而是研究由稀缺引发的"选择"的必要性。因为，同一资源和物品有多种用途，人类的欲望也有轻重缓急之分，因此，在用有限的资源和物品去满足人类的不同欲望时，就必须做出选择。这就是说必须对有限的资源进行有效配置与合理利用，才能更好地满足人类的欲望。由资源的稀缺性和选择性引发出经济学研究的三大基本经济问题，即生产什么、如何生产、为谁生产。

1．生产什么

生产什么是指生产什么样的产品和劳务，各生产多少。由于资源有限，用于生产某种产品的资源多一些，那么用于生产另一种产品的资源就会少一些。人们必须做出抉择：用多少资源生产某一种产品，用多少资源生产其他的产品。今天，我们应该生产面包还是生产衬衫？生产少量优质衬衫还是生产大批廉价衬衫？我们应该利用有限的资源生产更多的消费品，还是应当生产较少的消费品和较多的投入品，从而使明天有更多的产出？

2．如何生产

如何生产是指用什么样的方法来生产出产品和劳务。不同的生产方法和资源组合是可以相互替代的。同样的产品可以有不同的资源组合（劳动密集型方法、资本密集型方法和技术密集型方法）。谁来种田，谁来教书？用石油发电，还是用煤炭发电，或是水力发电？人们必须决定：各种资源如何进行有效组合以提高经济效率。同样的产品生产在不同的外部环境下，会有不同的劳动生产率。所以，人们还必须决定资源配置的有效性。

3．为谁生产

为谁生产是指生产出来的产品和劳务如何分配给社会的各个集团和个人。谁来享受经济活动的成果；社会产品如何在不同的居民之间进行分配；经理、运动员、工人和资本所有者，谁应当得到高收入；社会应该给穷人提供最低消费，还是遵循不劳动者不得食的原则；产品如何在人们之间进行分配，根据什么原则，采用什么机制进行分配，分配的数量界限如何把握等。

生产什么、如何生产和为谁生产这三个问题，是任何社会、任何国家在进行生产时都必须面临和需要解决的基本经济问题。经济学就是为提供解决这些基本问题的原则而产生的。所以，经济学是研究如何有效地分配和使用相对稀缺的资源来更好地满足人类无限多样的需要的一门社会科学。

资源是稀缺的，因此资源需要有效配置；资源是稀缺的，因而资源还需要充分利用。在现实的经济社会中，当出现失业时，意味着经济资源的闲置与浪费。所以，经济学家不仅研究资源配置问题，还研究资源利用问题。所谓资源利用是指人类社会如何更好地利用现有的稀缺资源，生产更多的物品。

由上可见，稀缺性不仅引起了资源配置问题，还引起了资源利用问题。所以，许多经济学家认为，经济学是研究稀缺资源配置和利用的学说。

（二）生产可能性曲线与机会成本

由资源的稀缺性所引发的一系列经济问题可以由生产可能性曲线表示。生产可能性曲线表示经济社会在既定资源和技术条件下所能生产的各种商品最大数量的组合。考虑一个经济社会使用它的全部资源生产粮食和钢铁两种产品的情形。由于社会用于生产的资源是有限的，因而社会可以生产的粮食和钢铁就是有限的，多生产了钢铁就得少生产粮食。如表1-1所示，如果社会全部资源都生产了钢铁，最多生产5万吨；如果全部资源都生产了粮食，最多生产15万吨；如果社会生产3万吨钢铁，那它最多只能生产9万吨粮食……

表1-1　生产可能性表

最大数量的组合	A	B	C	D	E	F
钢铁（万吨）	0	1	2	3	4	5
粮食（万吨）	15	14	12	9	5	0

将表1-1描述在几何图形上，可以得到图1-1所示的生产可能性曲线（或称生产可能性边界）。图中横轴表示社会生产钢铁的数量，纵轴表示社会生产粮食的数量。A点和F点表示社会只生产粮食和只生产钢铁的极端情形，其他各点表示社会同时生产粮食和钢铁的不同组合点。把这些点连接起来可以得到一条曲线，这条曲线上的点都表示在生产资源与技术既定的条件下，社会生产粮食与钢铁两种产品的最大可能的组合。

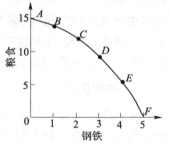

图1-1　生产可能性曲线

生产可能性曲线反映了资源稀缺性与选择性的经济学特征。究竟生产多少钢铁、多少粮食更能满足人类的需要呢？资源的稀缺性使得社会不得不做出选择。选择之所以成为经济活动的重要问题，是因为不同的选择带来资源的不同配置。在上面的例子中，如果社会选择C点而不是B点，即多生产1万吨钢铁，则社会必须因此放弃2万吨粮食的生产。这意味着选择是有代价的，这个代价就是机会成本。

所谓机会成本是指由于对具有多种用途的资源进行选择而牺牲的其他用途的机会所放弃的最大利益或代价。例如，上述生产可能性曲线上的A、B两点表示多生产1万吨的钢铁就要以牺牲1万吨粮食的生产为代价，因此就A、B两点来说，社会选择生产1万吨钢铁的机会成本就是1万吨粮食。

只要资源是稀缺的，并且只要人们对稀缺资源的使用进行选择，就必然会产生机会成本。运用机会成本概念，可以对一定资源的不同使用所达到的经济收益进行比较，以便在运用稀缺资源时，达到最大的可能收益。

三、资源配置与经济体制

如上所述，任何一个经济社会都面临着如何对既定的相对稀缺的资源进行有效、合理配置的问题。能否实现资源的合理配置？经济学家认为，解决这一问题的原则、方式与其相应的经济社会生产的物质技术水平及其经济体制有关。

经济体制是组织和管理经济的一整套具体制度和形式。经济体制不同决定经济机制（决策机制、信息机制和激励约束机制）不同，资源配置和利用方式不同，经济效率也就有很大差别。

从历史上看，经济体制大体分成四种类型：自然经济、计划经济、市场经济和混合经济。

1. 自然经济

自然经济的基本特征是每个家庭或村落生产他们消费的大部分物品，极少数消费品从外界交换得来。在这种体制下，决策权掌握在家长、部落酋长、庄园主手里，依靠习惯和强制力决策。由于生产不是为了交换，因而经济封闭，信息贫乏，经济的刺激力限于求生需要。土地资源的配置和利用由居民的直接消费决定，经济效率差，经济发展滞缓，水平低下。

2. 计划经济

这一经济体制的基本特征是资源基本归政府所有，经济的组织和管理由政府负责，经济社会发展的决策权高度集中在政府手中，政府依靠对资源的所有权、强制力及其自身掌握的信息做出决策。企业和居民根据政府的决策生产、就业，得到收入进行消费。总之，在计划经济体制中，所有与资源配置有关的经济活动，都由政府或通过政府的指令来进行。一般来说，它与土地和资本归国家和集体所有制的经济制度相联系。

在计划经济体制下，资源的配置和利用由政府通过计划方法来解决；信息的收集、整理和传递是通过政府计划部门纵向进行的。经济发展的动力主要依靠政治思想和道义上的力量。这种高度集权的决策机制，如行政性收集、整理和纵向传递的信息机制，以及缺乏物质上的激励机制，这种机制的缺陷是显而易见的。它不仅不能实现资源的有效配置，还可能造成资源的严重浪费。当然，高度集中的计划经济体制也有集中力量办大事、应付突发事件等优点。

3. 市场经济

市场经济是借助市场交换关系，依靠供求、竞争、价格等机制，组织社会经济运行，以调节社会资源配置和分配经济收入的经济。简言之，市场经济就是在市场调节下运行的经济。市场经济体制的基本特征是资源基本归具有产权的自然人或法人所有。各经济主体都是独立的、平等的，可以自由进出市场，自由地开展竞争与合作。

在这种体制下，生产什么、生产多少、如何生产和为谁生产完全由多元主体独立决策、高度分散。企业和消费者作为市场的主体，作为一个理性的经济人，在独立决策时，企业以追求利润最大化为目标，消费者以获得效用最大化为原则。独立自主决策能充分发挥决策的主动性；分散决策有利于抓住机会，充分利用资源。

市场经济体制下的信息即是指相对价格。价格提供的信息量是充分的，从价格的变化中可以了解各种市场上的商品供给的数量、需求的多少、成本的高低、受益的多寡。价格提供的信号简单、明了，具有透明性和公开性。市场价格信号的传递是横向和无限的，收集整理快速便捷。

市场经济体制下收入差距和竞争的压力形成激励约束机制。价格信号不仅是资源配置决策的依据，同时也表明了收入的分配，价格的调节形成收入差距。收入差距是调动积极性的极其有效的激励机制。同时，竞争作为一种外部压力，是一种最好的激励约束机制。

市场经济体制还是一种开放型经济体制。社会分工的扩大和深化，社会生产的增长，必然要求市场容量的扩大、地域范围的扩大，要求打破地区的封锁和割据，形成全国乃至全世界的统一市场。

与自然经济体制和计划经济体制相比，市场经济体制能优化资源配置和充分利用资源，提高经济效率，推动经济发展。但市场经济并不是完美无缺的。个别生产者对资源的利用并非总是有效的，过度竞争往往造成部分资源的浪费；个别生产者有使生产无限增长的趋势，但市场的扩大是有限的，结果会出现经济波动乃至周期性经济危机，导致资源利用的社会性浪费；市场配置资源还会带来内部的经济性和外部的不经济性矛盾，个别生产者只顾节约私人成本，不关心造成环境恶化等外部的社会成本增加等问题。

4．混合经济

混合经济是指市场条件下政府干预的经济。混合经济的基本特征是：资源的民间所有和国家所有相结合，市场与计划相结合，自由竞争与国家干预相结合。从当今发达国家的情况看，作为经济基础的是私人所有、市场调节和经济自由，国家所有、国家干预和国家计划起克服"市场失灵"的补充作用。其基本原则是，凡家庭、企业、市场能解决且效率高于政府的，由他们解决，反之则由政府解决。

在混合经济中，政府调节的作用是：①通过税收、补贴或者直接控制价格来调控商品和投入的相对价格。②通过收入税、福利支出，或直接控制工资、利润、房租等调节相对收入的区别。③通过法律直接提供产品和服务，如对教育和国防。另外，利用税收补贴或国有化调控生产和消费的类型。④通过使用税收和政府开支、控制银行借贷和利息、直接控制价格和收入汇率等手段来调控失业和通货膨胀、经济增长和支出赤字的平衡等宏观经济问题。

上面四点说明在混合经济中，通过市场机制的自发作用，经济社会解决生产什么和生产多少、如何生产、为谁生产的基本问题。当市场机制失灵时，则通过政府的干预促进资源使用的效率，增进社会平等，维持经济的稳定和增长。

第二节　微观经济学与宏观经济学

导入案例 1-2　经济学的两个分领域

一般说来，经济学理论体系被分为微观经济学和宏观经济学两个分领域。对于同一问题的解释，如对于实际工资下降所产生的效应，微观经济学和宏观经济学给出的回答可能是截然不同的。这是什么原因造成的呢？

从微观经济学角度看，实际工资（货币工资除以价格水平）下降，意味着劳动力成本下降，企业家在组织生产时就会多用人，即采用劳动密集型生产方法，从而会使就业增加。例如，当劳动力价格十分低的时候，采用人海战术挖水库，比使用大型挖土机更能节约成本。

从宏观经济学的角度看，实际工资下降会使失业增加。这是因为实际工资下降会使人们的消费减少，当产品卖不出去时，企业就会减产和裁员。

结论相反并不说明某一结论是错误的，因为两者的假设条件不同。在微观经济学中，只考虑一个企业实际工资下降，其隐含前提是社会实际工资不变。所以条件不同，自然会导致结论不同。

一、微观经济学

1. 微观经济学的研究对象

微观经济学是研究单个经济主体的经济行为，分析其相应的经济变量的单项数值如何决定。

经济活动的主体是指一个社会经济活动的当事人或决策者，因而也就是资源配置者和利用者。一个社会经济活动中有三种类型的经济主体：家庭、企业和政府。相对于政府而言，家庭和企业被称为单个经济主体，是微观经济学研究的对象；政府的经济行为则是宏观经济学研究的对象。

1）家庭是一个决策单位。家庭有些是由有血缘关系的人群组成，有些是由一个人组成（单身）。每个家庭都有无限的欲望和有限的资源，在经济活动中，家庭一方面要购买并消费产品与劳务，另一方面要拥有并出售所有的生产要素，在这些经济活动中家庭需要独立做出选择。

2）企业是生产产品和劳务的组织。所有生产者，无论大小，无论生产什么，都称为企业（厂商）。汽车制造商、农业承包户、银行、保险公司等，都是企业。在经济活动中，企业生产并出售产品与劳务，企业雇佣并使用生产要素，企业在这些活动中也要独立做出选择。

3）政府也提供产品和服务，并进行收入与财产再分配。政府提供的最重要的服务是法律框架及实施机制（法庭与警察）。政府还提供国防、公共保健、交通、教育等服务。政府同样要在经济活动中做出选择。在一个社会中，对成千上万的家庭和企业各自决策的经济活动，客观上有一个"中心"在进行协调，这就是政府。否则，一个社会的经济活动就不能有条不紊地进行。不同的经济社会协调的机制不同，由此形成了不同的经济体制。

微观经济学研究的对象可以从以下几点来理解：

（1）研究的对象是单个经济主体的经济行为。经济行为包括：家庭（居民户）如何支配收入，怎样以有限的收入获得最大的效用和满足；单个企业（厂商）如何把有限的资源分配在各种商品的生产上以取得最大利润。单个经济变量包括：单个商品的产量、成本、利润、要素数量；单个商品（包括生产要素）的效用、供给量、价格等。微观经济学通过对这些单个经济主体的行为和单个经济变量的分析，阐明它们之间的各种内在联系，从而确定和实现最优的经济目标。

（2）中心理论是价格理论。个体经济单位的选择受到价格的影响，因此微观经济学中的中心问题是价格问题。通过价格的调节，使社会资源的配置实现最优化。微观经济学正是要说明价格是如何使资源配置达到最优化。

（3）解决的问题是资源配置。微观经济学实际上是研究一个经济社会既定的经济资源被用来生产哪些产品，生产多少及采用什么生产方式，产品怎样在社会成员之间进行分配。所以，它研究的是既定的经济资源如何被分配到不同的用途上，即资源配置问题。

（4）研究方法是个量分析。个量分析是研究经济变量的单项数值是如何决定的。

2. 微观经济学的基本内容

微观经济学包含的内容很多，其主要有：

（1）价格理论。价格理论研究商品的价格是如何决定的，价格对消费者需求和生产者供给的影响，价格如何调节整个经济的运行。

（2）消费者行为理论。它研究消费者如何把有限的收入分配于各种物品的消费上，以实现效用的最大化。

（3）生产理论。它研究生产要素投入与产量之间关系的理论。解决生产要素的合理投入和最优组合问题，并对规模报酬进行分析以达到最佳规模。

（4）成本理论。成本理论是生产理论的延伸，它研究在厂商生产条件既定的条件下生产成本与产量之间的关系，成本是厂商经营决策的主要基础，厂商通过使总收益与总成本之差达到最大，实现利润最大化。

（5）市场理论。市场理论研究市场、市场结构和市场类型，不同市场类型条件下的生产者的供给和短期均衡与长期均衡问题。

（6）分配理论。分配理论主要研究生产要素市场，研究生产要素（劳动、资本、土地、企业家才能）的价格和使用量与生产要素所有者收入（工资、利息、租金、利润）的关系。

（7）微观经济政策。它研究政府有关价格管理、消费与生产的调节，以及实现收入分配平等化的相关政策。

3．微观经济学的一个基本假设条件

微观经济学理论的建立是以一定的假设条件作为前提的。在众多不同经济理论的各自不同的假设条件中，有一个假设条件是所有的经济理论均具备的一个基本假设条件，那就是"合乎理性的人"的假设条件。"合乎理性的人"的假设也通常被简称为"理性人"或者"经济人"的假设条件。

"经济人"的概念来源于亚当·斯密《国富论》中的一段话——"我们每天所需要的食物和饮料，不是出自屠户、酿酒家和面包师的恩惠，而是出于他们自利的打算。我们不说唤起他们利他心的话，而说唤起他们利己心的话，我们不说自己有需要，而说对他们有利。"

目前，大多数经济学家所说的"经济人假设"大致包含以下要点："经济人"是对经济生活中一般人的抽象；"经济人"的本性是利己的；"经济人"在经济生活中的行为都是理性的。

与此有关的还有两点：人们是从自己的需要和利益出发参与社会分工和商品生产的；在价值规律这只"看不见的手"的指导下，在追求自己利益的同时，并非出于本意地促进了社会的公共利益。

"理性人"或者"经济人"的假设条件是微观经济分析的基本前提，它存在于微观经济学所有不同的理论之中。

需要指出的是，传统经济学把人的行为定性为理性自私，因此推测人在决策时只考虑金钱刺激，而不会受到其他情绪影响。而在当代的行为经济学研究中，认为人类决策会受到大量心理因素影响，如对不公平的厌恶、对模糊性的厌恶、对欺骗的厌恶、对损失的厌恶等，如果这些情绪足够强烈，就可能主导人的行为，而完全不顾金钱刺激。

2017年的诺贝尔经济学奖颁给了美国芝加哥大学教授理查德·塞勒（Richard Thaler），用以表彰其在行为经济学领域做出的突出贡献。塞勒将心理上的现实假设纳入到经济决策分析中，通过探索有限理性（limited rationality）、社会偏好（social preferences）和缺乏自制（lack of self-control）的种种后果，揭示了上述人格特质如何系统地影响了个人决策以及市场前景，"令经济学更有人性"。

二、宏观经济学

1. 宏观经济学的研究对象

宏观经济学以整个国民经济活动作为考察对象，研究社会总体经济问题，以及相应的经济变量的总量如何决定及其相互关系。总体经济问题包括经济波动、经济增长、就业、通货膨胀、国家财政、进出口贸易和国际收支等。经济总量有国民收入、就业量、消费、投资、物价水平、利息率、汇率及这些变量的变动率等。研究宏观经济学应包含以下几点：

（1）研究的对象是整个经济。宏观经济学通过对总体经济问题及其经济总量的研究来分析国民经济中的国民收入、总就业、物价水平、经济周期和经济增长等问题。它是研究整个经济的运行方式与规律，从总体上分析经济问题。

（2）中心理论是国民收入决定理论。宏观经济学把国民收入作为最基本的总量，以国民收入的决定理论为中心来研究一国经济资源的利用现状是怎样影响着国民经济总体，用什么手段来改善经济资源的利用，实现潜在的国民收入和经济的稳定增长。

（3）解决的问题是资源利用。宏观经济学研究现有资源未能得到充分利用的原因、达到充分利用的途径以及增长等问题。

（4）研究方法是总量分析。总量是指反映了整个经济运行情况的经济变量。经济总量有两方面：①个量的总和，如总投资是各个厂商的投资之和，总消费是各个消费者的消费之和，总收入是组成整个经济的各个单位的收入总和；②平均量，如价格水平是各种商品与劳务的平均价格。总量分析研究这些总量的决定、变动及其相互关系，从而说明整体经济的状况。

2. 宏观经济学的基本内容

（1）国民收入决定理论。国民收入是衡量一国经济资源利用情况和整个国民经济状况的基本指标。国民收入决定理论就是从总需求和总供给的角度出发，分析国民收入及其变动的规律。这是宏观经济学的中心。

（2）通货膨胀与失业理论。通货膨胀与失业是各国经济中的主要问题，宏观经济学把通货膨胀和失业与国民收入联系起来，分析其原因及相互关系，以便找出解决这两个问题的途径。

（3）经济周期与经济增长理论。经济周期是指国民收入的短期波动，经济增长是指国民收入的长期增长趋势。这一理论要分析国民收入短期波动的原因，长期增长的源泉等问题，以期实现经济的长期稳定发展。

（4）开放经济理论。开放经济理论要分析一国国民收入的决定与变动如何影响别国，以及如何受别国的影响，同时也要分析开放经济下一国经济的调节问题。

（5）宏观经济政策。宏观经济政策包括政策目标、政策工具和政策效应。政策目标是指通过宏观经济政策的调节达到什么目的；政策工具是指用什么具体方法来达到那些目的，政策效应是指宏观经济政策对经济的作用。宏观经济政策为国家干预经济提供具体的措施。

三、微观经济学和宏观经济学的关系

微观经济学和宏观经济学不是两种经济学，而是经济学体系中的两个部分，两者互相补充，互为前提。虽然它们在研究的对象、解决的问题、中心理论和分析方法上都有所不同，但它们之间又存在着密切的联系。

首先，经济学之所以有微观、宏观之分，主要是因为经济运行的目标与方法有着明显的差异。微观经济学以经济资源的最佳配置为目标，采取个量分析方法，而假定资源利用已经解决；宏观经济学以经济资源的有效利用为目标，采取总量分析方法，而假定资源配置已经解决。所以，宏观和微观经济学互相把对方所考察的对象作为自己的理论前提，互相把对方的理论前提作为自己的研究对象。作为一个经济社会，不仅有资源配置问题，也有资源利用问题，只有把这两方面的问题都解决了，才能解决整个社会的经济问题。

其次，微观、宏观经济学的界线实际上不可能泾渭分明。整体经济是单个经济单位的总和，总量分析是建立在个量分析的基础之上的。例如，对整个经济的消费分析是以单个消费者行为理论为基础，对整个社会的投资分析也是以单个生产者的投资行为为分析基础的。同一经济现象，从一个角度分析是宏观经济问题，从另一角度分析是微观经济问题，全面考察才不会流于偏颇。

最后，经济的发展不会在一段时间里只有微观问题，而在另一段时间里又只有宏观问题，两者是交叉在一起的。之所以在一段时间里强调微观，是由于宏观的自动调节是有效的，同时在另一阶段强调宏观，前提是由于微观运行是有效的。

第三节 经济学的分析方法

导入案例 1-3 >>> 经济学之旅

你无法逃避经济学的影响，哪怕你逃到深山野林。无论你到哪里，无论大自然对你多么慷慨，你都将面临一个绝对的事实：总有一些东西是稀缺的。经济学就是研究这种稀缺性的。

经济学很重要，它是你日常生活的一部分。在你的一生中肯定会遇到经济波动。一些产业会衰落，失去经济力量；你也许会失业；还可能遇到剧烈的通货膨胀。现在，是你开始学习经济学的时候了，这样你可以更好地理解你身边的经济事件。

但是，你该怎样学习经济学呢？有两点很重要：首先，要学会经济学的语言；其次，要爱问"为什么"，我们不能简单地了解一些事情，要有经济学的思维，要知道这些事情为什么是这样。

作为社会科学的经济学，其研究方法存在着一定的哲学基础，是以反映并服务于一定阶级的利益及其要求的世界观和方法论为其思想体系基础的。在经济学具体分析方法的选择上，都曾经有所侧重地使用到诸如抽象法、归纳法、演绎法、数量分析法等一些研究方法。下面所介绍的是经济学界普遍采用的主要分析方法。

一、实证分析和规范分析方法

在方法论上，经济学还有规范方法与实证方法的区别。规范方法通常使用的是推演，它更多地凭借思辨逻辑、概念演绎来给出判断和结论，在此基础上告诉人们"应该怎样"。根据规范方法建立起来的经济学理论，常常被叫作指导性理论，它的理想成分比较多，难以进行充分的事实验证。与规范方法不同，实证方法则更多地凭借事实材料和数据来给出判断和结论，它注重概括，重于经验描述，从大量数据和案例中得出"是怎样"的看法。根据实证方法建立起来的经济学理论，常常被叫作经验性理论，这种理论的现实感较强。

在计划经济条件下，规范方法用得较多，经济学不需要考虑消费者偏好和投资者意愿，它常常告诉政府"应该做什么"。在市场经济条件下，个人和家庭消费什么、怎样消费时刻在发生变化，随机因素和不确定性随时在影响经济变量的变化方向，仅仅根据逻辑推演所得的结论来告诉政府"应该做什么"，在很大程度上是靠不住的。规范方法要在与实证方法相结合的基础上加以运用。

如果重视数量关系和实证分析，就要注意调查，包括统计调查、问卷调查、典型案例调查和访问（实地访问和网上访问）调查。经济学家的统计调查不同于一般的统计，它是指对统计数字进行系统收集、阅读和分析。在经济学研究中，统计数字是很重要的。没有它，你无法揭示复杂经济过程的数量关系。你说经济"过热"，你就得先看看产出增长率、物价上涨率、市场供求差率和投资增长率等经济指标的数字，然后才能根据公认的标准来解释你的判断。

二、均衡分析方法

均衡在力学上是指一物体同时受到方向相反、大小相等的两个外力的作用而形成的平衡状态。用于经济学，是指各种有关变量在相互作用后，处于相对平衡的状态。这种对经济变量均衡的形成和变动条件的分析，称为均衡分析法。例如，某一产品在市场上的价格保持不变，就可以看作影响产品价格的需求、供给等因素互相作用达到平衡的结果。如果某一种因素的力量变动了，价格就会随之发生相应的变动，由旧的均衡状态到新的均衡状态。市场处于均衡状态时的价格为均衡价格，与均衡价格相对应的产量称为均衡产量。

经济学的一般均衡理论以描述决定经济整体的资源分配和收入分配的市场经济活动为目的，但由于每个市场与其他市场之间存在相互依存关系，分析经济整体的活动较为困难。因此，为了简化讨论，可以假定其他产品和生产要素的价格保持不变，单纯研究一种生产要素市场对整体经济的均衡影响，这种方法被称为部分均衡理论分析。

三、边际分析方法

所谓边际分析，是分析自变量每增加一单位或增加最后一单位的量值会如何影响和决定因变量的量值。在个量分析和总量分析时，边际增量分析法作为一种数量分析的具体形式被广泛地采用。例如，微观经济学中的边际收益、边际成本、边际生产力等，宏观经济学中的边际消费倾向、资本边际效率等，都属于边际增量分析之列。现代西方经济学的产生和发展，是与边际分析方法的广泛应用分不开的。可以说，没有边际增量分析方法，便没有现代西方经济学。

宏观经济学和微观经济学在进行数量分析时，把经济变量区分为内生变量（内在变量）和外生变量（外在变量）。内生变量指由经济模型内部结构决定的变量。外生变量指不是由经济模型中的变量决定的，而是由外部因素（如政治、自然等）决定的变量。宏观经济学在进行总量分析时，还把相关的经济变量区分为存量和流量。存量是一定时点上存在的变量的数值，流量是一定时期内发生的变量变动的数值。存量与流量之间有着密切的关系。流量来自存量，流量又归于存量之中。例如，人口总数是存量，它表示某一时点的人口数，而人口出生数则是流量，它表示某一个时期内新出生的人口数；国民财富是存量，它表示某一个时点国民财富总值,而国民收入则是流量,它表示某一个时期内所创造的国民收入。一定的人口出生数来自一定的人口数,而新出生的人口数则记入人口总数中;一定的国民收入来自一定的国民财富,而新创造的国民收入又计入国民财富之中。流量分析是指对一定时间内有关经济总量的产出、投入(或收入、支出)的变动及对其他经济总量的影响进行分析。存量分析是指对一定时点上已有的经济总量的数值对其他有关经济变量的影响进行分析。

四、经济学的图形表述方法

图形是说明两组或两组以上的数据或变量是如何相互联系的。图形在经济学的研究中是非常有用的,一些图形说明变量如何在不断地发生变化,另一些图形说明不同变量之间的相互关系,所以,图形不仅使我们得以分析概念,还能研究其历史趋势。

1. 相关关系图形

(1) 正相关效应。正相关效应是指两变量之间同方向变动,斜率为正的情况,例如,居民可支配收入增加,其消费支出也会随之增加,如图 1-2 所示。

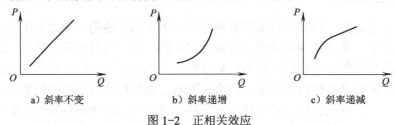

图 1-2　正相关效应

(2) 负相关效应。负相关效应是指变量之间反方向变动,斜率为负的情况,例如,居民储蓄增加,其消费支出就会下降,如图 1-3 所示。

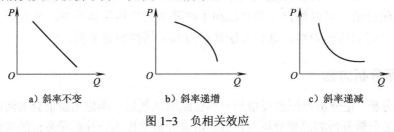

图 1-3　负相关效应

(3) 变量无关。两变量相互之间没有关系,表现为一条垂直或水平直线,如图 1-4 所示。

图 1-4　两变量无关

2. 最大值与最小值图形

变量最大值或最小值的状态,如图 1-5 所示。在图 1-5a 中,A 点是曲线的最大值,图

1-5b 中，B 点是曲线的最小值。最大值和最小值点的斜率为零。

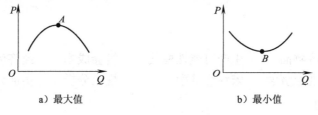

a）最大值　　　　　　　　b）最小值

图 1-5　最大值与最小值

3．曲线的移动和沿着曲线的移动图形

曲线移动是指曲线发生位置的变动，沿着曲线移动是指曲线上不同点的移动，如图 1-6 所示。图中假定你一天有自己可支配的时间为 6 小时，供你在休闲与学习之间进行选择，你选择了 4 小时休闲，则你还有 2 小时学习时间，就是在 L_1 线上的 A 点；B 点则表示 2 小时休闲、4 小时学习，从 A 点移动到 B 点就是沿着曲线移动。若你一天可支配的时间由 6 小时增加至 8 小时，则曲线就从 L_1 移动到 L_2，这是曲线的移动。

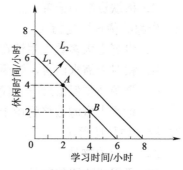

图 1-6　曲线移动与沿着曲线移动

本章小结

1．经济学是研究如何竞争地选择、分配稀缺的产品和资源的学问。无论是决定家庭的消费量、企业的生产量，还是决定一国经济整体的消费量和储蓄量，都可以看作是对有限资源的选择和分配结果。

2．经济活动主体是指一个社会经济活动的当事人或决策者。经济体制是指一个社会经济活动的协调机制，不同的经济体制具有不同的运行机制，完全的市场经济可以通过价格机制与供求的相互作用来解决问题；完全的计划经济仅仅通过计划体制的作用，代替供求机制与价格机制来解决问题；而实际经济的运行往往是价格机制与计划机制的某种结合（或称混合经济），通过两种机制的共同作用来解决三个基本问题。

3．微观经济学与宏观经济学是经济学的两个基本领域。微观经济学是研究居民和企业行为，它是运用供求方法和边际方法研究企业和居民的经济行为，包括价格、弹性、市场类型、消费与生产；宏观经济学研究影响整体经济的力量和趋势，它在研究失业和通货膨胀中，对总供求以及影响总供求的消费、投资、储蓄、进出口、政府收支、货币供应量等因素及相互作用进行了分析。

4．经济学的分析方法包括实证分析方法和规范分析方法。实证分析方法是一种描述和解释性的分析方法，它不提倡或尽量避免价值判断，做出关于世界"是什么"的描述；规范分析方法是命令性的，它通过检验证据而确定或否定实证表述，做出关于世界"应该是什么"的描述。经济学的分析方法除了实证与规范外还有均衡分析法、边际分析法等。

思考与练习

一、重要概念

稀缺性　　经济物品　　生产可能性曲线　　机会成本　　经济体制
市场经济　　微观经济学　　宏观经济学　　规范分析　　实证分析

二、单项选择题

1. 从根本上讲，经济学与（　　）有关。
   A．政府对市场制度的干预　　　　B．企业取得利润的活动
   C．稀缺资源的配置　　　　　　　D．人们靠收入生活

2. 资源的稀缺性是指（　　）。
   A．世界上大多数人生活在贫困中
   B．相对于需求而言，资源总是不足的
   C．资源必须保留给下一代
   D．世界上资源最终将由于生产更多的物品而耗尽

3. 经济物品是指（　　）。
   A．有用的物品　　　　　　　　　B．稀缺的物品
   C．要用钱购买的物品　　　　　　D．有用且稀缺的物品

4. 下面最有可能成为稀缺物品的是（　　）。
   A．空气　　　　　　　　　　　　B．太平洋的海水
   C．运送到兰州的海水　　　　　　D．阳光

5. 经济学研究的基本问题是（　　）。
   A．生产什么　　　　　　　　　　B．如何生产，生产多少
   C．为谁生产　　　　　　　　　　D．以上都是

6. 生产可能性曲线上的点表示（　　）。
   A．资源的配置是有效率的　　　　B．资源的配置是无效率的
   C．社会不可能达到的生产组合　　D．社会采用了先进的生产技术

7. 生产可能性曲线之外的点表示（　　）。
   A．社会生产可达到且资源配置是有效率的　B．社会生产不能达到
   C．社会生产可达到但资源配置是无效率的　D．社会资源没有充分利用

8. 下列命题中哪一个是规范分析命题（　　）。
   A．税收应当是累进的　　　　　　B．低失业水平与高通货膨胀常相伴而行
   C．通货膨胀的危害小于失业的危害　D．限制污染的成本是减少就业机会

9. 以下总量中哪一个不是微观经济学所考察的问题（　　）。
   A．一个厂商的产出水平　　　　　B．国家高税收对商品销售的影响
   C．失业的上升或下降　　　　　　D．某行业中雇用工人数量

10. 下列不是完全计划经济体制的是（　　）。
    A．政府决定生产什么，生产多少，为谁生产
    B．有一个强大的中央政府

C．缺乏市场
D．存在能配置资源的私人所有制
11．凹向原点的生产可能性曲线反映了（　　）。
A．递增的机会成本的存在
B．递减的机会成本的存在
C．技术的进步
D．随着某种物品价格的上升，该物品的消费减少了

三、判断题

（　）1．如果不存在资源的稀缺性，经济学就失去了存在的意义。
（　）2．在不同的经济制度下，解决资源配置和利用的方法是相同的。
（　）3．当今主要经济国家都采用了混合经济制度。
（　）4．"人均储蓄水平较高不利于经济的发展"是一个规范经济学的命题。
（　）5．实证分析的前提是一定的价值判断。
（　）6．竞争是争夺对稀缺资源的控制。
（　）7．机会成本存在的前提是选择的多样性。
（　）8．如果技术进步了，生产可能性边界就会向外移动。
（　）9．到目前为止，实现资源配置的方式有两种：市场机制和计划机制。
（　）10．微观经济学与宏观经济学的区别在于微观经济学研究范围狭小，宏观经济学研究涉猎广泛。

四、计算题

1．假定政府规定年收入 5 万元，纳税 20%，超过 5 万元以上的部分税率 50%，请计算一下有 6 万元收入的人的平均税率和边际税率。

2．每天你有 14 小时在娱乐和工作（学习）之间分配，假设娱乐时间为变量 X，工作或学习时间为变量 Y，请用坐标图表示工作（学习）与娱乐此消彼长的关系。如果你每天 8 小时用于工作（学习），请在坐标图上找出你选择的点及对应的娱乐时间，如果你每天 6 小时用于工作（学习），请标出新点；如果你减少睡眠的时间，每天将 18 小时分配在工作（学习）和娱乐上，画出新的曲线。

五、思考题

1．什么是经济学，资源的稀缺性和选择性假定的意义何在？
2．经济学研究的三个基本问题是什么？
3．计算一下你学习的机会成本。
4．市场中的那只"看不见的手"能够做什么？
5．政府有时可以改善市场结果，请举例说明。
6．为什么一个人在不同的国家和地区干同样的工作，报酬却大相径庭？
7．说明实证分析与规范分析的联系与区别。
8．说明微观经济学与宏观经济学的联系与区别。

第二章　价格理论：需求与供给

● 学习目标 ●

1. 了解需求的表示：需求函数、需求表、需求曲线、需求定理。
2. 了解供给的表示：供给函数、供给表、供给曲线、供给定理。
3. 理解均衡价格理论的形成及其在经济中的应用。
4. 理解弹性的概念。
5. 掌握需求价格弹性的计算公式、几何表示、分类及其与收益的关系。
6. 理解需求收入弹性和交叉弹性的意义。
7. 了解供给弹性的计算公式、几何表示。

第一节　需求与需求曲线

导入案例 2-1 >>>　柯达胶卷及其冲洗的价格为什么会突然上涨

那是个喜欢拍彩色胶片的年代。2003年1月6日凌晨，桂林市的市区以北地区普降中到大雪，一夜的大雪把整个大地铺得白茫茫一片。10年不遇的大雪，使桂林人异常兴奋，呼朋唤友，扶老携幼拿着相机外出赏雪拍照。

1月6日桂林市各照相馆都挤满了要买胶卷的市民。由于缺货，柯达胶卷每筒40元都有人买。临桂县五通镇一照相馆的老板说，当天上午存放的100多筒胶卷就销售一空。

"要想当天可取，照片每张0.8元，按正常价0.4元排队需要两天"。以往0.4元一张，1小时就可取照片的事，这两天在桂林市找不着了。1月7日下午，在八桂大厦旁一照相馆里，正在忙于装照片的服务员说："当天交来的胶卷可能要等到9号才能取。因为机子冲洗的速度有限，一时难以满足消费者的需求。"

据了解，1月6日，桂林市的照相馆几乎门庭若市，每个照相馆当天至少卖出100~200筒胶卷，急于冲洗照片的市民又拥往照相馆，照相馆几乎每天都要接到100~300筒胶卷的冲洗业务量，而平时一般只有20筒。

一、需求的含义

需求是指在一定时期内，在某种商品各种可能的价格水平上，消费者愿意而且能够购买的数量，即不同的价格与相应的需求量之间的关系。对某种商品的需求，必须具备两个条件：①消费者有购买欲望；②消费者有支付能力。

需求不同于需要。需要是指人们的需求欲望，人们对商品的需要除主观愿望之外，是无条件的；而对商品的需求，除主观愿望之外，还必须具备一定的条件，特别是经济支付能力。例如，对于住房、汽车、手机等商品，从人们的主观欲望来说，每个有行为能力的人都是需要的，而形成需求则要看是否有支付能力。因而，需求可以形成商品的消费市场，而需要不能形成市场，只能成为潜在市场或未来市场。

需求不同于需求量。需求是价格与需求量之间的关系，是某商品各种价格所对应的数量集，不是单一的数量；而需求量则是指，按照某种给定的价格，人们愿意并能够购买的数量，是特定价格下所对应的购买数量。同时，需求可分为个人需求和市场需求。个人需求是指某个居民对某一商品的需求；市场需求是指居民全体对某一商品的需求，市场需求是个人需求的集合。

二、需求函数

（一）影响需求的因素

一种商品的需求数量是由许多因素共同决定的，其中最主要的因素有：

1. 商品的价格

一般说来，一种商品的价格与需求量呈反方向变动关系。价格越高，该商品的需求量就会越小；相反，价格越低，需求量就会越大。例如，智能手机刚上市时的价格很昂贵，只有少数富裕者能够问津，而当智能手机的价格下降很多时，基本上人人都买得起了。

2. 消费者的收入水平

对于多数商品来说，当消费者的收入水平提高时，就会增加对该商品的需求量。相反，当消费者的收入水平下降时，就会减少对该商品的需求量。例如，20世纪90年代初我国一般工薪阶层买不起商品房，除商品房本身的价格很高以外，工薪阶层的收入水平较低，也是一个重要的原因。

3. 相关商品的价格

当一种商品本身的价格保持不变，而和它相关的其他商品的价格发生变化时，这种商品本身的需求量也会发生变化。相关商品有两种情况：①替代商品，是指效用上可以互相替代的商品，即一种商品价格上升引起另一种商品需求增加的两种商品。例如，公交车与出租车，馒头与面包，水产品与肉制品等。②互补商品，是指需要互相补充配套才能产生效用的商品，即一种商品价格上升引起另一种商品需求减少的两种商品。例如，汽油与汽车，电价与电器产品，电脑与软件等。

4. 消费者的偏好

当消费者对某种商品的偏好程度增强时，该商品的需求量就会增加。相反，偏好程度减弱，需求量就会减少。例如，一种服装的款式深得某地区消费者的喜爱，该地区对这种服装的需求就会增加；反之，就会减少。

5．消费者对商品的价格预期

当消费者预期某种商品的价格在将来某一时期会上升时，就会增加对该商品的现期需求量；当消费者预期某商品的价格在将来某一时期会下降时，就会减少对该商品的现期需求量。例如，我国在 20 世纪 80 年代后期，由于通货膨胀的原因，人们预期到物价要上升，纷纷抢购商品。加入世界贸易组织后，由于关税将进一步下调，人们预计家用电器的价格会进一步下降，因而对家用电器的更新换代持等待和观望态度，使得国内家电市场十分萧条。

（二）需求函数

需求函数表示一种商品的需求数量和影响该商品需求数量的各种因素之间的相互关系。如果把某种商品的需求量作为因变量，把影响人们对这种商品需求的各种因素作为自变量，就可以得出需求函数

$$Q_d = f(Y, X, P, H, \cdots)$$

式中，Q_d 代表对商品的需求量；Y、X、P、H……代表影响需求的各种因素。

这些因素中任何一个因素发生变动，都会引起因变量 Q_d 的相应变动。由于一种商品的价格是决定需求量的最基本的因素，所以，我们往往假定其他因素保持不变，仅仅分析价格因素对该商品需求量的影响，这样，需求函数可以用下式表示

$$Q_d = f(P)$$

式中，P 为商品的价格；Q_d 为商品的需求量。

三、需求表与需求曲线

1．需求表

需求函数 $Q_d = f(P)$ 表示一种商品的需求量和价格之间存在着一一对应的关系，这种函数关系可以分别用商品的需求表和需求曲线来表示。

需求表是表示某种商品的各种价格水平与其相对应的需求数量之间关系的数字列表。表 2-1 是某商品的需求表，可以清楚地看到商品的价格与需求量之间的依次关系。即价格降低，需求量增加；价格提高，需求量减少。

表 2-1 某家庭苹果的需求表

苹果的价格（元）	7	6	5	4	3	2	1
每周的苹果需求量（千克）	0	0.5	1	1.5	2	2.5	3

2．需求曲线

需求曲线是根据商品需求表中的价格与需求量的组合在平面坐标图上所绘制的一条曲线。图 2-1 是根据表 2-1 绘制的一条需求曲线。在分析需求曲线和供给曲线时，通常以纵轴表示自变量，以横轴表示因变量。在图 2-1 中，横轴表示商品的数量，纵轴表示商品的价格，图中的需求曲线是这样得到的：根据表 2-1 中每一个商品的价格——需求量的组合，在平面

坐标图中描绘相应的各点 A、B、C、D、E、F，然后顺次连接这些点，便得到需求曲线，它表示在不同价格水平下消费者愿意而且能够购买的商品数量。可见，需求曲线是以几何图形来表示的商品的价格和需求量之间的函数关系。

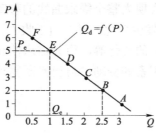

图 2-1　苹果的需求曲线

建立在需求函数基础上的需求表和需求曲线都反映了商品的价格变动和需求量变动两者之间的关系，即商品的价格和需求量之间呈反方向变动，需求曲线是向右下方倾斜的，斜率为负值。经济学上把价格上升、需求量减少，价格下降、需求量增加的现象称为需求定律。

3．需求曲线的例外

大多数商品都满足需求定律，但也有一些例外，例如，①炫耀性商品，人们认为高价才能显示其社会身份，低价时，大众化后，高档消费群体的需求量反而下降。所以其价格与需求量呈同方向变化，如首饰、豪华型轿车等。②在商品供不应求时期，价格上升时，需求量反而会上升，如我国 20 世纪 80 年代后期由于通货膨胀而引起的抢购商品就是一例，如图 2-2 所示。③投机性商品（股票、债券、黄金、邮票等），其价格发生波动时，需求呈现出不规则的变化，受心理、预期影响大，有时出现"买涨不买跌"现象。

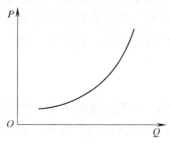

图 2-2　例外的需求曲线

4．需求曲线的变化

（1）需求量的变动。需求量的变动是假定其他因素保持不变的情况下，由于价格变化引起需求量的变化，其考察范围限于 $Q_d=f(P)$。从表 2-1 上看，需求量的变动表现为同一需求表中价格—数量组合的移动。从需求曲线上看，需求量的变动即商品价格变动（自变量）所引起的需求量的变动（因变量），表现为同一条需求曲线上的点的移动（点移动），如图 2-1 所示，当价格为 2 时，需求量为 2.5；当价格上升到 5 时，需求量减少到 1，价格与需求量的变化在需求曲线上表现为从 B 点到 E 点的移动。

（2）需求的变动。需求的变动是指在商品本身价格不变的情况下，由于其他非价格因素的变化所引起的需求的变动。也就是说，除了价格之外，任何决定需求的因素变动，都会引起需求曲线的移动。如果某种因素在每一价格时增加需求量的变动就会使需求曲线向右移动；相反，如果某因素在每一价格时减少需求量的变动就会使需求曲线向左移动。

从几何图上看，需求的变动表现为整个需求曲线的移动（线移动），如图 2-3 所示，P_0 价格未发生变化，只是由于收入、相关商品价格、预期、偏好、国家政策的变化等，引起需求曲线向左或向右移动。我们可以根据不同因素的变动，自己判断需求曲线变动的方向。

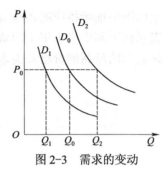

图 2-3　需求的变动

第二节　供给与供给曲线

导入案例 2-2　卷心菜贱价伤农

2011 年 4 月，全国露天菜价格普遍下跌。在山东、江浙一带，卷心菜、大白菜的价格甚至跌破农民收菜的成本，一些农家甚至将卷心菜、大白菜扔到水沟或者任其烂在田里。

据了解，这轮蔬菜价格下跌的原因有几点：①前两年蔬菜价格升高，政府鼓励蔬菜供应，农民种植的积极性也很高，导致 2011 年蔬菜价格出现"大小年"情况。②与日本核辐射影响蔬菜的传言有关，因此原因导致价格下跌的蔬菜，集中在大叶菜和露天蔬菜中。③与气候异常有关。往年，一般是南方蔬菜先上市，南方蔬菜下市的时候北方蔬菜才上市，之间有个时间差。这一年受春季寒冷气候的影响，蔬菜成熟期普遍发生变化。外地蔬菜较早占据了本地市场，而南北方的蔬菜几乎在同一时间上市，造成了市场供应饱和。

一、供给的含义

供给是指生产者在一定时期内，在某种商品各种可能的价格水平下，愿意而且能够提供的商品数量。对某种商品的供给，必须具备两个条件：①生产者有出售愿望；②生产者有供应商品的实际能力。

根据上述定义，如果生产者对某种商品只有出售的愿望，而没有出售的能力，则不能形成有效供给，也不能算作供给。例如，一个房地产开发商年生产商品房的能力为 50 万平方米，在某一高价格水平下，如果他愿意向市场提供 60 万平方米，但他的实际供给能力只有 50 万平方米的商品房，因而供给只能是 50 万平方米的商品房。

需要指出的是，供给不是某一个价格水平或特定价格上的供给量，而是价格与其供给量之间的价格—数量组合关系。

二、供给函数

（一）影响供给的因素

一种商品的供给数量受多种因素的影响，其中主要因素有：

1. **商品自身的价格**

商品自身的价格变化与商品的供给量呈同方向变动。一般说来，商品的价格越高，生产者提供的产量就越多；相反，商品的价格越低，生产者提供的产量就越少。例如，市场上优质蔬菜的价格很高，会诱导生产者增加产量；而普通蔬菜价格低廉，则引导生产者减少生产。

2. **生产要素的价格**

在商品自身价格不变的条件下，生产要素的价格上升会增加生产成本，减少利润，从而使得厂家减少生产，该商品的供给量减少；相反，生产要素的价格下降会降低生产成本，增加利润，从而使得厂家增加生产，该商品的供给量增加。例如，由于原材料价格上涨，某工厂产品的生产成本增加，在该产品的市场价格不可能同步增长的情况下，为避免严重亏损，该工厂只能裁员减产。

3. **其他商品的价格**

一种商品的供给会受到其他商品价格变化的影响。如果一种商品的价格不变，而其他商品的价格发生变化时，该商品的供给量会发生变化。例如，对某个生产小麦和玉米的农户来说，当市场上玉米价格不变而小麦价格上涨时，该农户就可能增加小麦的生产而减少玉米的生产。

4. **生产技术水平**

在一般情况下，生产技术水平的提高可以降低生产成本，增加生产者的利润，生产者会提供更多的产量。例如，由于水产养殖技术的发展，大幅度降低了螃蟹养殖的成本，使螃蟹养殖有利可图，因而刺激了螃蟹的生产，增加了供给。

5. **生产者对未来的预期**

如果生产者对未来的预期看好，如预期商品的价格会上涨，生产者就会增加供给量。如果生产者对未来的预期是悲观的，如预期商品的价格会下降，生产者就会减少供给量。例如，由于预料我国加入世界贸易组织后外国优质大米会对国产大米构成威胁，因而人们开始减少不具有竞争优势的大米生产，转而增加相对具有竞争优势的蔬菜和水果的生产。

（二）供给函数

供给函数表示一种商品的供给数量与影响该供给数量的各种因素之间的依存关系。如果把对某种商品的供给量作为因变量，把影响供给量的各种因素作为自变量，可以得到供给函数

$$Q_s = f(A, B, P, G \cdots)$$

式中，Q_s 代表某商品的供给量，A、B、P、G……代表影响供给量的各种变量。

假定其他因素不发生变化，仅考虑商品的价格变化对其供给量的影响，即把一种商品的供给量只看成是这种商品的价格的函数，则供给函数就可以表示为

$$Q_s = f(P)$$

三、供给表与供给曲线

1. **供给表**

供给函数 $Q_s = f(P)$ 表示一种商品的供给量和价格之间存在着一一对应的关系，这种关

系可以分别用商品的供给表和供给曲线来表示。

供给表是表示某种商品的各种价格水平与其相对应的该商品的供给数量之间关系的数字列表。表 2-2 是某地区苹果的供给表，由表中可以清楚地看到商品的价格与需求量之间的关系。即价格下降，供给量减少；反之，价格上升，供给量增加。

表 2-2　某地区苹果的供给表

苹果的价格（元）	7	6	5	4	3	2	1
苹果的供给量（吨）	90	80	70	60	50	40	30

2．供给曲线

供给曲线是根据商品供给表中的价格与供给量的组合绘制的曲线。图 2-4 是根据表 2-2 绘制的一条供给曲线。在图 2-4 中，横轴表示商品的数量，纵轴表示商品的价格，根据表 2-2 中商品的价格—供给量的组合，在平面坐标图中描绘相应的各点 A、B、C、D、E、F、G，然后顺次连接这些点，便得到供给曲线，它表示在不同价格水平下生产者愿意而且能够出售的商品数量。可见，供给曲线是以几何图形来表示的商品的价格和供给量之间的函数关系。

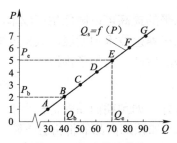

图 2-4　苹果供给曲线

建立在供给函数基础上的供给表和供给曲线都反映了商品的价格变动和供给量变动两者之间的关系，即商品的价格和供给量之间呈同方向变动，即供给曲线是向右上方倾斜的，斜率为正。经济学上把价格上升、供给量增加，价格下降、供给量减少的现象称为供给定律。

3．例外的供给曲线

（1）某些科技含量高、更新换代快的产品是例外。例如，电脑芯片（CPU）开始投放市场时，为了快速回收投资，采用高价销售，因而销量不大。当新一代产品研制成功后，旧产品就会大幅度降价，引起销量剧增，这种情况的供给曲线表现为向右下方倾斜，斜率为负值，如图 2-5a 所示。

（2）劳动力的供给有时也是个例外。当工资（劳动力的价格）增加时，劳动力的供给会随着工资的增加而增长，但当工资增加到一定程度时，由于劳动者仅用较少的工作时间就可以获得原先需要较多的工作时间才能获得的维持基本开支所需的工资收入，这时，他在闲暇与收入（工作）之间更倾向于前者。因此，如果工资继续增加，劳动力的供给不仅不会增加，反而会减少，如图 2-5b 所示。

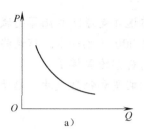 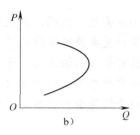

图 2-5　例外的供给曲线

（3）除了劳动力的供给特例之外，某些商品的价格在小幅上升时，供给按正常波动。例如，土地、古董、古画、名贵邮票、证券、黄金等。在大幅升降时，人们会因不同的预期而采取不同的行动，因而引起供给曲线不规则的变化。

4．供给曲线的变化

（1）供给量的变动。供给量的变动是指在其他因素不变的情况下，商品本身价格变动所引起供给量的变动，它涉及的函数公式是 $Q_s = f(P)$。从供给表 2-2 上看，供给量的变动表现为同一供给表中价格—数量组合的移动；从供给几何曲线图上看，供给量的变动表现为同一条供给曲线上的点的移动（点移动），如图 2-4 所示，当价格为 2 时，供给量为 40；当价格上升为 5 时，供给量增加为 70。价格与供给量的变化在供给曲线上则是从 B 点移动到 E 点。

（2）供给的变动。供给的变动是指在商品本身价格不变的情况下，由于其他非价格因素的变化所引起的供给量的变动。也就是说，除了价格之外，任何决定供给因素的变动，都会引起供给曲线的移动。如果某因素在每一价格水平增加供给量，则会使供给曲线向右移动；相反，如果某因素在每一价格水平减少供给量，则会使供给曲线向左移动。

从几何图上看，供给的变动表现为整个供给曲线的移动（线移动），如图 2-6 所示，P_0 价格未发生变化，只是由于生产者的目标、相关商品价格、技术、生产要素的价格、预期、国家政策的变化等，引起供给曲线向左或向右移动。我们可以根据不同因素的变动引起供给数量的增减来判断供给曲线变动的方向。

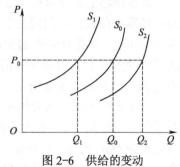

图 2-6　供给的变动

第三节　均衡价格及其应用

> **导入案例 2-3** >>> 街上的市场票价是由什么决定的

在美国每年的 3 月份，都会有同样的事情发生：4 支大学篮球队赢得了参加全国篮球锦标赛决赛的机会，他们是最后的 4 支球队。每个大学都允许本校的学生购买一定数量的入场票，价格为每张100美元。然而，当这些学生们到达这4支球队打比赛的城市时，他们发现街上有很多人愿意出更高价购买这些票，票价高达1 000美元一张。将这些票卖掉然后通过电视观看比赛也具有相当的诱惑力，于是有些人真的将票给卖掉了。

但是，街上的市场票价是由什么决定的呢？人们购买和销售汽油、电子产品、印刷服务或者外国货币等的价格是由什么决定的呢？

一、均衡与均衡价格的决定

1．均衡的含义

均衡是指经济事物中有关的变量在一定条件的相互作用下所达到的一种相对静止的状态。在竞争的市场上，由供给和需求双方共同作用的结果，便形成了市场的均衡。在经济分析中，市场均衡有局部均衡和一般均衡之分。局部均衡是指单个市场或部分市场供给与需求之间的关系处于均衡状态。一般均衡是整个市场的供给与需求处于均衡状态。单个市场的均衡只有在其他所有市场都达到均衡的情况下才能实现。

2．均衡价格的决定

均衡价格是指消费者为购买一定数量商品所愿意支付的需求价格与生产者为提供一定数量商品所愿意接受的供给价格相一致时的价格，它是这种商品的需求曲线与供给曲线的交点所对应的价格，如图2-7所示。

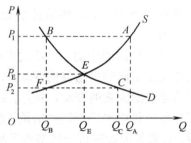

图2-7 均衡价格的决定

均衡价格的形成可用图2-7来说明。图中假定D曲线为市场需求曲线，S曲线为市场供给曲线，它们相交的E点为均衡点。均衡点E所对应的价格P_E为均衡价格，数量Q_E为均衡数量，这时消费者的购买量和生产者的销售量是相等的。但是在大多数情况下，需求量与供给量是不相等的，或者供过于求，或者供不应求。当价格为P_1（$P_1>P_E$）时，生产者的供应量是Q_A，而消费者的需求量是Q_B，显然该商品供大于求（$Q_A>Q_B$）；当价格为P_2（$P_2<P_E$）时，生产者的供应量为Q_B，消费者的需求量是Q_C，该商品供小于求（$Q_B<Q_C$）。当供过于求时，市场价格会下降，从而导致供给量减少而需求量增加；当供不应求时，市场价格会上升，从而导致供给量增加而需求量减少。供给与需求相互作用最终会使商品的需求量和供给量在某一价格上正好相等。

同时还必须注意：当我们单独考察需求与价格，或者供给与价格时，价格决定需求，或者价格决定供给，这时，价格是自变量，需求或供给是因变量。当我们考察价格是由什么因素决定时，我们会发现，供给和需求相互作用决定价格，即价格由供求决定。供求决定价格有三种情况：①供给量大于需求量，供求不均衡导致价格下降，价格下降引起供给量减少，需求量上升，缓和供过于求状态直至消除过剩；②供给量小于需求量，供求不均衡导致价格上升，价格上升引起供给量增加，需求量下降，缓解供不应求，直至消除短缺；③供给量等于需求量，价格处于相对静止的状态，这时的价格即为均衡价格。

均衡价格的形成，是市场经济三大机制的作用过程，即价格机制、供求机制和竞争机制的作用过程，其具体运作情况见表2-3。

表 2-3　均衡价格的形成

供求关系	价　　格	企 业 利 润	企 业 生 产
供>求	下降	减少	减少
供<求	上升	增加	增加
供=求	均衡	均衡利润	均衡产量

二、均衡价格的变动

均衡价格和均衡产量是由供求均衡决定的，即供求均衡点决定了均衡价格和均衡产量。均衡状态只是在一定条件下才能存在，若条件发生变化，不论是需求或是供给或是两方面都发生变化，均会引起均衡的变动。通常情况下均衡价格的变动有以下几种情况。

1. 供给不变，需求发生变动

假定某种商品的供给不变，而需求发生变化，如消费者的收入、偏好发生变化，相关商品的价格发生变化等，由此引起整个需求状况的变动。若引起需求的增加，则其变动如图 2-8 所示。图中原有的均衡点为 E_0，它是供给曲线 S 和需求曲线 D_0 的交点所形成的均衡价格 P_0 和均衡产量 Q_0。由于社会经济的发展，居民收入的提高等因素引起社会对该商品需求的增加，则需求曲线由 D_0 移动到 D_1。这时的交点也由 E_0 移动到 E_1，由此均衡价格由 P_0 上升到 P_1，均衡产量由 Q_0 移动到 Q_1。这说明在供给不变的情况下，需求增加，由于商品供不应求，导致价格上升，利润增加，因而产量也增加。

2. 需求不变，供给发生变化

假定某种商品的需求不变，而供给由于技术水平的提高，生产要素价格的降低等原因而增加，则均衡价格由于供给曲线的移动而变动的情况如图 2-9 所示。在需求不变的情况下，由于增加了供给，使得均衡点 E_0 移动至 E_1，社会的供给量由 Q_0 移动到 Q_1，均衡价格为 P_1。$P_1<P_0$，说明商品的供给量增加导致价格下跌。而 $Q_1>Q_0$，则说明供给的增加，商品的均衡量增至 Q_1。

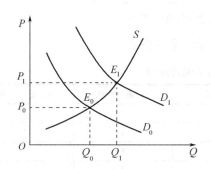

图 2-8　需求变动对均衡的影响

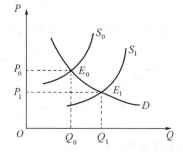

图 2-9　供给变动对均衡的影响

3. 需求和供给同时发生变化

需求和供给同时发生变化，会对均衡产生如图 2-10 所示的四种情况影响：

（1）图 2-10a 是同比例的同向变动：$S_0 \rightarrow S_1$，$D_0 \rightarrow D_1$，均衡点由 $E_0 \rightarrow E_1$，增加的供给正好被增加的需求所抵消，因而价格不变，均衡产量增加，由 $Q_0 \rightarrow Q_1$（$Q_0<Q_1$）。

（2）图 2-10b 是同比例的逆向变动：$S_0 \rightarrow S_1$，$D_0 \rightarrow D_1$，均衡点由 $E_0 \rightarrow E_1$，增加的供给正

好被减少的需求所抵消,所以均衡数量不变,但由于商品供给供大于求,使得价格直线下跌,由 $P_0 \rightarrow P_1$($P_0 < P_1$)。

(3)图 2-10c 是比例不同的同向变动:$S_0 \rightarrow S_1$,$D_0 \rightarrow D_1$,供给的增长幅度小于需求的增加幅度,均衡点由 $E_0 \rightarrow E_1$,均衡产量增加 $Q_0 \rightarrow Q_1$,物价上涨 $P_0 \rightarrow P_1$。这是由于需求增加超过了供给增长而带来的物价上涨。

(4)图 2-10d 是比例不同的逆向变动:$S_0 \rightarrow S_1$,$D_0 \rightarrow D_1$,供给的增长幅度大于需求的增加幅度,均衡点由 $E_0 \rightarrow E_1$,价格的下跌幅度($P_0 \rightarrow P_1$)超出了需求增加幅度($Q_0 \rightarrow Q_1$),这是由于供给增加幅度过快引起的。

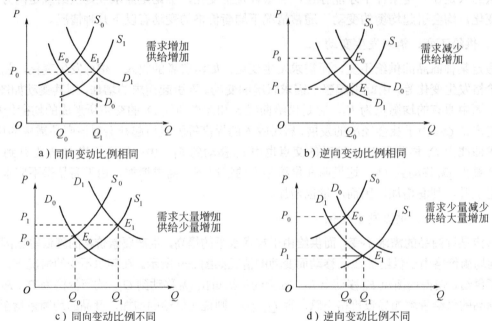

图 2-10 需求和供给同时发生变化对均衡的影响

综合上述几种情况,需求和供给的变动对均衡的影响见表 2-4。

表 2-4 需求和供给的变动对均衡的影响

变动情况	需 求	供 给	均衡价格	均衡产量
需求变动,供给不变	↗	—	↑	↑
	↘	—	↓	↓
需求不变,供给变动	—	↗	↓	↑
	—	↘	↑	↓
需求和供给同时发生变动	↗	↗	?	↑
	↘	↘	?	↓
	↗	↘	↑	?
	↘	↗	↓	?

根据上述分析可得出如下结论:①均衡价格和均衡产量与需求均呈同方向变动;②均衡价格与供给呈反方向变动,均衡产量与供给呈同方向变动。

三、均衡价格理论的应用

在市场自由竞争条件下，需求、供给两种力量的对比决定了市场的均衡价格，而均衡价格又影响着供求的变化。因此，在现实的经济生活中，运用均衡价格理论来调整社会的供求关系，将对经济活动起着积极的作用。

1．支持价格

支持价格是指政府为了扶植某一行业而规定的该行业产品的最低价格。图 2-11 表示支持价格对市场的影响。

从图 2-11 中可以看到，该行业产品的供求所决定的均衡价格为 P_0，均衡数量为 Q_0，政府为了支持该行业生产而规定的支持销售价格为 P_1，$P_1>P_0$，即支持价格高于均衡价格。这时需求量为 Q_1，而供给量为 Q_2，$Q_2>Q_1$，即供给量大于需求量，产生供给过剩量 Q_2-Q_1。

为了维持支持价格，政府可采取的措施有：①政府购买过剩商品，用于国家储备或用于出口。政府收购过剩商品会增加财政开支。②给消费者以补贴，如减免税收等，从而降低产品的销售价格；或者由政府按照 P_1 价格收购，却用 P_0 的价格出售，差额由政府补贴。③给厂商以补贴，为了销售产品，厂商按低于其成本价 P_0 出售，政府为了支持该行业的生产，给予差额补贴，从而促进生产。支持价格一旦取消，市场价格将会迅速下降，回复到原有的均衡价格水平。

2．限制价格

限制价格是指政府为了限制某些生活必需品的价格上涨而规定这类商品的最高价格，而最高价格总是低于市场均衡价格的。其目的是为了稳定人们生活必需品的价格，保护消费者的利益，以利于安定民心。图 2-12 表示限制价格对市场的影响。

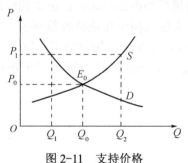
图 2-11　支持价格

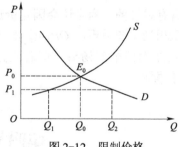
图 2-12　限制价格

从图 2-12 中可以看到，该行业产品的供求所决定的均衡价格为 P_0，均衡数量为 Q_0，但在这种价格时，收入低的人无法得到必需的生活品。政府为了制止过高的价格，规定了限制价格为 P_1，$P_1<P_0$，即限制价格低于均衡价格。这时需求量为 Q_2，而供给量为 Q_1，$Q_2>Q_1$，即供给量小于需求量，产生 Q_2-Q_1 的供给不足量。为了维持限制价格，政府就要实行配给制。

限制价格一般是在战争或自然灾害等特殊时期使用。但许多国家对某些生活必需品或劳务长期实行限制价格政策。如有些国家对关系到国计民生的煤炭、电力、天然气、交通与电信服务等实行限制价格，还有一些国家对粮食等生活必需品实行限制价格政策。

3．易腐商品的销售

有些商品，尤其是一些食品，由于具有易腐的特点，必须在一定的时期内销售出去，否则，商家会蒙受经济损失。那么，对于这类商品应该如何定价，才能既使全部数量的商品能在一定的时间内卖完，又能使自己获得尽可能多的收入呢？

夏天的杨梅要求在摘下后当天被卖掉。如果商家能够知道市场上的消费者在各个价格水平对其杨梅的需求数量，或者说，如果商家能了解市场在一天内对其杨梅的需求曲线，那么，商家就可以根据这一需求曲线以及准备采摘出售的杨梅数量，来决定能使其获得最大收入的最优价格，如图2-13所示。

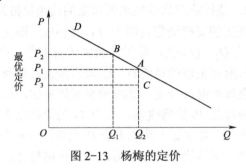

图 2-13 杨梅的定价

从图 2-13 中的杨梅需求曲线可以了解一天内在每一个价格水平上的杨梅需求数量，反过来说，可以了解一天内在每一个杨梅的销售量上消费者所愿意支付的最高价格。假定商家在一天内需要卖掉的杨梅数量为 Q_2，则商家应该根据需求曲线将价格定在 P_1 的水平。这样，商家就能使杨梅以消费者所愿意支付的最高价格全部卖掉，从而商家得到的最大收益为图中矩形 OP_1AQ_2 的面积。

如果价格定得过高为 P_2，商家将有 Q_2Q_1 数量的杨梅卖不出去。此外，由于杨梅的需求一般是富有弹性的，商家还会因定价过高导致的销售量大幅度减少而使总收益减少。总收益的减少量相当于图中矩形 OP_1AQ_2 和 OP_2BQ_1 的面积之差。相反，如果价格定得过低为 P_3，商家虽然能卖掉全部杨梅，但总收益却因单位价格过低而减少，减少量相当于图中矩形 P_3P_1AC 的面积。

第四节 弹性理论

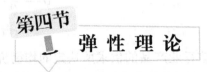

导入案例 2-4 "旧帽换新帽一律七折"

一家安全帽专卖店打出这样的广告——"旧帽换新帽一律七折"。店家的意思是，如果在购买安全帽时携带一顶旧安全帽，可以当场以七折的价格购买一顶新安全帽；如果直接购买新安全帽，则只能按原价购买。这种促销方式让人觉得店家是不是和供货厂家之间有什么协议，回收旧安全帽可以让店家回收一些成本，因此拿旧安全帽来才有七折的优惠呢？如果你这么想，那可就猜错了。这种"以旧换新"的促销活动主要是针对不同消费者的需求弹性而采取的区别定价方法，即给予一定的价格变动优惠，向需求弹性较大的顾客收取较低的价格；向需求弹性较小的购买者收取较高的价格。

实际上，店家回收旧安全帽并没有什么用处，常常是直接丢掉。既然没用处，店家为何还要多此一举呢？答案是，店家以顾客是否有旧安全帽来区别顾客的需求弹性。对于没有旧安全帽的顾客而言，由于法律规定驾驶摩托车必须要戴安全帽，因此无论安全帽的价格如何，骑摩托车的人一定会买安全帽，因此这种顾客的需求曲线较陡，弹性较小；拿旧安全帽来以旧换新的顾客本来就有安全帽，如果新安全帽的款式好、价格相对便宜，他就有以旧换新的需求，而如果价格太贵，他可能考虑以后再换，他对该商品的需求并不迫切，因此这类顾客的需求曲线较平坦，弹性较大。

该安全帽专卖店采用这种"旧帽换新帽一律七折"的促销活动，针对不同消费者的需求定价的方法，不仅不会使其营业收入减少，反而会吸引那些本不想购买新安全帽的消费者前来购买，增加收益。

一、弹性的含义

弹性是指两个有函数关系的变量之间，自变量的相对变动所引起的因变量相对变动的程度。或者弹性表示因变量对自变量变化的反应灵敏度。弹性一般可用公式表示为

$$弹性系数 = \frac{因变量变动的百分比}{自变量变动的百分比}$$

假设两个经济变量之间的函数关系为 $Y=F(X)$，弹性系数的大小可用下列公式计算

$$E = \frac{\Delta Y / Y}{\Delta X / X} = \frac{\Delta Y}{\Delta X} \times \frac{X}{Y}$$

式中，E 为弹性系数，ΔX、ΔY 分别为变量 X、Y 的变动量。

在经济学上，商品的需求弹性是指商品需求量对影响其变动的各个变量变化的反应灵敏度，在影响商品需求量的各种因素中，经济学家只对其中三个变量，即价格、收入和相关商品的价格与需求量之间的函数关系做了数量上的分析，研究三种函数关系的需求弹性，即需求的价格弹性、需求的收入弹性和需求的交叉弹性。

二、需求弹性

（一）需求价格弹性

1. 需求价格弹性的含义

需求价格弹性是需求量对价格变动的反应程度，或者说，价格的相对变动引起需求量相对变动的程度。其计算公式为

$$E_d = \frac{需求量变动的百分比}{价格变动的百分比} = -\frac{\Delta Q / Q}{\Delta P / P} = -\frac{\Delta Q}{\Delta P} \times \frac{P}{Q}$$

式中，E_d 为需求价格弹性；ΔQ 为需求量变动的绝对数量；Q 为需求量；ΔP 为价格变动的绝

对数量；P 为价格。

在计算需求价格弹性时必须注意几点：①在需求价格弹性公式中，分子（需求量变动的百分比）和分母（价格变动的百分比）是按相反方向变动的，即价格上升时需求量下降，价格下降时需求量上升，所以计算出来的价格弹性是负值，为了便于比较，就在公式中加了一个负号，以使需求价格弹性 E_d 取正值，需求价格弹性 E_d 是无维量，即弹性大小与计量单位无关；②线性需求曲线上不同点的弹性不同，因为每一点上 P/Q 的值不一样；③需求价格弹性与需求曲线的切线的斜率成反比，与 P/Q 的值成正比。

2. 需求价格弹性的计算方法

（1）需求价格弧弹性的计算。在图 2-14 的需求曲线 $Q_d = f(P)$ 上，A、B 两点的需求弧弹性的计算方式有三种：

1）由 A 点到 B 点的计算

$$E_d = -\frac{\Delta Q/Q}{\Delta P/P} = -\frac{\Delta Q}{\Delta P} \times \frac{P}{Q} = -\frac{Q_B - Q_A}{P_B - P_A} \times \frac{P_A}{Q_A}$$

2）由 B 点到 A 点的计算

$$E_d = -\frac{\Delta Q/Q}{\Delta P/P} = -\frac{\Delta Q}{\Delta P} \times \frac{P}{Q} = -\frac{Q_A - Q_B}{P_A - P_B} \times \frac{P_B}{Q_B}$$

3）为了避免上述两种不同算法带来的结果不同，一般采用中点公式来计算

$$E_d = -\frac{\Delta Q}{\Delta P} \times \frac{\dfrac{P_A + P_B}{2}}{\dfrac{Q_A + Q_B}{2}}$$

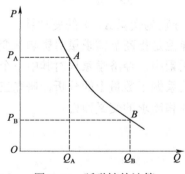

图 2-14　弧弹性的计算

（2）需求价格点弹性的计算。

$$E_d = -\lim_{\Delta P \to 0} \frac{\Delta Q/Q}{\Delta P/P} = -\frac{dQ/Q}{dP/P} = -\frac{dQ}{dP} \times \frac{P}{Q}$$

根据需求价格点弹性的几何意义来计算，可分几种情况：

1）线性需求曲线需求价格点弹性系数值的推导如图 2-15 所示，根据点弹性的定义，某点 C 的需求价格弹性为

$$E_d = -\frac{dQ/Q}{dP/P} = -\frac{\Delta Q/Q}{\Delta P/P} = -\frac{OB-OG}{0-CG} \times \frac{CG}{OG} = \frac{GB}{OG} = \frac{BC}{AC} = \frac{OF}{AF}$$

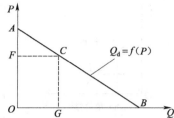

图 2-15 线性需求曲线点弹性

由此得出结论：线性需求曲线上的任何一点的弹性，都可以通过该点向数量轴或价格轴做垂线，再计算两线段的比值得到。由此可以看出，线性需求曲线需求的点弹性有一个明显的特征，即在线性需求曲线上的点的位置越高，相应的点弹性系数值就越大；反之就越小。

2）非线性需求曲线点弹性系数值的计算可以先通过该点做需求曲线的切线，如图 2-16 所示，通过 C 点做需求曲线 $Q_d=f(P)$ 的切线，然后用与推导线性需求曲线的点弹性的几何意义相类似的方法来得到。

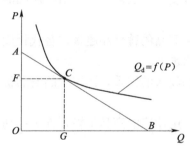

图 2-16 非线性需求曲线点弹性

3. 需求价格弹性的类型

根据需求价格弹性的大小，一般把需求价格弹性分为 6 种类型：

（1）$E_d>1$，为富有弹性。这类商品价格变化时，引起的需求量变动较大。如果价格变动 1%，需求量的变动则超过 1%，如图 2-17a 所示。

（2）$E_d=1$，为单位弹性。这类商品价格变化时，正好引起商品需求量相同程度的反方向变动。如果价格变动 1%，则需求量也正好变动 1%，如图 2-17b 所示。

（3）$E_d<1$，为缺乏弹性。这类商品价格变化时，引起的需求量变动较小。如果价格变动 1%，需求量的变动小于 1%，如图 2-17c 所示。

（4）$E_d=\infty$，为完全弹性。这时 $\Delta P=0$，P 是一个常数，意味着厂商只能按既定的价格出售商品，实际上这在现实中非常罕见，如图 2-17d 所示。

（5）$E_d=0$，为完全无弹性。这时，$\Delta Q=0$，Q 是一个常数，意味着生产只与数量有关而与价格无关，即价格对其量的调节无效，如图 2-17e 所示。

（6）$E_d<0$，例外的需求曲线，价格上升时，需求量反而会上升，人们认为高价才能

示其社会身份，低价时，大众化后，高档消费群的需求量反而下降，所以其价格与需求量呈同方向变化，如图 2-17f 所示。

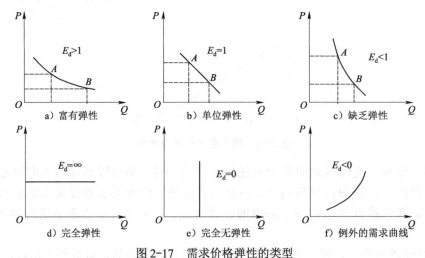

图 2-17 需求价格弹性的类型

4．影响需求价格弹性的因素

（1）商品对消费者的必要程度。一般说来，生活必需品的价格弹性小，奢侈品的价格弹性大。

（2）替代品与互补品。一种商品的替代品越多，替代程度越高，价格弹性就越大。互补品的互补程度越高，价格弹性就越小。

（3）购买商品的支出占人们收入的比重。比重大的商品价格弹性大，比重小的商品价格弹性小。

（4）商品的功能。功能多、用途广的商品价格弹性大；功能少、用途范围窄的商品价格弹性小。

（5）时间的长短。同样的商品，从长期看，其弹性就大；从短期看，其弹性就小。这是因为如果时间长，消费者就有可能有足够的时间来改变他们的爱好、习惯和技术条件去使用替代品，因而，其价格弹性就大；反之，其弹性就小。

5．需求价格弹性的应用

价格弹性是企业制订价格策略的基础。价格弹性能够直接反映价格变动对需求量的影响程度，企业可以根据价格弹性对销售收入的影响进行相应的决策。

（1）$E_d>1$ 的情况。由于价格变动 1%，会使需求量变动超过 1%，这样，由于需求量增加而获得的收入就大于由于价格下降而减少的收入，因而，降价增加销售收入。这类商品适宜采取薄利多销的竞争策略。

（2）$E_d<1$ 的情况。由于价格变动 1%，需求量变动不到 1%，这样，由于需求量增加而获得的收入就小于由于价格下降而减少的收入，从而降价会增加销售量，但也导致销售收入下降；提价尽管使销售量有可能减少，但却能增加销售收入。对这类商品可采取适当提价的策略。

归结起来，价格与销售收入之间的相互关系见表 2-5。

表 2-5 价格弹性与销售收入的关系

价　格	富有弹性 ($E_d>1$)	单位弹性 ($E_d=1$)	缺乏弹性 ($E_d<1$)
价格上升	销售收入下降	销售收入不变	销售收入上升
价格下降	销售收入上升	销售收入不变	销售收入下降

由价格弹性与销售收入的关系可以看出：提价或降价都能够增加销售收入。至于企业采取提价还是降价的策略，关键取决于商品的价格弹性。

(二)需求收入弹性

1．需求收入弹性的含义

需求收入弹性是指需求量对收入变动的反应程度，或者说，消费者收入的相对变动引起需求量相对变动的程度。其计算公式为

$$E_i = \frac{需求量变动的百分比}{收入变动的百分比} = \frac{\Delta Q/Q}{\Delta I/I} = \frac{\Delta Q}{\Delta I} \times \frac{I}{Q}$$

式中，E_i 为需求的收入弹性；ΔQ 为需求量变动的绝对数量；Q 为需求量；ΔI 为收入变动绝对数量；I 为收入。

在通常情况下，收入的增加会引起商品需求量的增加。因此，在需求的收入弹性公式中，分子（需求量变动的百分比）和分母（收入变动的百分比）是按相同方向变动的，即收入增长时需求量增加，收入下降时需求量减少，所以计算出来的需求收入弹性是正值，但也有少数商品例外。

在经济学中，收入弹性为负值（$E_i<0$）的产品称低档商品；收入弹性为正值（$E_i>0$）的产品称正常商品，其中，收入弹性小于 1（$0<E_i<1$）的产品为生活必需品，收入弹性大于 1（$E_i>1$）的产品称高档商品。一般说来，生活必需品的收入弹性较小；工艺美术品、各种高级消费品、旅游业以及其他奢侈品的收入弹性较大。

2．需求收入弹性的应用

（1）恩格尔定律与恩格尔系数。由于不同商品的收入弹性是不同的，所以当收入不断增加时，不同商品需求增长的程度是不同的，不同商品的支出在总支出中所占的份额就会发生变化。恩格尔从中发现一个重要现象：随着消费者收入的提高，食物支出在全部消费支出中的比重会不断减小，这被称为恩格尔定律。而食物支出占全部消费支出的比例则被称为恩格尔系数。一般说来，恩格尔系数越小，意味着富裕程度越高，则食物支出的收入弹性越小；反之，恩格尔系数越大，富裕程度和生活水平越低，则食物支出的收入弹性越大。恩格尔系数可以反映一个国家、一个地区、一个家庭的富裕程度与生活水平。

（2）收入弹性对企业经营决策的影响。由于收入弹性反映的是商品需求量与消费者收入之间的关系，所以它对企业的经营决策具有至关重要的意义。

1）企业在制订合理的发展战略时，要正确分析产品的收入弹性，根据国民经济的景气状况制订合理的产品发展策略。如果 $E_i>1$，即富有弹性，则企业在经济繁荣时期具有良好的发展机会，可不断扩大再生产，实行规模经营；而在经济萧条时期，企业应缩减生产规模。如果 $0<E_i<1$，即缺乏弹性，则企业在经济繁荣时期不宜过分扩大生产规模，有条件的企业甚

至可适当将部分生产转向发展机会更好、投资回报更高的行业。而在经济萧条时期，可适当缩减生产规模或基本维持原有规模。对于生产低档品的企业，在经济繁荣时期应及时缩减生产规模或转产，而在经济萧条时期则可酌情扩大生产。

2）制订正确的营销策略。收入弹性的大小对企业的营销策略有较大的影响。一方面，需求收入弹性的大小影响着产品广告宣传的对象和营销活动的方式。不同收入弹性类型的产品应向不同的收入阶层做广告宣传或进行其他促销活动；另一方面，不同收入水平的地区，产品的需求收入弹性可能有较大差异，这显然会影响产品的销售区域。

3）合理调整产品结构。企业可根据不同类型的收入弹性关系，实行产品多元化策略，以寻求收益和风险的理想组合，使产品品种多元化、档次多样化，以满足不同收入水平的不同需求。

4）在确定国民经济各部门发展速度时，收入弹性是要考虑的一个重要因素。收入弹性大的行业，由于其需求量的增长要快于国民收入的增长，其发展速度也就应当快些。收入弹性小的行业，由于其需求量的增长要慢于国民收入的增长，其发展速度就只能慢些。

（三）需求交叉价格弹性

某种商品的需求量还会受相关商品价格变化的影响。例如，羊肉价格的变化会影响牛肉的需求量，即如果羊肉提价，人们就会少买羊肉，多买牛肉，从而使牛肉的需求量增加。交叉弹性说明一种产品的需求量对另一种相关产品价格变化的反应程度。也就是说，如果另一种产品的价格变化百分之一，这种产品的需求量将变化百分之几。

设有两种相关的产品 x 和 y，且 $Q_x=f(P_y)$，计算产品 x 的需求交叉价格弹性的一般公式为

$$E_{xy} = \frac{x商品需求量变动的百分比}{y商品价格变动的百分比} = \frac{\Delta Q_x / Q_x}{\Delta P_y / P_y} = \frac{\Delta Q_x}{\Delta P_y} \times \frac{P_y}{Q_x}$$

需求的交叉价格弹性不仅可以测算一种商品的价格变化对另一种商品需求量的影响程度，还可以判断两种商品间的关系。

（1）当需求的交叉价格弹性为正值，即 $E_{xy}>0$ 时，说明 y 产品的价格与 x 产品的需求量变动方向一致，表明两种产品之间是替代关系。例如，萝卜与白菜、大米与面粉、棉布与化纤布等。替代关系导致竞争，替代性越强，竞争越为激烈。

（2）当需求的交叉价格弹性为负值，即 $E_{xy}<0$ 时，说明 y 产品的价格与 x 产品的需求量变动方向相反，表明两种产品之间是互补关系。例如，汽车与汽油、信封与信纸等。互补关系产生合作伙伴，互补性越强，合作越为密切。

（3）当需求的交叉价格弹性为零，即 $E_{xy}=0$ 时，说明 y 产品的价格变动对 x 产品的需求量没有影响，表明这两种产品之间互相独立，互不相关。

三、供给弹性

在经济学中，供给弹性主要分析供给价格弹性。

1. 供给价格弹性的含义

供给价格弹性是指在一定时期内，一种商品供给量的变动对于该商品价格变动的反应程

度，它是商品供给量变动率与价格变动率之比。其计算公式如下

$$E_s = \frac{供给量变动的百分比}{价格变动的百分比} = \frac{\Delta Q/Q}{\Delta P/P} = \frac{\Delta Q}{\Delta P} \times \frac{P}{Q}$$

式中，E_s 为供给价格弹性系数；ΔQ 为供给量变动的绝对数量；Q 为供给量；ΔP 为价格变动的绝对数量；P 为价格。

2．供给价格弹性的类型

（1）$E_s=\infty$，为供给完全弹性。它表示在一定价格上供给量无穷大，如图 2-18a 所示。

（2）$E_s<1$，为供给缺乏弹性。这类商品在价格变化时，引起的供给量变动较小，即价格变动 1%，供给量变动不到 1%，如图 2-18b 所示。

（3）$E_s=1$，为供给单位弹性。价格的变动与供给量的变动同步，如图 2-18c 所示。

（4）$E_s>1$，为供给富有弹性。价格的变动小于供给量的变动，即价格变动 1%，供给量变动超过 1%，如图 2-18d 所示。

（5）$E_s=0$，为供给完全无弹性。这是很特殊类型的商品，无论价格如何变动，供给量总是不变，如图 2-18e 所示。如古董、绝版藏品，其价格取决于收藏者对其的偏好，但供给量却是不变的。

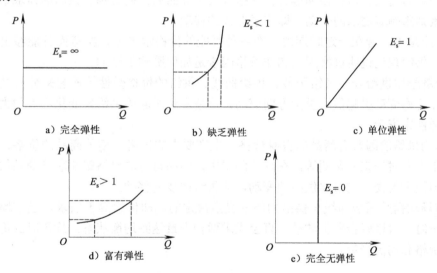

图 2-18　供给的价格弹性的类型

3．影响供给价格弹性的主要因素

供给价格弹性的大小主要与生产这些商品的技术状况有关，主要因素如下：

（1）商品的技术含量。生产一种商品所包含的技术成分越少，生产起来就越容易，对价格反应就灵敏。而商品的技术含量高，如果价格上升，生产者要想生产就必须培训技术人员、购置新设备，困难就大；价格下降，想迅速减产，也会有许多问题要处理。因此，技术含量低，供给的弹性大；技术含量高，供给的弹性小。

（2）商品的技术类型。劳动密集型的商品（如服装、食品等行业），生产相对容易，生产周期短，所以对价格变动可以迅速做出反应，供给弹性高些。资本密集型的商品（如石油、

飞机、汽车等行业），生产相对困难，因此对价格变动的反应就慢些，供给弹性也就小一些。

（3）商品的生产周期。生产周期短，在价格变动后，可以迅速改变供给量。而生产周期长的商品，就只好慢慢来，如一位农民今年种植西瓜，收获后却发现西瓜正在大贬值，而草莓的价格却上升了不少，这时他既不能减少西瓜的供给，也不能增加草莓的供给。所以，生产周期长的商品，供给的弹性就小。

本章小结

1．需求是消费者在一定时期内，在各种可能的价格水平上，愿意而且能够购买的该商品的数量。需求理论说明了在现实经济社会中价格、收入、分配、偏好、预期是如何影响需求的。

2．经济学用需求表、需求函数、需求曲线、需求的价格弹性等概念，分析需求与价格的关系。即价格变化引起需求量反方向变动，价格的变动引起需求量变动的程度大小是用需求价格弹性来表示的。

3．影响需求的因素有该商品的价格、消费者的收入水平、相关商品的价格、消费者的偏好、消费者对商品价格的预期等。在这些因素中商品的价格影响着该商品需求量的变动，而其他因素则影响着需求的变动，即需求曲线的移动。

4．供给是生产者在一定时期内，在各种可能的价格水平上，愿意而且能够出售的该商品的数量。供给理论说明价格因素和非价格因素是如何影响供给的。

5．经济学用供给表、供给函数、供给曲线、供给的价格弹性等概念来分析供给与价格的关系。即价格变动引起供给量同方向变动，价格变化引起的供给量变化程度的大小可用供给的价格弹性来表示。

6．影响供给的因素有商品的自身价格、生产要素的价格、相关商品的价格、生产的技术水平、生产者对未来的预期等。在这些因素中，商品自身的价格影响着该商品供给量的变化，而其他因素的变化则引起供给的变动，即供给曲线的移动。

7．市场均衡是需求曲线与供给曲线的交点决定的，即供给等于需求。当市场供不应求或供过于求时，价格就会发生波动，直至供求两种力量达到均衡状态。均衡时的价格和产量称为均衡价格和均衡产量。

思考与练习

一、重要概念

需求　　　　需求定理　　　　供给　　　　供给定理　　　　需求量的变动
需求的变动　　供给量的变动　　供给的变动　　均衡价格　　需求价格弹性
需求收入弹性　需求交叉弹性　　供给价格弹性

二、单项选择题

1．若某商品的需求富有弹性，厂商要想获得更多的收益应该（　　）。

　　A．适当提价　　　　　　　　B．适当降价

C．保持价格不变　　　　　　　D．根据情况确定价格
2. 当汽油价格上升时，在其他条件不变的情况下，对小汽车需求量将（　　）。
    A．减少　　　B．不变　　　C．增加　　　D．难以确定
3. 下列哪种情况将导致商品需求量的变动而不是需求的变动（　　）。
    A．消费者收入变化　　　　　B．技术水平变动
    C．消费者预期商品的价格上升　D．该商品的价格下降
4. 如果供给曲线是从原点出发的一条射线，则供给曲线上每点的弹性都（　　）。
    A．相等，但越陡峭的弹性越小，越平坦的弹性越大
    B．不相等
    C．等于1
    D．等于0
5. 如果两条供给曲线相交，则交点的弹性（　　）。
    A．相等　　　B．不相等　　C．等于1　　　D．不能确定
6. 如果两条需求曲线相交，则交点的弹性（　　）。
    A．相等　　　B．不相等　　C．等于0　　　D．等于1
7. 需求的变动与需求量的变动（　　）。
    A．是一回事
    B．都是由同一种原因引起
    C．需求的变动由价格以外的其他因素的变动引起，而需求量变动由价格变动引起
    D．需求量的变动是由一种因素引起，需求变动是两种及以上因素引起
8. 限制价格的运用会导致（　　）。
    A．产品大量积压
    B．消费者随时可以购买到自己希望得到的产品
    C．供给增加
    D．黑市交易
9. 在同一条需求曲线上，价格与需求量的组合从 A 点移动到 B 点是（　　）。
    A．需求的变动　　　　　　　B．收入的变动
    C．需求量的变动　　　　　　D．偏好的改变
10. 对化妆品需求的减少（　　）。
    A．可能是由于收入减少引起的
    B．是化妆品价格上升而引起的
    C．在几何图形上表现为同一条需求曲线上的点移动
    D．是由内生变量的变动引起的
11. 当咖啡的价格急剧上升时，在其他条件不变的情况下，对茶叶的需求会（　　）。
    A．减少　　　B．不变　　　C．增加　　　D．没有影响
12. 若某商品的需求缺乏弹性，厂商要想获得更多的收益应该（　　）。
    A．适当降价　　　　　　　　B．适当提价
    C．保持价格不变　　　　　　D．根据情况确定价格

13. 供给曲线是表示（　　）。
    A. 供给量与价格之间的关系　　　B. 供给量与需求之间的关系
    C. 供给量与生产能力之间的关系　　D. 价格与成本之间的关系
14. 鸡蛋的供给量增加是指供给量由于（　　）。
    A. 鸡蛋的需求量增加而增加　　　B. 人们对鸡蛋偏好的增加
    C. 由于收入的增加而引起的增加　　D. 鸡蛋价格的上升而引起的增加
15. 均衡价格是（　　）。
    A. 供给与需求相等时的价格　　　B. 固定不变的价格
    C. 支持价格　　　　　　　　　　D. 限制价格
16. 政府为了扶植某一行业生产而规定的该行业的最低价格是（　　）。
    A. 限制价格　　　　　　　　　　B. 支持价格
    C. 领先价格　　　　　　　　　　D. 歧视价格
17. 政府为了扶植农业，对农产品实行支持价格。但政府为了维持这个高于均衡价格的支持价格，就必须（　　）。
    A. 实行农产品配给制　　　　　　B. 收购过剩的农产品
    C. 增加对农产品的税收　　　　　D. 大量进口农产品
18. 需求完全无弹性在几何图形上表现为需求曲线是一条（　　）。
    A. 与横轴平行的线表示　　　　　B. 向右下方倾斜的直线表示
    C. 与纵轴平行的线表示　　　　　D. 向右上方倾斜的直线表示
19. 消费者预期某物品将来价格要上升，则对该物品当前的需求会（　　）。
    A. 减少　　　B. 不变　　　C. 增加　　　D. 难以确定
20. 某商品价格下降导致其互补品的（　　）。
    A. 需求曲线向右移动　　　　　　B. 需求曲线向左移动
    C. 供给曲线向右移动　　　　　　D. 价格上升

三、判断题

（　）1. 假定供给不变，需求增加，则会引起均衡价格下降和均衡数量增加。
（　）2. 厂商提高价格，其总收益一定增加。
（　）3. 需求就是居民户在某一特定时期内，在每一价格水平下愿意购买的商品数量。
（　）4. 需求曲线越平坦，需求价格弹性越大。
（　）5. 限制价格是政府为了限制某些产品的生产或某些消费品价格的上涨而规定的这些商品的最高价格。
（　）6. 需求的变动会引起均衡价格上升，同时均衡的交易量下降。
（　）7. 需求量的变动和需求的变动虽然都是指需求数量的变化，但两者并不是一回事。
（　）8. 需求量的变动和需求的变动都是指需求数量的变化，所以两者是一回事。
（　）9. 需求弹性系数是价格变动的绝对量与需求量变动的绝对量的比率。
（　）10. 当某种产品价格上升 8%，而需求量减少 7%，则该产品是需求富有弹性。

（　　）11．需求价格弹性为零意味着需求曲线是一条水平线。

（　　）12．在其他条件不变的情况下，某种商品的价格下降将引起需求的增加和供给的减少。

四、计算题

1．从图 2-19 中，比较 A、B、C 三点的需求价格弹性的大小。

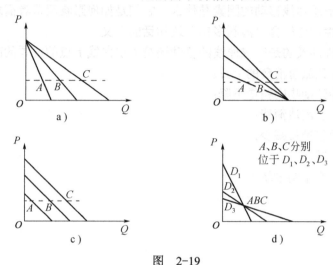

图　2-19

2．某商品的需求弹性系数为 1.5，当它降价 8% 时，需求量会增加多少？

3．某商品原先的价格为 10 元，需求量为 150 件，后降至 8 元，降价后的需求量为 180 件，该商品的需求价格弹性系数为多少？属于哪一类需求弹性？

4．某商品的需求函数为 $Q_d=1\,000-P$，供给函数为 $D_s=200+P$，问：

（1）当价格为 500 时，需求量是多少？供给量是多少？

（2）该商品的均衡价格是多少？此时的均衡产销量又是多少？

5．2016 年，甲制衣公司的衬衫以每件 200 元的价格每月售出 9 000 件，2017 年 6 月，竞争企业将衬衫的价格从 220 元下降到 180 元，这个月甲公司只售出了 8 000 件衬衫。

（1）计算甲公司衬衫与竞争企业衬衫的价格弹性（假设甲公司的衬衫价格不变）；

（2）如果甲公司衬衫的需求价格弹性为 2.0，又设其竞争企业衬衫的价格保持在 180 元的水平上，要使甲公司的销售量恢复到每月 9 000 件的水平，价格要降低多少？

6．香烟的需求价格弹性是 0.4，如果现在每盒香烟为 12 元，政府想减少 20% 的吸烟量，价格应提高多少？

7．某商品原先价格为 10 元/千克，销量为 1 000 千克，该商品的需求弹性系数为 2.4，如果该商品降价至 8 元/千克，此时的销售量为多少？降价后总收益是增加了还是减少了？

8．X 公司和 Y 公司是机床行业的两个竞争者，这两家公司主要产品的需求曲线分别为，X 公司：$P_x=1\,000-5Q_x$，Y 公司：$P_y=1\,600-4Q_y$，这两家公司现在的销售量分别为 100 单位 x 和 250 单位 y。①求 x 产品和 y 产品当前的价格弹性；②假定 y 降价后，使 Q_y 增加到 300 单位，同时导致 x 的销售量 Q_x 下降到 75 单位，试问 X 公司产品 x 的交叉价格弹性；③假定 Y 公司目标是谋求销售收入最大，你认为它在经济上是否合理。

五、思考题

1. 需求量的变动与需求的变动有什么区别？
2. 什么是均衡价格？它是如何形成的？
3. 支持价格与限制价格原理是什么？
4. 弹性与收益的关系是什么？试说明弹性对厂商生产决策的意义。
5. 导致消费者需求曲线移动的因素是什么？它们是如何影响消费者需求的？
6. 根据需求弹性理论解释"薄利多销"这句话的含义。
7. 确定下列事件涉及的是需求曲线的移动还是需求曲线上点的位置的改变：
（1）收入增加导致旅游消费的上升；
（2）减肥时尚导致动物肉销量下降；
（3）汽油税减少了汽油消费；
（4）病虫害使面包销量减少；
（5）战争使石油减产；
（6）汽车降价使汽车销量增加。

第三章 消费者行为理论

■ 学习目标 ■

1. 掌握效用、总效用、边际效用的含义。
2. 熟悉总效用与边际效用的关系。
3. 掌握边际效用递减规律的含义。
4. 理解消费者均衡的条件。
5. 熟悉无差异曲线、消费可能线的含义与特征,理解它们在消费者均衡分析中的作用。
6. 能运用图形说明消费者均衡及其需求曲线的推导。

导入案例 3-1 >>> 王经理和女儿的消费欲望

人们一般是通过消费一定量的物品和服务,使自己的欲望得到满足。但每个人拥有可支配的钱和时间是有限的。如某位王经理,其月薪是 15 000 元,每月拿到薪水他有多种支出的安排,他要支付每月的购房贷款 3 000 元,用于日常生活支出 5 000 元,女儿教育与家庭成员健康等支出 3 000 元,余下的 4 000 元用于储蓄。某日王经理想添置一架新的数码相机,约需 4 000 元。这时他女儿说,班级同座的同学上星期去杭州旅游,看到了教科书中的雷峰塔,要求爸爸带她去杭州旅游。这时,这位父亲面临着新的选择,每月的房贷款一定要还的,5 000 元的日常开销是不可少的,那只有放弃添置新照相机和储蓄的计划,因为女儿的教育和心理上的需求比购买新照相机来得重要,旅游时用旧照相机还能凑合。于是,原本计划添置新照相机的 4 000 元就成了父女的旅游费。

需求产生于消费,供给产生于生产。要说明需求与供给是如何决定的就应该解释消费与生产。消费是由消费者(居民)所进行的行为,生产是由生产者(厂商)所进行的行为。本章(消费者行为理论)和下一章(生产理论)要分别说明消费者的行为决定和生产者的行为决定,从而进一步阐明需求与供给。

从导入案例中我们可以看到,人们都有各种欲望和希望欲望得到满足的愿望。效用是从消费某种物品中所得到的满足,满足程度高就是效用大,满足程度低就是效用小。效用是一种心理感觉,某种物品给消费者带来的效用大小完全取决于消费者本人的感觉。例如,一支香烟对吸烟者来说可能有很大的效用,而对不吸烟者则可能完全没有效用,甚至会带来痛苦,即负效用。消费者行为理论就要研究在消费者收入既定的条件下，如何实现效用的最大化。这正是本章的中心议题。经济学家曾在基数效用论与序数效用论的基础上研究过这个问题，这两种理论又分别采用了边际效用分析法与无差异曲线分析法。下面就分别来介绍这两种方法对消费者的行为分析。

第一节 基数效用论

导入案例 3-2 >>> 喝水的感觉为什么会不一样

学生会体育部举行足球比赛，尽管气温很高，参赛队仍非常踊跃，特别是冠亚军决赛实在太激烈，裁判吹响了上半场结束的哨声时，比分还是 0∶0。场上队员跑到场边一边听着教练的讲评，一边拿起矿泉水猛喝起来，第一瓶真解渴还想喝，第二瓶真舒服，第三瓶喝了几口就感觉胃有些胀，产生了不舒服的感觉，算了，剩下的就浇浇头、凉凉身，感觉还真爽快。人们为什么会产生这样的感觉呢？

一、基数效用论概述

基数效用论是研究消费者行为的一种理论。其基本观点是效用是可以计量并加总求和的，因此，效用的大小可以用基数（1、2、3……）来表示。所谓效用可以计量，就是指消费者消费某一物品所得到的满足程度可以用效用单位来进行衡量。正如长度单位可以用米来表示一样，可以说某消费者吃一块巧克力所得到的满足程度是 5 个效用单位。所谓效用可以加总求和是指消费者消费某物品所得到的满足程度可以加总而得出总效用。例如，某消费者吃第一块巧克力所得到的满足程度是 5 个效用单位，吃第二块巧克力所新增的满足程度是 4 个效用单位，那么这消费者吃这二块巧克力所得到的总满足程度就是 9 个效用单位。根据这种理论，可以用具体的数字来研究消费者效用最大化问题。

在运用边际效用分析法来分析消费者行为时，首先要了解两个重要的概念：总效用与边际效用。

总效用（TU）是指从消费一定量某种物品中所得到的总满足程度。

边际效用（MU）是指某种物品的消费量每增加 1 单位所增加的满足程度。边际的含义是增量，是指自变量增加 1 单位所引起的因变量的增加量。在边际效用中，自变量是某物品的消费量，而因变量则是满足程度或效用。消费量变动所引起的效用的变动即为边际效用。式（3-1）就是以数学表达式表示的总效用与边际效用的关系。

$$MU = \frac{\Delta TU}{\Delta Q}, \quad \Delta Q \to 0 时，MU = \frac{d(TU)}{dQ} \tag{3-1}$$

也可以用表 3-1 和图 3-1 来说明总效用与边际效用的关系。

表 3-1　总效用与边际效用的关系

月饼的消费量（Q）	总效用（TU）	边际效用（MU）	月饼的消费量（Q）	总效用（TU）	边际效用（MU）
0	0	0	3	12	2
1	6	6	4	12	0
2	10	4	5	10	−2

从表 3-1 中可以看出，从没有消费月饼到消费 1 单位月饼，消费量增加了 1 单位，效用增加了 6 效用单位，所以，边际效用为 6 效用单位，总效用为 6 效用单位。当消费第 2 单位月饼时，总效用为 10 效用单位，由消费 1 单位月饼到消费 2 单位月饼，消费量增加了 1 单位，效用从 6 效用单位增加到 10 效用单位。所以，边际效用为 4 效用单位。以此类推，当消费第 5 单位月饼时，总效用为 10 效用单位，而边际效用为−2 效用单位，即增加第 5 单位月饼的消费所带来的是负效用。由此可以看出，当边际效用为正数时，总效用是增加的；当边际效用为零时，总效用达到最大；当边际效用为负数时，总效用减少。

根据表 3-1 数据所绘制的总效用曲线和边际效用曲线如图 3-1 所示。

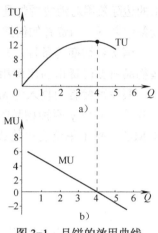

图 3-1　月饼的效用曲线

二、边际效用递减规律

从表 3-1 和图 3-1 中还可以看出，边际效用是递减的。这种情况普遍存在于一切物品的消费中，被称为边际效用递减规律。这一规律可以表述如下：随着消费者对某种物品消费量的增加，他从该物品连续增加的消费中所得到的边际效用是递减的。德国的戈森在 1845 年出版的《人类消费行为及其遵循的交换规则》一书中，对这种现象进行了描述，因而它又被称为"戈森第一定律"。

边际效用递减规律可以用以下两个理由来解释：

第一，生理或心理的原因。消费一种物品的数量越多，即某种刺激的反复，使人生理上的满足或心理上的反应减少，从而满足程度减少。例如，连续喝水或吃月饼时，都会有这种感觉。

第二，物品本身用途的多样性。每一种物品都有多种用途，这些用途的重要性不同。消费者总是先把物品用于最重要的用途，而后用于次要的用途。当他有若干这种物品时，把第一单位用于最重要的用途，其边际效用就大，若连续消费若干单位用于同样的用途，其边际效用就减小，甚至可能小于消费一单位该物品用于第二种用途的边际效用。例如，某消费者有三块面包，他把第一块用于最重要的充饥（满足生理需要），若继续消费第二块面包用来充饥，所带来的边际效用可能小于把第二块面包用于赠送朋友（满足爱的需要）所带来的边际效用，第三块面包则有可能被该消费者用于赐舍（满足自我实现的需要）。这三块面包用途的重要性是不同的，从而其边际效用也就不同。由此看来，边际效用递减规律是符合实际情况的。

三、消费者均衡

消费者均衡是研究单个消费者如何把有限的货币收入分配在各种商品的购买中以获得

最大的效用。或者说是研究单个消费者在既定收入下实现效用最大化的均衡条件。这里所说的均衡是指消费者实现最大效用时既不想再增加，也不想再减少任何商品购买数量的一种相对静止的状态。

在研究消费者均衡时，我们假设：①消费者的嗜好是既定的。这也就是说，消费者对各种物品效用与边际效用的评价是既定的，不会发生变动；②消费者的收入是既定的。每1单位货币的边际效用对消费者都是相同的；③物品的价格是既定的。消费者均衡正是要说明在这些假设条件之下，消费者如何把有限的收入分配于各种物品的购买与消费上，以获得最大效用。

消费者均衡的条件，是消费者用既定收入购买各种物品所带来的边际效用，与为购买这些物品所支付货币的比例相等，或者说每1单位货币所得到的边际效用都相等。

假设消费者的收入为 M，消费者购买并消费 x 与 y 两种物品，x 与 y 的价格为 P_x 与 P_y，所购买的 x 与 y 两种物品的数量分别为 Q_x 与 Q_y，x 与 y 两种物品所带来的边际效用为 MU_x 与 MU_y，每1单位货币的边际效用为 MU_m。这样，可以把消费者均衡的条件写为

$$P_x Q_x + P_y Q_y = M \tag{3-2}$$

$$\frac{MU_x}{P_x} = \frac{MU_y}{P_y} = MU_m \tag{3-3}$$

式（3-2）是限制条件，说明收入是既定的，购买 x 与 y 物品的支出不能超过收入，也不能小于收入。超过收入的购买是无法实现的，而小于收入的购买也达不到收入既定时的效用最大化。式（3-2）是消费者均衡的条件，即所购物品带来的边际效用与其价格之比相等，也就是说，每1单位货币不论用于购买 x 商品，还是购买 y 商品，所得到的边际效用都相等。

下面举例说明这一点：

设 $M=100$ 元，$P_x=10$ 元，$P_y=20$ 元，x 与 y 的边际效用见表 3-2，总效用见表 3-3。

表 3-2　商品数量及其边际效用

Q_x	MU_x	Q_y	MU_y	Q_x	MU_x	Q_y	MU_y
1	5	1	6	6	0	—	—
2	4	2	5	7	-1	—	—
3	3	3	4	8	-2	—	—
4	2	4	3	9	-3	—	—
5	1	5	2	10	-4	—	—

表 3-3　不同商品组合及其总效用

组合方式	$\frac{MU_x}{P_x}$ 与 $\frac{MU_y}{P_y}$	总 效 用	组合方式	$\frac{MU_x}{P_x}$ 与 $\frac{MU_y}{P_y}$	总 效 用
$Q_x=10$　$Q_y=0$	$\frac{-4}{10} \neq \frac{0}{20}$	5	$Q_x=4$　$Q_y=3$	$\frac{2}{10} = \frac{4}{20}$	29
$Q_x=8$　$Q_y=1$	$\frac{-2}{10} \neq \frac{6}{20}$	18	$Q_x=2$　$Q_y=4$	$\frac{4}{10} \neq \frac{3}{20}$	27
$Q_x=6$　$Q_y=2$	$\frac{0}{10} \neq \frac{5}{20}$	26	$Q_x=0$　$Q_y=5$	$\frac{0}{10} \neq \frac{2}{20}$	20

以下根据表 3-2 与表 3-3 来说明为什么只有符合以上两个条件时，才能使效用达到最大化。

从表 3-3 中可以看出各种组合都符合式（3-2），即各种组合都正好用完 100 元，但只有在 Q_x=4、Q_y=3 时才能满足 $\dfrac{MU_x}{P_x} = \dfrac{MU_y}{P_y}$ 的条件，因此，也只有这种组合才实现了 x 与 y 所带来的总效用最大——29 效用单位，其他组合 x 与 y 所带来的总效用都不是最大。以 Q_x=8、Q_y=1 的组合为例，第 8 单位 x 物品带来的边际效用为–2，价格为 10 元，$\dfrac{MU_x}{P_x} = \dfrac{-2}{10}$，x 所带来的总效用为 12（即第 1 单位到第 8 单位的边际效用之和为 12）；第 1 单位 y 物品带来的边际效用为 6，价格为 20 元，$\dfrac{MU_y}{P_y} = \dfrac{6}{20}$，y 所带来的总效用为 6。x 与 y 带来的总效用为 12+6=18，因为 $\dfrac{MU_x}{P_x} \neq \dfrac{MU_y}{P_y}$（即 $\dfrac{-2}{10} \neq \dfrac{6}{20}$），所以，这种组合并不能带来最大效用。而在 Q_x=4、Q_y=3 的组合时，第 4 单位的 x 物品带来的边际效用为 2，价格为 10 元，$\dfrac{MU_x}{P_x} = \dfrac{2}{10}$，x 所带来的总效用为 14，第 3 单位的 y 物品带来的边际效用为 4，价格为 20 元，$\dfrac{MU_y}{P_y} = \dfrac{4}{20}$，y 所带来的总效用为 15。x 与 y 带来的总效用为 14+15=29。因为 $\dfrac{MU_x}{P_x} = \dfrac{MU_y}{P_y}$（即 $\dfrac{2}{10} = \dfrac{4}{20}$），所以，只有这种组合才能带来最大效用。

消费者之所以要按这一原则来进行购买，是因为在收入既定的条件下，多购买 x 物品就要少购买 y 物品。随着 x 物品数量的增加，它的边际效用递减，而随着 y 物品数量的减少，它的边际效用递增。为了使所购买的 x 与 y 物品的组合能带来最大总效用，消费者就要调整他所购买的 x 物品与 y 物品的数量。当他购买的最后 1 单位 x 物品带来的边际效用与价格之比，等于购买的最后 1 单位 y 物品带来的边际效用与价格之比时，总效用达到最大。这时，消费者不再调整购买的 x 物品与 y 物品的数量，从而就实现了消费者均衡。这个原理最早由德国的戈森加以论述，因此人们又把它称为"戈森第二定律"。

四、边际效用递减规律与需求定律

基数效用论者以边际效用递减规律和建立在该规律上的消费者效用最大化的均衡条件为基础推导消费者的需求曲线。

商品的需求价格是指消费者在一定时期内对一定量的某种商品所愿意支付的最高价格，它取决于商品的边际效用。由于商品的边际效用递减，所以，随着商品消费量的连续增加，在货币的边际效用不变的条件下，相应地消费者为购买这种商品所愿意支付的最高价格即商品的需求价格也是下降的。也就是说，对应较低的边际效用的商品，消费者愿意支付一个较低的价格，对应较高的边际效用的商品，消费者愿意支付一个较高的价格。据此，基数效用论者推导出了向右下方倾斜的需求曲线，并说明了需求曲线上每一点的需求量都是在相应价格水平下可以给消费者带来最大效用的需求量（如第二章中的需求曲线）。也就是说，基数效用论者认为边际效用递减规律保证了需求定律的成立。

五、消费者剩余

消费者剩余是指消费者愿意支付的价格与实际支付的价格之差,即消费者愿意支付的价格与市场价格的差额。这时,消费者在购买物品中不仅可以得到满足,而且会感到得到了额外的福利,心里特别高兴。

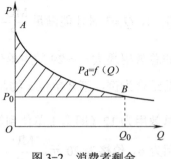

图 3-2 消费者剩余

例如,某消费者喜食刚上市的新鲜荔枝,当他购买第一个 500 克时,他愿意花 18 元,而随着他食用荔枝的增加,荔枝的边际效用递减,他为购买第二个、第三个 500 克荔枝所愿意支付的最高价格分别递减为 16 元、14 元,而当时的市场价格为 13 元/500 克。这样他愿意支付的最高价格(18 元+16 元+14 元=48 元)与他实际支付的金额(13 元×3=39 元)两者的差额为 48 元-39 元=9 元。这个差额就是消费者剩余。

消费者剩余可以用几何图形来表示。简单地说,消费者剩余可以用消费者需求曲线以下、市场价格线之上的面积来表示,如图 3-2 中的阴影部分面积所示。需求曲线以反需求函数的形式 $P_d=f(Q)$ 给出,它表示消费者对每一单位商品所愿意支付的价格。假定该商品的市场价格为 P_0,消费者的购买量为 Q_0。在产量 O 到 Q_0 区间需求曲线以下的面积表示消费者为购买 Q_0 数量的商品所愿意支付的最高总金额(即总价格),即相当于图中的面积 $OABQ_0$;而实际支付的总金额(即总价格)等于市场价格 P_0 乘以购买量 Q_0,即相当于图中的矩形面积 OP_0BQ_0。这两块面积的差额即图中的阴影部分面积 P_0AB,就是消费者剩余。

但是,效用是一种心理感觉,没有客观标准,也很难用具体数字来衡量与表示,因此,一些经济学家认为,基数效用论难以成立,到了 20 世纪 30 年代序数效用的概念为大多数经济学家所使用。

第二节 序数效用论

导入案例 3-3 世界上什么东西最好吃

兔子和猫争论,世界上什么东西最好吃。兔子说:"世界上萝卜最好吃。萝卜又甜又脆又解渴,我一想起萝卜就要流口水。"

猫不同意,说:"世界上最好吃的东西是老鼠。老鼠的肉非常嫩,嚼起来又酥又松,味道美极了!"

兔子和猫争论不休、相持不下,跑去请猴子评理。

猴子听了,不由得大笑起来:"瞧你们这两个傻瓜蛋,连这点儿常识都不懂!世界上最好吃的东西是什么?是桃子!桃子不但美味可口,而且长得漂亮。我每天做梦都梦见吃桃子。"

兔子和猫听了,全都直摇头。

那么,世界上到底什么东西最好吃?

一、序数效用论

序数效用论是为了弥补基数效用论的不足而提出来的另一种研究消费者行为的理论。其基本观点是：效用作为一种心理现象无法计量，也不能求和，只能表示出满足程度的高低与顺序。因此，效用只能用序数（第一、第二、第三……）来表示。例如，消费者消费了巧克力与连环画，他从中得到的效用是无法衡量、也无法求和的，更不能用基数来表示，但他可以比较从消费这两种物品中所得到的效用。如果他认为消费巧克力所带来的效用大于消费连环画所带来的效用，那么就可以说，巧克力的效用是第一，连环画的效用是第二。

序数效用论采用的是无差异曲线分析法。

二、无差异曲线

（一）无差异曲线的特征

无差异曲线是用来表示两种商品不同数量的组合给消费者所带来的效用完全相同的一条曲线。

假如，现在有 x 与 y 两种商品，它们有 a、b、c、d、e、f 六种组合方式，这六种组合方式能给消费者带来同样的效用。这样，可做出表 3-4。

根据表 3-4 可以做出图 3-3。

在图 3-3 中，横轴 Q_x 代表 x 商品的数量，纵轴 Q_y 代表 y 商品的数量，I 为无差异曲线，线上任何一点上 x 商品与 y 商品不同数量的组合给消费者所带来的效用都是相同的。

表 3-4　无差异的商品组合

组合方式	x 商品的数量	y 商品的数量	组合方式	x 商品的数量	y 商品的数量
a	5	30	d	20	10
b	10	18	e	25	8
c	15	13	f	30	7

无差异曲线具有以下特征：

（1）无差异曲线是一条向右下方倾斜的曲线，其斜率为负值。这就表明，在收入与价格既定的条件下，消费者为了得到相同的总效用，在增加一种商品的消费时，必须减少另一种商品的消费。两种商品不能同时增加或减少。

（2）在同一平面图上可以有无数条无差异曲线。同一条无差异曲线代表相同的效用，不同的无差异曲线代表不同的效用。离原点越远的无差异曲线，所代表的效用越大；离原点越近的无差异曲线，所代表的效用越小。如图 3-4 所示。

在图 3-4 中，I_1、I_2、I_3 是三条不同的无差异曲线，它们分别代表不同的效用，其顺序为：$I_1<I_2<I_3$。

（3）在同一平面图上，任意两条无差异曲线不能相交，因为在交点上两条无差异曲线代表了相同的效用，与第二个特征相矛盾。

（4）无差异曲线凸向原点。凸向原点表明该曲线斜率的绝对值是递减的（经济学含义：边际替代率是递减的）。无差异曲线上任一点的切线的斜率称为边际替代率（MRS）。

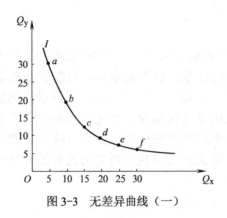

图 3-3 无差异曲线（一）

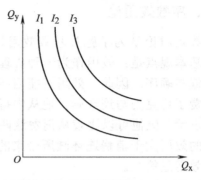

图 3-4 无差异曲线（二）

（二）边际替代率及其递减规律

从一条无差异曲线上可以看出，消费者因一种商品数量的减少而造成的损失可以由另外一种商品的增加而得到补偿。这说明，在既定的效用水平保持不变的条件下，消费者可以用一种商品的消费代替另外的商品。边际替代率是用来度量一种商品对另一种商品的替代能力的概念，其定义为：在效用水平或满足程度保持不变的条件下，消费者增加一单位一种商品的消费可以代替的另一种商品的消费数量。如图 3-3 所示，假定消费者消费两种商品，其消费数量分别为 Q_x 和 Q_y，我们可以看到，当消费者增加对 x 的消费量为 ΔQ_x 时可代替的另一种商品的消费量为 ΔQ_y。若以 MRS_{xy} 代表 x 商品对 y 商品的边际替代率，则边际替代率的计算公式为

$$MRS_{xy} = -\frac{\Delta Q_y}{\Delta Q_x} \tag{3-4}$$

式（3-4）中的负号没有实际意义，只表示 ΔQ_x 与 ΔQ_y 的变化方向相反，所以边际替代率一般只考虑在正数值的范围内加以讨论。

可以看出，商品的边际替代率与无差异曲线的斜率密切相关。无差异曲线越平坦，x 商品对 y 商品的边际替代率就越小；反之，无差异曲线越陡峭，x 商品对 y 商品的边际替代率就越大。事实上，如果商品数量的改变量趋向于无穷小，则边际替代率恰好就是无差异曲线斜率的绝对值。

$$MRS_{xy} = -\lim_{\Delta Q_x \to 0} \frac{\Delta Q_y}{\Delta Q_x} = -\frac{dQ_y}{dQ_x}$$

商品的边际替代率反映了消费者增加一种商品的消费而愿意放弃的另一种商品的数量。经济学家认为，边际替代率所反映的消费者增加一种商品的消费而愿意放弃的另一种商品的数量是有规律的。这就是：在保持效用水平或满足程度不变的条件下，随着一种商品消费数量的增加，消费者增加 1 单位该商品而愿意放弃的另一种商品的数量会越来越少，即边际替代率是递减的。

商品边际替代率递减的原因是容易理解的。在保持消费者效用水平不变的条件下，消费者增加一种商品的消费，可以减少另一种商品的消费。随着第一种商品消费量的增加和第二种商品消费量的减少，第二种商品相对稀缺，消费者则会更加珍爱第二种商品，它只有在得到更多的第一种商品时，才愿意放弃 1 单位第二种商品。即增加 1 单位一种商品，消费者愿意放弃的另一种商品的数量越来越少。

借用效用与边际效用递减规律，可以进一步解释边际替代率递减规律。事实上，在保持效用水平不变的条件下，消费者增加第一种商品的消费量所增加的效用正好补偿第二种商品

消费量减少的效用。假定第一种商品的改变量为ΔQ_x，则消费者的效用改变量为$MU_x \times \Delta Q_x$，由此引起的第二种商品数量的改变量ΔQ_y对效用的影响为$MU_y \times \Delta Q_y$。因此有

$$MU_x \times \Delta Q_x + MU_y \times \Delta Q_y = 0 \tag{3-5}$$

从中得

$$MRS_{xy} = -\frac{\Delta Q_y}{\Delta Q_x} = \frac{MU_x}{MU_y} \tag{3-6}$$

从式（3-6）中不难看出，如果消费者消费商品获得的满足程度服从边际效用递减规律，也必然服从边际替代率递减规律。因此，无差异曲线越来越平缓，在几何图形上表现为无差异曲线凸向原点。

三、消费预算线

在运用无差异曲线来分析消费者均衡时，我们还必须了解另一个概念——消费预算线。

消费预算线又称预算约束线、消费可能线或等支出线。它是一条表明在消费者收入与商品价格既定的条件下，消费者所能购买到的两种商品数量最大组合的线。

假定某消费者的收入为60元，x商品的价格为20元，y商品的价格为10元。如果全购买x商品，可以购买3单位；如果全购买y商品，可以购买6单位。这样，可以作出图3-5所示的曲线。

在图3-5中，如用全部收入购买x商品，可以购买3单位（A点），如用全部收入购买y商品，可以购买6单位（B点），连接A和B点则为消费可能线。该线上的任何一点都是在收入与价格既定的条件下，能购买到的x商品与y商品的最大数量的组合。例如，在C点，购买4单位y商品、1单位x商品，正好用完60元（10元×4+20元×1=60元）。在该线下方的任何一点，所购买的x商品与y商品的组合是可以实现的，但并不是最大数量的组合，即没有用完收入。例如，在D点，购买2单位y商品、1单位x商品，只用了40元（10元×2+20元×1=40元）。在该线外的任何一点，所购买的x商品与y商品的组合大于C点时，都无法实现，因为所需花的钱超过了既定的收入。例如，在E点，购买4单位y商品、2单位x商品，大于C点的4单位y商品、1单位x商品，这时要支出80元（10元×4+20元×2=80元），超过了既定的收入60元，无法实现。

通过对消费预算线的理解，可以进一步写出消费者的预算方程

$$P_x Q_x + P_y Q_y = M$$

消费预算线是一条向右下方倾斜的直线，这是由预算方程给定的。预算线与横轴的交点（如图3-5中的A点）表示消费者全部收入用于购买x商品可以得到的最大数量（M/P_x）；同理，预算线与纵轴的交点（如图3-5中的B点）表示消费者全部收入用于购买y商品可以得到的最大数量（M/P_y）。交点B与A的比率，即是预算线的斜率（$-P_x/P_y$）。因此，预算线的斜率可以表示为两种商品的价格之比。

消费者的预算线将因消费者收入的变化和商品价格的变化而移动。当消费者的收入变动时，一般情况下，随着收入的增

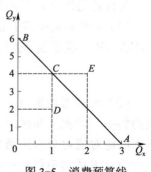

图3-5 消费预算线

加或减少，预算线则平行向右上方或左下方移动，如图 3-6a 所示。当消费者的收入不变，商品的价格发生变动，如 P_x 下降时，则预算线以 B 点为轴心逆时针移动，如图 3-6b 所示。

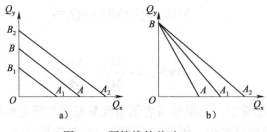

图 3-6　预算线的移动

消费预算线是用无差异曲线研究消费者均衡时的限制条件。

四、消费者均衡

现在我们把无差异曲线与消费预算线结合在一起来分析消费者均衡。

如果把无差异曲线与消费预算线合在一个图上，那么，消费预算线必定与无数条无差异曲线中的一条相切于一点，在这个切点上，就实现了消费者均衡，如图 3-7 所示。

在图 3-7 中，I_1、I_2、I_3 为三条无差异曲线，它们效用大小的顺序为 $I_1<I_2<I_3$。AB 为预算线。AB 线与 I_2 相切于 E，这时实现了消费者均衡。这就是说，在收入与价格既定的条件下，消费者购买数量为 OM 的 x 商品、数量为 ON 的 y 商品，就能获得最大的效用。

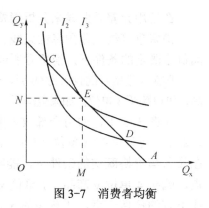

图 3-7　消费者均衡

为什么只有在 E 点时才能实现消费者均衡呢？从图 3-7 上看，I_3 所代表的效用大于 I_2，但 I_3 与 AB 线既不相交又不相切，说明达到 I_3 效用水平的 x 商品与 y 商品的数量组合在收入与价格既定的条件下是无法实现的。AB 线与 I_1 相交于 C 和 D，在 C 点和 D 点上所购买的 x 商品与 y 商品的数量也是收入与价格既定条件下最大的组合，但 $I_1<I_2$，在 C 点和 D 点时 x 商品与 y 商品的组合并不能达到最大效用。此外，I_2 除 E 之外的其他各点也在 AB 线之外，即所要求的 x 商品与 y 商品数量的组合也是收入与价格既定条件下无法实现的。由此看来，只有在 E 点时才能实现消费者均衡。

消费者均衡点 E 有两个明显特征：

（1）消费者均衡点 E 位于预算约束线上，这意味着这一点所对应的两种商品数量的组合（OM，ON）满足预算方程

$$P_x Q_x + P_y Q_y = M$$

（2）消费者均衡点 E 位于无差异曲线与预算线的切点上，这意味着在这一点上，预算线的斜率与无差异曲线的斜率相等。根据以上对无差异曲线和预算线的分析可知，两者的斜率的绝对值可分别用两种商品的价格之比和两种商品的边际效用之比表示。因此，消费者均衡点 E 所对应的商品组合（OM，ON）还满足方程

$$\frac{P_x}{P_y} = \frac{MU_x}{MU_y}$$

或者

$$\frac{MU_x}{P_x} = \frac{MU_y}{P_y}$$

由此可见,序数效用论得出的消费者均衡条件与基数效用论相同。即在消费者满足预算约束的条件下,消费者用每单位货币买到的边际效用相等。因此,尽管序数效用论和基数效用论的假设条件和分析方法不同,但是实质是相同的。

五、价格—消费扩展线与需求曲线

价格—消费扩展线表示在消费者的收入和其他商品价格不变的条件下,随着某种商品价格的变动,消费者均衡点变动的轨迹,又称价格扩展线。它表明商品价格与消费者消费数量的关系。

图3-8a给出了随着x商品价格的变动,消费者的价格扩展线(PC曲线)。它是由x商品价格变动引起的预算线变动后,每一条特定的预算线与无差异曲线相切点的轨迹连接成的。

根据消费者的价格扩展曲线可以得到每一价格水平下消费者对x商品的需求量,从而画出消费者对x商品的需求曲线。假定在图3-8a中,商品x的价格为P_1,预算约束线为AB_1,消费者的无差异曲线与该预算线在E_1点相切,并决定了消费者对x商品的购买量为Q_1;若将x商品价格降低至P_2的预算约束线为AB_2,消费者的无差异曲线与该预算线在E_2点相切,并决定了消费者对x商品的购买量为Q_2;类似地,可以得到无数的像(P_1,Q_1)和(P_2,Q_2)这样的组合,将这些组合描绘在图3-8b中,得到像D_1、D_2这样的点,将这些点的轨迹连接起来,就得到消费者的需求曲线。

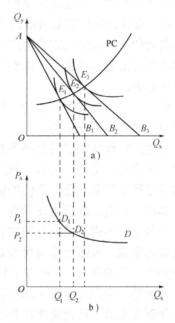

图3-8 价格消费曲线和消费者的需求曲线

第三节 消费者行为理论的应用

导入案例 3-4 >>> 观众应享有消费权,节目岂能随便"掐"

某地区的市民发现他们一直收看着的某卫视忽然消失了,取而代之的是其他卫视节目。此举引发了当地市民的强烈不满。

那么为什么要封杀某卫视？从报道中披露的情况看，原因主要是因为某卫视的收视率较高，结果对当地的电视广告收入产生了强烈的"虹吸"效应，为了保护自己的电视台，便对某卫视开出了过高的落地要价，迫使某卫视知难而退。

如果要打一个比方的话，则某卫视就相当于生产和批发商，而某电视台则相当于负责零售的超市，由于生产、批发商同零售商无法达成协议，于是这类商品就从超市的货架上被撤掉了。耐人寻味的是，在这一过程中，没有谁想到要征求电视观众的意见，他们的消费权被忽视了。

一、消费者行为理论的局限性

基数效用论与序数效用论是采用不同的方法研究同样的问题，并得出了相同的结论。这种消费者行为理论有这样几个假设：①消费者是完全理性的，即他们对自己消费的物品完全地了解，而且自觉地把效用最大化作为目标；②存在消费者主权，即消费者决定自己的消费，而消费者的消费决策决定了生产；③效用仅仅来源于物品的消费。根据这些假设，消费者行为理论所得出的结论就是，由消费者自行决定消费就可以实现效用最大化，政府不用干预消费者的行为。

但是，以上述三个假设为前提的消费者行为理论遇到了挑战。一些经济学家认为，这三个假设条件都是不现实的。

首先，在现实中消费者并不具有完全的理性。完全理性仅仅是一种理论上的假设。消费者由于受修养、文化、习俗、思想意识等的影响，并不可能具有完全的理性，也不能自觉地追求满足程度的最大化。他们的消费行为要受到许多因素的影响。

其次，消费者的需求要受到许多社会因素的影响，在现代社会中，特别受广告宣传的影响。一些公司不惜花费巨资通过各种形式来宣传自己的产品，这种宣传在一定程度上左右了消费者的需求。表面上看消费者是完全自由的，消费者主权是至高无上的，实际上消费者主权受到生产者的操纵。生产者从利润最大化的目的出发，生产出种种产品并通过广告"强迫"消费者接受。生产者主权实际上代替了消费者主权。生产者可以通过广告来影响消费者的嗜好，并创造需求，这就是现代社会的消费特点。而传统的消费者行为理论却忽略了这一点。

最后，传统的消费者行为理论把物品的消费作为满足消费者的唯一源泉。这种观点也是值得商榷的。因此，所消费的物品的增加并不完全等于满足程度的提高。人们在物品的消费之外还有许多其他享受，如闲暇、清新而安静的环境等。片面强调消费物品的增加，有时不仅不能给消费者带来幸福，反而会引起环境污染、自然资源受到破坏、社会风尚败坏等问题。

总之，以个人为中心的消费者行为理论认为，只要确保消费者的个人自由，就可以实现满足程度的最大化。从整个社会来看，只要每个消费者都实现了满足程度最大化，社会福利也就实现了最大化。但事实上，消费者并不是真正自由的。消费者的行为需要社会的引导与保护。因此，就需要有各种保护消费者的政策。

二、保护消费者的政策

为了指导消费者的消费行为，并保护消费者的利益，各国一般都采取了这样一些政策：（1）确保商品的质量。由政府及有关组织颁布商品最低限度的质量标准，规定任何商品都必须符合相应的质量标准,并由政府的有关机构对商品进行检验。同时,要求厂商把商品的成分和商品可能的效用向消费者公布,不得保密。这样使消费者能享受到合乎标准的产品。

(2) 正确的消费宣传。这首先要求商品广告和商品说明书必须诚实可靠,对广告要有一定的限制。例如,烟和烈性酒等不利于健康的商品不得进行广告宣传,广告要对商品做如实的介绍等。其次,还要通过规范教育与其他宣传形式向公众进行有关商品效用的教育,指导消费者正确地进行消费。

(3) 禁止不正确的消费。例如,禁止出售枪支和毒品,通过宣传、税收或其他强制性措施,限制烟、烈性酒、某些有刺激性药物等的销售与消费,特别是为保护儿童的身心健康,不让儿童消费一些不利于成长的商品,例如,禁止儿童进入成人影院,禁止出售给儿童一些不健康的玩具或书刊等。

(4) 对某些特殊消费给予强制。有一些消费,例如,教育、医疗、保险等,对整个社会和个人都是十分必要的,社会要通过法律(如义务教育法)或经济手段来强制人们进行这类消费。

(5) 对某些行业的从业人员的素质进行必要的规定。这主要是指对提供医疗服务的医生、提供法律服务的律师和提供教育服务的教师的资历和素质做出规定,并进行职业资格考核,考核合格方可从事这类职业,以保证消费者能得到合乎标准的服务。

(6) 在价格管制政策中的限制价格政策,也是一种对消费者的保护政策。这种政策可以防止消费者受垄断厂商的侵害,并能保证社会上所有的人都得到基本生活品。对粮食、公用事业服务、房租等商品与服务的限制,在保护消费者方面,还是有一定作用的。

(7) 建立"消费者协会"这类组织,保护消费者的利益。这种组织是非官方的,它可以接受消费者对产品与服务质量、价格等方面的申诉,代表消费者向厂商提出诉讼,以及通过各种形式,为保护消费者的利益服务。

这些政策,对保护消费者的利益,指导正确消费起到了积极作用。但是,这些政策的实施也会有不利的影响。例如,政府为此要有一定的支出,企业受的限制较多会不利于生产效率的提高等。还有些措施在执行中会有许多困难,效果也并不十分理想。因此,政府在消费政策方面,应有一个适度的范围,不管不行,管得太多、太死也会不利于消费者和整个社会。

三、消费外在化的干预政策

从传统的消费者行为理论来看,消费完全是个人的问题。但实际上,个人的消费对社会是有影响的。首先,个人的消费要影响社会资源的配置与利用。为了保护社会资源,尤其是某些比较稀缺的资源,就要用法律或经济手段限制某些消费。例如,用资源保护法禁止或限制人们对某些珍稀动物的消费,用提高水价的方法来限制人们对水资源的浪费等。其次,个人的消费会给社会带来一些不利的影响,对于这些消费也应进行限制。例如,小汽车的普及会使环境污染严重,交通拥挤,因此,在一些国家则对小汽车的消费进行了必要的限制。再如,吸烟不仅不利于个人健康,也会危害他人,这就要对吸烟这种消费进行限制。最后,还应该注意个人消费对社会风尚的影响。例如,个人的某些浪费性高消费,有可能败坏社会风气,引起社会犯罪率上升。对这种高消费有必要进行限制,如对奢侈品加重税收就是限制这种高消费。

消费者行为理论完全是一种心理分析。不能否认心理因素在消费中的重要地位,但要强调的是,心理是离不开经济基础的。人的消费首先不是受心理的支配,而是受经济地位的支配。

本章小结

1．效用是从人们的欲望出发，分析人类欲望的满足程度的评价指标。效用分为总效用和边际效用。边际效用递减规律具有普遍性，并可据此说明需求和需求曲线。

2．基数效用论说明在收入和价格既定时，消费者如何实现效用最大化。

3．序数效用论认为，效用是消费者个人偏好，是一种心理活动，只能根据偏好程度用序数第一、第二、第三……加以排列说明。

4．无差异曲线是表示两种物品的各种组合，这些组合对消费者产生的满足程度（即提供的效用）是相同的。无差异曲线是序数效用论分析消费者行为，并用以解释需求曲线的成因的主要分析工具。

5．在消费者偏好不变的前提下，如果价格和收入发生了变动，消费者的均衡点也随之发生变动。消费者行为理论为分析此类问题提供了帮助。

思考与练习

一、重要概念

效用　　　　边际效用　　　边际效用递减规律　　　无差异曲线
边际替代率　消费预算线　　消费者均衡　　　　　　价格—消费扩展线

二、单项选择题

1．当总效用达到最大时，边际效用（　　）。
　　A．最大　　　　B．最小　　　　C．为零　　　　D．不变

2．需求定理是由（　　）决定的。
　　A．边际消费倾向递减规律　　　　B．边际收益递减规律
　　C．平均消费倾向递减规律　　　　D．边际效用递减规律

3．如果商品价格不变而消费者收入增加，则预算线（　　）。
　　A．向右上方平行移动　　　　　　B．不移动
　　C．向左上方平行移动　　　　　　D．不能确定

4．已知消费者的收入为50，商品 X 的价格为5，商品 Y 的价格为4，假定该消费者计划购买6单位 X 和5单位 Y，商品 X 和 Y 的边际效用分别为60和30，要实现效用最大化，该消费者应该（　　）。
　　A．增加 X 和减少 Y 的购买　　　　B．减少 X 的购买和增加 Y 的购买
　　C．同时增加 X 和 Y 的购买　　　　D．同时减少 X 和 Y 的购买

5．根据无差异曲线与消费可能线相结合的分析，消费者均衡是（　　）。
　　A．离原点最远的消费可能线的任何一点
　　B．无差异曲线与消费可能线的相交之点
　　C．离原点最远的无差异曲线上的任何一点
　　D．无差异曲线与消费可能线的相切之点

6．两种商品的价格按相同的比例上升，而收入不变，消费可能曲线（　　）。

A．不发生变动 B．向右上方平行移动
C．向左下方平行移动 D．不能确定
7．消费可能线上每一点所反映的可能购买的两种商品的数量组合是（　　）。
A．相同的 B．不同的
C．在某些场合下相同 D．支出最小的
8．一个消费者想要一单位 X 商品的心情甚于想要一单位 Y 商品，原因是（　　）。
A．商品 X 有更多的效用
B．商品 X 的价格较低
C．商品 X 紧缺
D．商品 X 更能满足消费者的精神需要
9．在同一个平面图上有（　　）。
A．三条无差异曲线 B．无数条无差异曲线
C．许多但数量有限的无差异曲线 D．无法确定
10．在消费者均衡点左上方的无差异曲线的斜率绝对值（　　）。
A．大于预算线的斜率绝对值 B．小于预算线的斜率绝对值
C．等于预算线的斜率绝对值 D．以上三种情况都可能
11．已知商品 X 的价格为 1.5 元，商品 Y 的价格为 1 元，如果消费者从这两种商品得到最大效用的时候商品 Y 的边际效用是 30，那么商品 X 的边际效用应该是（　　）。
A．20 B．30 C．45 D．50
12．如果某种商品的边际效用为零，这意味着这种商品的（　　）。
A．总效用为负 B．总效用降至最小
C．总效用为零 D．总效用达到最大
13．某消费者逐渐增加某种商品的消费量，直至达到了效用最大化，在这个过程中，该商品的（　　）。
A．总效用和边际效用不断增加
B．总效用不断下降和边际效用不断增加
C．总效用不断增加和边际效用不断下降
D．总效用不断下降和边际效用不断减少
14．下列哪种情况是边际效用（　　）。
A．面包的消费量从 1 个增加到 2 个，满足程度从 5 个效用单位增加到 8 个效用单位，即增加了 3 个效用单位
B．消费 2 个面包获得的满足程度为 13 个效用单位
C．消费 2 个面包，平均每个面包获得的满足程度为 6.5 个效用单位
D．以上三种情况都不是
15．总效用曲线达到最高点时，（　　）。
A．边际效用曲线达到最大点 B．边际效用为零
C．边际效用为正 D．边际效用为负
16．在以下四种情况中，实现了消费者均衡的是（　　）。

A. $\dfrac{MU_x}{P_x} < \dfrac{MU_y}{P_y}$ B. $\dfrac{MU_x}{P_x} > \dfrac{MU_y}{P_y}$

C. $\dfrac{MU_x}{P_x} = \dfrac{MU_y}{P_y}$ D. $\dfrac{MU_x}{P_x} \neq \dfrac{MU_y}{P_y}$

17．无差异曲线（　　）。
   A．向右上方倾斜　　　　　　B．向右下方倾斜
   C．是一条垂线　　　　　　　D．是一条水平线
18．消费行为本身（　　）。
   A．仅仅是个人消费问题
   B．仅仅是社会消费问题
   C．既是个人消费又是社会消费问题
   D．既是个人决策又是社会决策问题
19．从图3-9预算线 AB 可知，商品 X 的价格是 2 元，商品 Y 的价格是（　　）。
   A．1 元　　　　　　　　　　B．2 元
   C．3 元　　　　　　　　　　D．5 元
20．预算线反映了（　　）。
   A．消费者的收入约束　　　　B．消费者的偏好
   C．消费者人数　　　　　　　D．货币的购买力

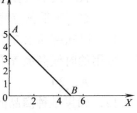

图 3-9　预算线

三、判断题

（　）1．同样商品的效用因人、因时、因地的不同而不同。
（　）2．效用是由人的心理来决定的。
（　）3．基数效用论采用的分析方法是无差异曲线分析法。
（　）4．只要商品的数量在增加，边际效用大于零，消费者得到的总效用就一定在增加。
（　）5．当消费者从物品消费中获得的总效用不断增加时，边际效用总是正的。
（　）6．如果消费者从每一种商品中得到的总效用与它们的价格之比分别相等，他将获得最大效用。
（　）7．在同一条无差异曲线上，不同的消费者所得到的总效用是无差别的。
（　）8．两条无差异曲线的交点所表示的商品组合，对于同一消费者来说具有不同的效用。
（　）9．在消费者的收入和商品的价格一定的条件下，消费预算线是一条确定的直线。
（　）10．在无差异曲线与消费可能线的交点上，消费者所得到的效用达到最大。
（　）11．无差异曲线离原点越远，表示消费者所得到的总效用越小。
（　）12．如果消费者的收入增加而商品的价格不变，则无差异曲线向右上方平行移动。
（　）13．消费者均衡之点可以是无差异曲线与消费预算线的相切点。
（　）14．任何一个社会中，消费都是消费者个人的事，政府不必用政策进行调节。
（　）15．个人消费不会对社会带来不利的影响。
（　）16．效用就是指物品能够满足人们某种需要的属性。

四、计算题

1. 根据下表计算：

面包的消费量	总 效 用	边 际 效 用
1		20
2	30	
3		5

（1）消费第 1 个面包的效用是多少？
（2）消费第 2 个面包时的边际效用是多少？
（3）消费 3 个面包的总效用是多少？

2. 某消费者收入为 120 元，用于购买 x 和 y 两种商品，x 商品的价格 P_x=20 元，y 商品的价格 P_y=10 元：

（1）计算出该消费者所购买的 x 商品和 y 商品有多少种数量组合，各种组合的 x 商品和 y 商品各是多少？
（2）做出该消费者的预算线。
（3）所购买的 x 商品为 4，y 商品为 6 时，应该是哪一点？在不在消费可能线上？它说明了什么？
（4）所购买的 x 商品为 3，y 商品为 3 时，应该是哪一点？在不在消费可能线上？它说明了什么？
（5）若消费者购买 3 单位 x 商品和 6 单位 y 商品的边际效用分别是 30 和 60，问消费者效用是否达到最大？应如何调整？

3. 某消费者收入为 120 元，当 x 商品的价格为 20 元，y 商品的价格为 10 元时，各种不同数量的 x 商品和 y 商品的边际效用如下表。

Q_x	MU_x	Q_y	MU_y
1	16	1	10
2	14	2	8
3	12	3	7.5
4	5	4	7
5	2	5	6.5
6	1	6	6
—	—	7	5.5
—	—	8	5
—	—	9	4.5
—	—	10	4
—	—	11	3.5
—	—	12	3

试求实现效用最大化时 x 商品和 y 商品的最佳购买量？这时货币的边际效用是多少？总效用是多少？

4. 若甲消费者的效用函数为 $U=XY$，试问：①X=40，Y=5 时，他得到的效用是多少？并画出过点（40，5）的无差异曲线；②若甲给乙 25 单位 X 的话，乙愿给甲 15 单位 Y。在此交换下，甲的满足程度会比（40，5）的组合高吗？③乙用 15 单位 Y 同甲换取 X，为使甲的满足程度与（40，5）组合相同，乙最多只能得到多少单位 X？

五、思考题

1. 基数效用论和序数效用论的基本观点是什么？它们各采用何种分析方法？
2. 消费品的边际替代率（MRS）的含义是什么？为什么它是递减的？
3. 什么是消费者均衡，怎样理解消费者均衡的条件？
4. 无差异曲线的特征是什么？
5. 用无差异曲线和消费预算线说明如何实现消费者均衡。
6. 如何理解价格—消费曲线？怎样用价格—消费曲线推导出需求曲线？
7. 理论界有一个规范性的命题叫作"富人的一元钱不等于穷人的一元钱"，如何理解？
8. 免费发给消费者一定量食物（如日用品）与发给消费者按市场价格计算的这些食物折算的现金，哪种方法给消费者带来更高的效用？为什么？请使用无差异曲线来说明。

第四章　生产理论

● 学习目标 ●
---

1. 了解在经济分析中,厂商生产目的假设的意义。
2. 掌握生产函数的含义和边际报酬递减规律。
3. 理解经济学上短期和长期的含义及在经济学分析中的意义。
4. 掌握厂商实现短期均衡和长期均衡的必要条件。
5. 理解等产量曲线的特征。
6. 熟悉生产要素的最优组合的条件。
7. 理解规模报酬变动及其原因。

第一节　生产与生产目的

导入案例4-1　企业为何要为我们提供产品和服务

我们每天需要的物品和服务都是企业生产的。早餐的牛奶和面包是牛奶公司和面包商生产的;送你上班的公交车和地铁运输是公交公司和地铁公司为你提供的;公司里的房屋和办公室设备是建筑商和制造商生产的;下班回到家后享用的空调和电视机是空调制造商和电视机制造商生产的……那你知道吗?厂商为何要为我们提供产品和服务?

生产就是指把投入品转化为产品。在经济学中,生产的含义比我们想象中的要广泛得多,不仅制造一台机床、纺织一匹布是生产,而且其他各种各样的经济活动,如经营一家商店或证券公司、律师为他人打官司、剧团演出、医生为病人诊疗、公交公司提供客运服务等也都是生产。这些活动都涉及为某个经济实体提供产品或服务,并得到经济实体的认可。所以,在经济学中的生产并不限于物质产品的生产,还包括金融、贸易、家庭等各类服务性活动的提供。一般来说,创造价值的活动都是生产。

任何生产都有一个生产的过程。生产的过程实际上就是通过一定的技术手段,把投入的各种生产要素转化为产出的过程。生产要素又称经济资源,在现实生产活动中所用的生产要素种类繁多,经济学家在分析问题时,习惯上把众多种类的生产要素归纳为劳动、土地、资本和企业家才能四类。

1. 劳动

劳动是指人们从事生产活动时在体力和智力方面的能力消耗。根据劳动者在生产过程中依赖其体力或智力的程度,可以把劳动分为体力劳动和智力劳动。体力劳动通常被认为是简单劳动,智力劳动通常被认为是复杂劳动。从生产成果来看,在相同时间内,一定量的复杂劳动要等于多倍的简单劳动。不过在许多生产场合中,较多的简单劳动并不一定能替代少量的复杂劳动。现代经济的发展经验表明,生产活动中人的智力因素起的作用越来越大,劳动力的质量常常是经济竞争中取胜的决定性因素。

由于在市场经济条件下,较少的复杂劳动可以和较多的简单劳动相交换,所以我们可以把复杂程度不等的各个劳动者的劳动能力,还原成复杂程度相等的劳动能力,劳动能力乘以它在生产活动中发挥作用的时间,就是所消耗的劳动量。微观经济学所提到的劳动这种生产要素,就是指这种劳动量。

2. 土地

土地是任何生产活动都必需的自然资源。农业生产需要土地,工业生产或其他类型的生产活动也需要土地盖厂房或办公楼。事实上,所有的自然资源无不和一定的土地面积相联系。森林、矿藏、水力资源、电力资源等,都是和一定的土地结合在一起的,否则就无从加以开发利用。微观经济学所说的土地这种生产要素,实际上可以理解为生产活动能够利用的各种自然资源。

3. 资本

资本是指生产活动中所使用的人们过去劳动的产物,如厂房、办公楼、机器设备、通信设备、运输工具和相应设施、电力供应系统、原材料等。这些产品不是直接进入人们的消费领域,而是被投入到生产中去的,被称为投资品或资本品。人们过去的劳动所创造的无形资产,如商标、企业信誉、技术专利等,也是资本品的一部分,生产活动中所必需的一定量货币也是资本品的一部分。

4. 企业家才能

企业家才能是指经营管理企业的能力和创新的能力。前面所提到的三种生产要素,必须以某种方式组合起来,才能生产出产品来。在现代生产的条件下,是由企业家来把这三种生产要素进行有效组合的。同样的生产要素,同样的环境条件,由不同的企业家来经营,其结果常常会有很大的差别,这就表明了企业家才能这个生产要素在生产中的重要作用。

市场上的商品是由厂商供给的。厂商是指为达到一定目的而从事生产的一个经济决策单位,它可以是一个个体生产者,也可以是一家规模巨大的公司。在传统经济学中,一直把追求利润最大化(即力求使销售的总收入与总成本之间的差额达到最大值)作为厂商生产的目的。一个厂商如果面临着多个不同的决策方案可供选择时,往往可以预期它会采纳可能获得最大利润的方案。

现实中的厂商可能同时具有多重生产目的,除了利润最大化外,还可能有市场份额的最大化、企业成长速度的最大化等各种生产目的。但尽管生产目的的多元化较为符合经济现实,在理论分析中却大多采用单一的生产目的的假设,这不仅有利于分析的简化,同时也因为,在厂商的几个生产目的之中,一般说来总有一个最为核心的、占主导地位的目的。在适者生存的市场竞争中,利润是对厂商最强有力的刺激。追求最大利润作为厂商生产的主要动力,这种简化是合理的,而且经济学家在使用利润最大化假设来预言厂商的产出和价格行为方面也获得了相当大的成功。

第二节 短期生产函数与边际报酬递减规律

导入案例 4-2 >>> 雇用人数与捕鱼量的关系

渔民李明购买了一条机动捕鱼船在近海捕鱼。他每次下海都要雇用一些临时工,分别按捕鱼的销售收入的固定百分比付给临时工的工资。李明记录了最近15次雇用临时工的人数和捕鱼的数量。这一期间,鱼的销售价格基本没有变化。

表4-1 雇用人数和捕鱼量

日 期	雇用人数(人)	捕鱼量(吨)	日 期	雇用人数(人)	捕鱼量(吨)	日 期	雇用人数(人)	捕鱼量(吨)
10.3	6	3.8	10.25	3	1.5	11.14	8	4.5
10.8	17	7.3	10.30	14	8.0	11.19	16	7.7
10.12	9	5.6	11.4	15	7.8	11.22	10	6.4
10.16	5	3.1	11.7	5	3.3	11.26	9	6.1
10.20	12	7.3	11.10	12	7.6	11.30	14	8.1

根据表4-1的资料,你能找出雇用人数与捕鱼量的关系吗?

一、短期生产函数

经济分析主要关心商品的产出量与生产要素的投入量之间的关系,并用生产函数来描述。

生产函数是指在给定的生产技术条件下,在一定时期内商品的最大产出量与生产要素的投入量之间的物质数量关系。其一般的表达式为

$$Q = f(x, y, z, \cdots)$$

式中,Q 代表任一既定数量的生产要素投入组合在给定的生产技术条件下所生产出来的产品的最大数量;x、y、z……代表各种生产要素的投入量,如原材料、机器设备、劳动、土地、企业家才能等。

对于生产函数的理解,需要注意以下四个方面:

(1)生产函数的投入和产出都是指物质数量,而不是用货币表现的价值。

（2）生产函数和技术之间存在对应关系。假如由于生产技术进步，以致一定量投入会产出更多产量，或者既定产量所需投入较以前减少，则表现为另一生产函数。

一般来说，为了生产某种商品，厂商可以选择不同的生产技术，因此厂商面临的生产函数总是有好几种。一旦选定，企业年产量的最大产量就限定了。

（3）生产函数所反映的产出和投入之间的关系是以一切投入要素的使用都有效率为前提的。

（4）使用生产函数来分析厂商的生产，仅仅涉及厂商的产出和投入要素之间的关系，而不涉及一个厂商作为一种生产性组织的内部结构、组织的具体运作以及生产的具体工艺过程。

在对产出与投入的生产要素数量之间的关系进行具体分析时，土地一般被视为是固定的，而企业家才能又难以估算。为了使研究的问题简化，经济学家把投入的生产要素假定为只有劳动和资本两种，产出则假定为只有一种产品。这样的假定对于分析的结果不会产生实质性的影响，于是生产函数可以表示为

$$Q = f(L, K)$$

式中，L 代表劳动的投入量；K 代表资本的投入量。

各种生产要素按照一定的配合比例投入到生产过程中去。这种不同生产要素的配合比例，叫做技术系数。技术系数可分为固定技术系数和可变技术系数。

所谓固定技术系数，是指在生产中各种生产要素不能互相替代，它们只能按照这个固定的比例投入到生产中去，超出这个比例的那部分生产要素不能在生产中发挥作用。这种生产函数被称为固定比例的生产函数。例如，成衣业工人和缝纫机的配合比例是 1:1，20 个成衣工人和 20 台缝纫机配合，才能使工人和机器都得到利用。如果把 20 个工人和 30 台缝纫机投入生产，其效果与 20 个工人、20 台缝纫机并没有什么不同。

所谓可变技术系数，是指生产中各种生产要素是可以互相替代的。例如，为了生产一定数量的产品，可以采用多投入劳动、少投入资本的生产技术，也可以采用少投入劳动、多投入资本的生产技术。大多数产品的生产，投入的生产要素的组合比例是可以变动的。

对于生产技术系数的选择要受到厂商所处行业特性的限制，在相当长的时期内，许多行业的生产技术系数具有明显的使用倾向性。根据这种倾向性，可以把各种技术大致划分为劳动密集型技术系数和资本密集型技术系数。如果某种生产技术的采用需要多投入劳动、少投入资本，就称为劳动密集型技术系数；如果某种生产技术的采用需要少投入劳动、多投入资本，则称为资本密集型技术系数。

根据生产要素投入量的可变动性，可以把所有的生产要素投入分为两大类：不变投入和可变投入。不变投入是指在所考察的一段时期内，生产要素投入的数量不随产出量的变动而变化；可变投入是指在所考察的一段时期内，其数量随着产出量的变动而变化，与所考察的时期长短与某种投入是否可以调整有关。

在微观经济学的分析中，把生产的时期分为短期和长期两种。由于厂商的厂房和机器设备等固定资产都是比较难以迅速改变的投入，故短期通常被定义为厂商的固定资产或资本投入固定不变的时期，这些固定的投入也叫不变投入。在短期中，那些容易改变的投入，如劳动、原材料、易耗品等，则为可变投入。而在长期中，厂商的一切投入要素都可以改变，在这样的时期内，厂商可以根据产出量的变化对所有投入作出调整。由此可见，微观经济学中的所谓短期、长期并不是指一个具体的时间跨度，而是指厂商是否来得及通过调整全部生产

要素的投入数量，来实现调整产量所需要的时间长度。

短期生产函数表示在固定投入给定的条件下，最大产出与可变投入之间的数量关系。一般地，假设资本 K 是不变投入（或称固定投入），其给定的数量为 K^0，即生产函数 $Q = f(L, K)$ 可表示为 $Q = f(L, K^0)$，或更简单地表示为 $Q = f(L)$。

现在要讨论的问题是，在短期内，厂商的厂房、机器设备是无法改变的，此时如果要改变产出量，只有改变劳动的投入。那么劳动投入的改变是否不受任何限制？劳动投入量在什么范围内是合理的？因此短期生产函数讨论的问题就是某一生产要素投入的最优使用。对这个问题的分析需要使用以下基本概念。

总产量 Q：一定数量的劳动投入（与给定数量的资本相结合）能够得到的最大产量。

平均产量 AP：每单位劳动的平均产出，$AP = Q/L$。

边际产量 MP：增加一个单位的劳动投入所带来的总产量的增加量，$MP = \Delta Q/\Delta L$。

边际产量的微分形式：$MP = dQ/dL$。

【例题】 假定厂商生产某种商品，需要经过 4 道工序，每道工序由一台机器完成。如果该厂商只有一名工人，这名工人的产量一定非常有限，因为这名工人不但要完成所有的这 4 道工序，而且还要承担领料、搬运、包装等辅助工作。假设他一天能生产 26 件产品。现在企业增加一名工人，使得总产量增加到 60 件。因此，增加的这第 2 名工人的边际产出不止 26 件，而是 34 件。这是因为两名工人，就可以实行一定的分工协作。如果把工人数增加到 3 名，生产的分工就可以更细，从而使总产量增加到 120 件。增加的这第 3 名工人的边际产量上升到 60 件。增加到 4 名工人，总产量上升到 208 件，这时，这 4 名工人可以各自操作一台机器，各自完成一道工序。如果工人数再增加到 5 名，总产量将增加到 268 件，这第 5 名工人可以从事领料、搬运或包装的工作。现将工人数增加到 6 名，这时总产量为 312 件，增加到 7 名工人时，总产量为 336 件，增加的这第 5、第 6、第 7 名工人能使总产量增加，但是他们分别带来的总产量的增加量却越来越少，依次为 60 件、44 件和 24 件。如果再增加工人的话，总产量的增加量还会继续递减，第 8、第 9、第 10 名工人的边际产量分别仅为 16 件、8 件和 0 件，而第 11 名工人带来的总产量的增加量是负的，由于他的加入，总产量开始下降。

根据上述数据，我们可以列出表 4-2。

表 4-2 总产量、边际产量和平均产量

工人人数 L	总产量 Q	边际产量 MP	平均产量 AP
0	0	0	0
1	26	26	26
2	60	34	30
3	120	60	40
4	208	88	52
5	268	60	53.6
6	312	44	52
7	336	24	48
8	352	16	44
9	360	8	40
10	360	0	36
11	352	−8	32

一般情况下，总产量、边际产量、平均产量曲线具有图 4-1 所示的形状。从图 4-1 中可见，在劳动投入量为 L_1 以前，总产量曲线以递增速度上升，也就是说，劳动的边际产量在不断增加；工人数大于 L_1 以后，总产量曲线由陡峭渐渐转为较平坦的形态，也就是说，这时劳动的边际产量在下降，但总产量还在继续增加；当劳动的投入量为 L_3 时，总产量达到最大；当劳动的投入量超过 L_3 以后，总产量曲线开始下降，也就是说，这时劳动的边际产量是负的，劳动的增加产生了负作用，使总产量减少。

下面结合图 4-1 来讨论总产量、边际产量和平均产量之间的关系。

1．总产量与边际产量的关系

由边际产量的定义，$MP=\Delta Q/\Delta L$，当 $\Delta L \to 0$ 时，$MP = dQ/dL$，而 dQ/dL 就是总产量曲线当劳动 L 取某个值时相应点切线的斜率。我们知道，对于任意一条曲线，如果在某一段上的每一点处的切线斜率大于零，那么这条曲线就是上升的；如果切线的斜率小于零，曲线就是下降的。因此，当边际产量为正值时，总产量曲线是上升的，此时增加劳动就能增加产量；边际产量为负值时，总产量曲线是下降的，此时增加劳动就会使总产量减少；而当边际产量为零时，总产量曲线上相应点是曲线的最高点，此时总产量达到最大。

比较图 4-1a 和图 4-1b，可见总产量曲线上切线斜率最大的点为 B 点，其相应的劳动投入量为 L_1，所以当劳动投入量为 L_1 时，边际产量最大。总产量曲线上最高点 D 处的斜率为零，相应的劳动的投入为 L_3，所以当劳动的投入为 L_3 时，边际产量为零。图 4-1b 中的边际产量曲线在劳动的投入量大于零、小于 L_1 的范围内是上升的，而当劳动的投入量大于 L_1 以后，边际产量曲线是下降的，在劳动的投入量为 L_1 时，边际产量曲线达到最高点。

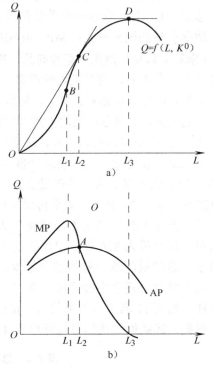

图 4-1　总产量、边际产量、平均产量曲线

2．总产量与平均产量的关系

由平均产量的含义，$AP = Q/L$，而 Q/L 实际上就是总产量曲线上的点与原点连线的斜率。从图 4-1a 可见，总产量曲线上的 C 点和原点的连线的斜率最大，所以此时平均产量达到最大，其相应的劳动投入量为 L_2。另外，我们看到，总产量曲线上 C 点与原点的连线正是 C 点处的切线 OC，换句话说，在劳动投入量为 L_2 时，平均产量等于边际产量。

3．边际产量和平均产量的关系

当边际产量大于平均产量时，平均产量是上升的；当边际产量小于平均产量时，平均产量是下降的；而当边际产量等于平均产量时，平均产量达到最大。在图 4-1b 中，刚开始增加劳动投入量时，边际产量大于平均产量，因此平均产量是上升的，即使在劳动投入量大于 L_1，边际产量逐渐下降时，由于边际产量仍然大于平均产量，平均产量也还是上升的，平均产量曲线在劳动投入量为 0 到 L_2 的范围内是上升的；当劳动投入量大于 L_2 时，由于边际产量小于平均产量，平均产量开始下降，也就是说，平均产量曲线在劳动投入量大于 L_2 以后是下降的；而当边际产量等于平均产量时，平均产量达到最大。通过以上讨论可知，边际产量曲线从上而下穿过平均产量曲线的最高点处。

边际产量和平均产量之间的这种关系是不难理解的。事实上，边际产量是新增加的单位劳动的产量，平均产量是原有的劳动投入的产量，当新增的劳动投入具有比原有劳动更高的劳动生产率时，它将提高整体的平均劳动生产率；而当新增劳动投入的劳动生产率低于原有的劳动生产率时，它就必然会降低整体的平均劳动生产率水平。

二、边际报酬递减规律

由上述分析可以看到，在厂商的厂房、机器设备等资本投入不变的情况下，随着可变投入劳动的增加，劳动的边际产量一开始是递增的，但当劳动投入量继续增加达到在一定阶段之后，其边际产量就会递减。这不是一个偶然的现象，而是一个普遍的规律。在技术给定和生产的其他要素投入不变的情况下，连续增加某种可变投入会使其边际产量增加到某一点，超过这一点后，增加可变投入会使边际产量减少，这一规律被称为边际收益递减规律，或称边际报酬递减规律（简称报酬递减规律）。对于边际报酬递减规律，须注意的是：

（1）边际报酬递减是以技术不变为前提的，如果生产技术在要素投入数量变动的同时也发生了变化，这一规律一般就不再适用；

（2）它是以其他生产要素固定不变，只有一种生产要素的变动为前提的；

（3）它是在可变投入增加到一定程度之后才出现的；

（4）它假定所有的可变投入要素是同质的，即所有劳动者在操作技术、劳动积极性等各个方面都是没有差异的。

出现边际报酬递减规律的主要原因是，随着可变投入的不断增加，不变投入和可变投入的组合比例变得越来越不合理。当可变投入较少时，不变投入显得相对较多，此时增加可变投入可以使产量的增加量递增；而当可变投入与不变投入的组合达到最有效率的那一点以后，再增加可变投入，就使不变投入显得太少，而可变投入显得太多，从而使产出的增加量递减。从边际报酬递减规律可以知道，要素投入越多，产出不一定越大，并不是任何投入都能带来最大的产出。在例题中，当增加到第 6 个工人的时候，其边际产量就开始下降，说明此时可变投入已经开始显得过多。再继续增加工人，可变投入就变得越来越多，最终使得其边际投入变为负值。

三、生产要素的合理投入区域

由于要素边际报酬递减规律的存在，在其他生产要素的投入量不变的条件下，连续增加某一生产要素的投入量并不是越多越好，那么，厂商应该如何选择某一要素的最佳投入数量呢？根据目前所学知识，我们可以先确定某要素的合理投入区域，在以后的学习中，随着产品价格及生产要素价格被引入分析，再进一步确定要素的最佳投入数量。

通常根据厂商平均产量和边际产量的变动关系,将生产要素的投入分为三个区域,如图 4-2 所示。

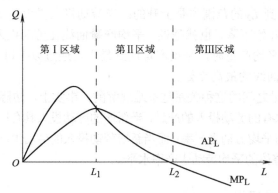

图 4-2　生产要素投入的生产阶段

第 I 区域,可变生产要素劳动量的投入由 0 增加至 L_1。这一区域厂商产量变动的特点是平均产量递增,或者边际产量大于平均产量。这表明,在固定要素给定的条件下,只要增加可变要素的投入,就能使厂商的平均产量增加,因此,增加劳动量的使用是有利可图的,劳动使用的效率在不断提高,从而任何有理性的厂商都不会把可变要素投入的使用量限定在这一区域。

第 II 区域,可变生产要素劳动量的投入由 L_1 增加至 L_2。这一区域厂商产量变动的特点是边际产量小于平均产量,但边际产量大于 0。这表明,在固定要素给定的条件下,只要增加可变要素的投入,就能使厂商的总产量增加。由于边际产量递减,因此,总产量的增加量越来越少直至达到最大值。

第 III 区域,可变生产要素劳动量的投入达到 L_2 以后。这一区域厂商产量变动的特点是边际产量小于平均产量且边际产量小于 0。这表明,在固定要素给定的条件下,只要增加可变要素的投入,就使厂商的总产量减少,这时每减少 1 单位的劳动投入反而能提高厂商的产量,说明和固定要素的投入相比,可变要素的投入太多,导致生产要素使用上的不经济,任何有理性的厂商都不会把可变要素投入的使用量限定在这一区域。

由此可见,厂商必然将可变要素的投入确定在第 II 区域。第 II 区域是生产要素的合理投入区域。

第三节　长期生产函数与最优投入组合

导入案例 4-3 >>>　采用智能机器人分拣还是人工分拣

在天津申通物流的智能分拣工厂,包裹可在三个半小时内全部发出去,主要是依赖一些不知疲倦的机器"小黄人"。在过去,要完成这个分拣量,至少需要 100 名熟练工人。

天津申通物流的有关人士说:"我们整套的机器人设备,它五分钟的计算量,相当于北京最繁忙的首都机场,一天航班的起降的计算量。"中国每年要产生 300 亿件快递包裹,智慧物流体系的建设全球领先。大数据系统甚至可以计算出每个包裹需要多大的纸箱,做到绿色环保。

处理快递包裹,无论用什么方法,收益是相同的,但成本如何则取决于机器人设备与人工的价格。假设整套机器人设备为 1500 万元,使用寿命 10 年,每年折旧为 150 万元,再假设利率为每年 10%,每年利息为 150 万元,再加机器人设备每年维修费 20 万元,人工费 30 万元。这样使用智能机器人分拣设备的成本为 350 万元。假设每个工人工资 4 万元,100 个工人共 400 万元,再加上其他费用 20 万元,使用人工分拣成本为 420 万元。

在这种情况下,该物流公司是采用机器人分拣还是继续人工分拣?

从上面的例子中可以看出,经济效率取决于生产要素的价格。在发达国家,资本设备便宜而劳动工资高,使用资本密集型生产方式是合适的。但在发展中国家,资本设备贵而劳动工资低,如果使用机器和人工能够达到同样的产品和劳务质量,还是使用劳动密集型生产方式更为合适。另外,从社会角度看问题,使用哪种方法还要考虑技术进步和就业等问题。

一、长期生产函数

与短期生产函数相对应,长期生产函数是考察厂商在可以调整所有生产要素投入的情况下,其要素投入和产出之间的关系。在长期生产时,厂商的生产要素不再分为不变投入和可变投入这两类,所有的要素投入都是可变的。长期生产函数可表示为

$$Q = f(L, K)$$

在大多数情况下,两种投入要素都可以改变,并且两者之间可以相互替代,因此,同一数量的产出往往可以由两种要素的多种不同的组合来得到。对厂商来说,就面临着各种可能的选择。厂商可以选择多使用劳动、少使用资本的生产方法,也可以选择多使用资本、少使用劳动的生产方法,关键是厂商要确定两种要素合理的组合比例。此时厂商既要考虑所处行业的特性,更重要的还要考虑两种要素的相对成本。为此,需要引入等产量曲线和等成本曲线的概念。

所谓等产量曲线就是产出量相同的两种生产要素各种组合的点的轨迹,如图 4-3 所示。在图中,横坐标代表劳动投入量,纵坐标代表资本投入量。在劳动和资本可以互相替代的条件下,要生产 Q 数量的产品,可以用资本密集的方法去生产,即用较多的资本 K 和较少的劳动 L 去生产,图中 A 就代表这样的生产要素组合;也可以用劳动密集的方法去生产,即用较多的劳动 L 和较少的资本 K 去生产,图中 D 点就代表了这样的生产要素组合。事实上,假定资本和劳动这两种生产要素可以无限细分的话,为了生产出 Q 数量的产品,资本和劳动可以有无数的组合。在坐标图上把这无数组合的点连接起来,就形成了一条等产量曲线。

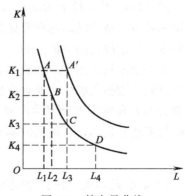

图 4-3 等产量曲线

等产量曲线具有以下一些特点:

（1）在同一坐标图上任意两条等产量曲线不相交。因为每一条等产量曲线代表着某一种产量水平，两条不同的等产量曲线代表了不同的产量水平。如设等产量曲线 Q_{100} 代表的产量为 100，等产量曲线 Q_{200} 代表的产量为 200，如果它们相交就意味着在交点上 100=200，这显然是违反逻辑的。

（2）在同一个坐标图上可以画出许多条等产量曲线。离原点近的等产量曲线所代表的产量低，离原点远的等产量曲线代表的产量高。设投入的生产要素组合是有效率的，那就意味着投入的生产要素越多，产量应该越高。

（3）为了生产出某一数量的产品，两种生产要素是可以互相替代的。在维持产量不变的条件下，增加一个单位的某要素投入量，所能替代的另一要素的投入量，被称为边际技术替代率。等产量曲线上任何一点的切线的斜率，等于这一点上两种生产要素的边际技术替代率，表示为

$$\mathrm{MRTS}_{LK} = -\frac{\Delta K}{\Delta L}$$

其微分形式为

$$\mathrm{MRTS}_{LK} = -\frac{dK}{dL}$$

只要两种生产要素是可以替代的，就能够计算它们之间的替代率。

（4）等产量曲线凸向原点，这是因为边际技术替代率的绝对值是递减的。按照边际技术替代率的定义，可以得出如下恒等式

$$\Delta L \times \mathrm{MP}_L = -\Delta K \times \mathrm{MP}_K$$

由此可得

$$\mathrm{MRTS}_{LK} = -\frac{\Delta K}{\Delta L} = \frac{\mathrm{MP}_L}{\mathrm{MP}_K} \tag{4-1}$$

式（4-1）中，随着劳动投入量的不断增加，劳动的边际产量（MP_L）递减，随着资本投入量的减少，资本的边际产量递增，因此，劳动替代资本的边际替代率的绝对值是递减的，从而等产量曲线是凸向原点的。

生产中所投入的生产要素都是需要花费一定的代价去得到的，如果投入的生产要素的价格为已知，则投入的生产要素总量和用于购买生产要素的成本总是成正比。假设投入生产的只有劳动 L 和资本 K 两种生产要素，劳动的价格为 w，资本的价格为 r。假定厂商花费 C 元来购买劳动和资本，厂商的成本构成就由式（4-2）来表示

$$C = wL + rK \tag{4-2}$$

图 4-4 是与式（4-2）相应的曲线，称为等成本曲线，它与等产量曲线类似，等成本曲线上的每一点也表示劳动与资本的一种组合。曲线与 L 轴交于 B 点，此时 $L = C/w$，表示在总支出为 C 时，厂商能够雇用的最大劳动数量；曲线与 K 轴交于 A 点，此时 $K = C/r$，表示在总支出为 C 时，厂商能够使用的最大资本数量。在两端点之间的任一点上，使用两种要素

所付出的总成本是相同的，都是 C。

等成本曲线具有如下性质：

（1）离原点较远的等成本曲线总是代表较高的成本水平，离原点较近的等成本曲线总是代表较低的成本水平。

（2）同一等成本曲线图上的任意两条等成本曲线之间不相交。

（3）等成本曲线向右下方倾斜，其斜率是负的。要增加某一种要素的投入量而保持总成本不变，就必须相应地减少另一种要素的投入量。

（4）在要素价格给定的条件下，等成本曲线是一条直线，其斜率是一个常数且等于 $-(w/r)$，即两种投入要素的价格之比。

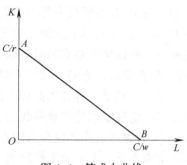

图 4-4　等成本曲线

二、生产要素投入量的最优组合

生产要素投入量的最优组合，实际上就是厂商在生产中的均衡条件。一般地，记利润为 π，收益为 R，产量为 Q，产品的价格为 P，成本为 C，即可有

$$R = PQ$$
$$\pi = R - C$$

厂商的目标函数为

$$\pi_{\max} = R - C$$

在没有特定约束条件的情况下，要实现利润最大化，就必须满足以下条件

$$d\pi/dQ = dR/dQ - dC/dQ = 0$$

也就是

$$dR/dQ = dC/dQ$$

即边际收益等于边际成本

$$MR = MC$$

厂商的利润最大化可以转化为两种情况：一种情况是总成本给定，利润最大化就等价于收益最大化，而在产品价格作为不变参数的条件下，也就相当于使产量最大化；另一种情况是，如果厂商的产量给定，产品价格也是不变参数的情况下，其收益也就给定，此时利润最大化也就相当于成本最小化。因此，厂商的利润最大化就是要确定一个它所投入的两种要素的组合，以便使给定成本下的产量最大，或者使给定产量下的成本最小。

我们先来讨论第一种情况下的生产要素最优组合。在两种生产要素 K 和 L 的价格为已知的条件下，总成本既定，也就决定了一条等成本线 K_0L_0，如图 4-5 所示。在这个坐标图上，我们可以画出无数条代表不同产量的等产量曲线，在这无数条等产量曲线中，总会有一条等产量曲线正好与这条等成本曲线相切。图 4-5 中只画出了有代表性的三条等产量曲线 Q_1、Q_2、Q_3，其中 Q_1 与 K_0L_0 相割，交点为 A、B；Q_2 正好与 K_0L_0 相切，切点为 E；而 Q_3 与 K_0L_0

没有共同点。A 点所代表的生产要素组合能生产的产量为 Q_1，它比 E 点所代表的生产要素组合所能生产的产量 Q_2 要小，因为越靠近原点的等产量曲线所代表的产量越小，所以生产要素的组合从 K_0 沿着等成本曲线逐渐向 E 点靠近，它们分别和产量较大的等产量曲线相交。过了 E 点后，等成本曲线上的各种生产要素组合，开始与产量较低的等产量曲线相交。等成本曲线与所有大于 Q_2 的等产量曲线没有共同点，表明在 K_0L_0 所代表的既定成本下，不可能生产出大于 Q_2 的产量。

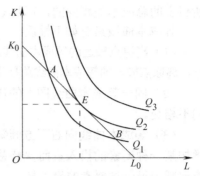

图 4-5 产量既定成本最大的生产要素组合

由于 E 点是等成本曲线与等产量曲线的切点，因此，在 E 点，等成本曲线与等产量曲线的斜率相等，即 $w/r = \mathrm{MP}_L / \mathrm{MP}_K$，如果 $w/r > \mathrm{MP}_L / \mathrm{MP}_K$，就意味着此时等产量曲线的斜率绝对值小于等成本曲线的斜率绝对值，图 4-5 中的 B 点就是这种情形，此时在总成本不变的条件下减少劳动的使用量，增加资本的使用量，能够使产量水平上升，即沿着等成本曲线从 B 点向 E 点靠拢，到 E 点时，厂商的产量达到最大。相反，如果 $w/r < \mathrm{MP}_L / \mathrm{MP}_K$，如图 4-5 中 A 点的情形，厂商可以在总成本不变的条件下减少资本的使用量，增加劳动的使用量，使产量水平上升，即沿着等成本曲线从 A 点向 E 点靠拢，到 E 点时，厂商的产量达到最大。此时

$$w/r = \mathrm{MP}_L / \mathrm{MP}_K，或 \mathrm{MP}_L / w = \mathrm{MP}_K / r$$

这是厂商在成本既定条件下产量最大的必要条件。它表示，厂商花在每一种生产要素上的最后一元钱所得产量的增加量都相等的时候，厂商对两种生产要素的使用达到了最优配置。

我们再来讨论第二种情况下的生产要素最优组合。在两种生产要素 K 和 L 的价格已知的情况下，产量既定为 Q_0，如图 4-6 所示。对应于不同的总成本，我们可以在这个坐标图中画出无数条不同的等成本曲线，在这众多的等成本曲线中总可以找到一条正好与等产量曲线 Q_0 相切的等成本曲线。图 4-6 上画出了有代表性的三条等成本曲线，等成本曲线 K_0L_0 正好与等产量曲线 Q_0 相切，切点为 E；等成本曲线 K_2L_2 与等产量曲线 Q_0 相割，交点为 A 和 B；而等成本曲线 K_1L_1 则与等产量曲线没有共同点。从图上可以看出，所有与等产量曲线 Q_0 有共同点的等成本曲线中，与等产量曲线相切的 K_0L_0 总成本为最小，因此，任何小于 K_0L_0 线所代表的总成本的生产要素投入，都不可能生产出 Q_0 的产量。K_2L_2 所代表的等成本曲线与等产量曲线的交点有 A 和 B，这表明 A 点和 B 点所代表的生产要素组合能够生产出 Q_0 的产量，但这些生产要素的成本要比 E 点所代表的总成本大。

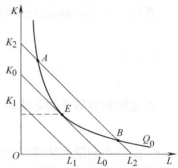

图 4-6 产量既定成本最小的生产要素组合

只有当等成本曲线和等产量曲线相切的时候，即图 4-6 中 E 点，才是在产量既定的条件下成本最小的生产要素组合，也就是说，厂商在产量既定的情况下使成本最小的必要条件，与上述第一种情况一样，还是等成本曲线与等产量曲线的斜率相等，即

$$w/r = \mathrm{MP}_L / \mathrm{MP}_K，或 \mathrm{MP}_L / w = \mathrm{MP}_K / r$$

如果不满足以上条件，就表示在维持产量不变的前提下，厂商可通过调整生产要素的组合比例，使成本减少。若 $w/r < \mathrm{MP}_L/\mathrm{MP}_K$，它表明在劳动投入上多花一元钱所产生的产量增量，大于在资本投入上少花一元钱所产生的产量减少量，即厂商可以通过增加劳动的投入，减少资本的投入，以便在产量不变条件下使总成本减少。这种情况就相当于图 4-6 中从 A 点沿着等产量曲线 Q_0 向 E 点移动。反过来，若 $w/r > \mathrm{MP}_L/\mathrm{MP}_K$，厂商就可以通过减少劳动的投入，增加资本的投入，在维持产量不变的条件下使总成本减少，相当于图 4-6 中从 B 点沿着等产量曲线 Q_0 向 E 点移动。

综合以上两种情况，我们可以看到，无论是在总成本既定的条件下使产量最大，还是在产量既定的情况下使总成本最小，生产要素投入量的最优组合，其必要条件是一样的，即

$$\begin{cases} \mathrm{MP}_L/w = \mathrm{MP}_K/r \\ C = wL + rK \end{cases}$$

第四节　规模收益

导入案例 4-4　京沪高铁经济社会效益可观

京沪高铁开通运营后，不仅经济效益预期良好，而且社会效益显著。铁路是国家重要的基础设施，特别是高速铁路，投资很大。京沪高铁可研报告批复总投资 2 209 亿元。与其他国家重大的基础设施一样，它的投资回收期不会很短。作为大众化的交通工具，高铁的票价必须考虑到广大人民群众的承受能力，高铁在投资回报的定位上，是保本微利。众所周知，铁路不能是暴利行业，但也不能长期亏损。如果长期亏损，就不能实现可持续发展，最终将影响广大人民群众出行的需求。

据铁总方面介绍，自 2011 年 6 月 30 日开通运营以来，京沪高铁仅在当年的半年时间内运送旅客就达 2 415 万人次，2015 年运送旅客近 1.3 亿人次，2016 年上半年运送旅客 6 700 万人次。单日最高发送量为 2016 年 5 月 2 日的 55.6 万人次。

一、生产扩张曲线

在长期生产时，当要素价格不变时，厂商投入的成本增加，则等成本曲线就会向远离原点的方向移动，它们与各等产量曲线会有一系列的切点，其均衡产量就沿着这些切点逐步增加。我们把这些切点连接而成的曲线，称作生产扩张线。图 4-7 给出了生产扩张线的三种情况。第一种情况，随着要素投入的增加和产量的增加，两种要素的配合比例保持不变，如图 4-7a 所示；第二种情况，随着投入的增加，最优的要素投入组合中，资本所占的比重越来越大，这时的生产扩张线被称为资本密集型扩张线，如图 4-7b 所示；第三种情况，随着要素投入的增加，最优的要素投入组合中，劳动所占的比重越来越大，这时的生产扩张线被称为劳

动密集型扩张线，如图 4-7c 所示。

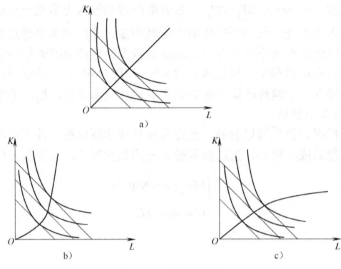

图 4-7 生产扩张线

二、规模收益原理

规模收益，又称规模报酬。规模报酬探讨这样一种投入与产出的关系：考察当各种要素投入同时增加某一比率时，产出的变化情况，即厂商规模发生变化的结果。

对于生产函数

$$Q = f(L, K)$$

规模报酬的生产函数为

$$\lambda^r Q = f(\lambda L, \lambda K) \quad (r>0) \tag{4-3}$$

根据式（4-3），可得生产规模报酬变化的三种不同情况：

第一种情况，规模报酬递增：各种生产要素的投入按某一比例同时增加时引起的产量增加的比例大于生产要素增加的比例。即 $r>1$。

第二种情况，规模报酬不变：各种生产要素的投入按某一比例同时增加时引起的产量增加的比例等于生产要素增加的比例。即 $r=1$。

第三种情况，规模报酬递减：各种生产要素的投入按某一比例同时增加时引起的产量增加的比例小于生产要素增加的比例。即 $r<1$。

在一定的技术条件下，随着生产规模的扩大，通常会首先经历规模报酬递增，然后再是规模报酬不变，最后是规模报酬递减这样三个阶段。这是因为在生产开始扩张的时候，厂商可以进行更为精细的劳动分工，采用更有效率的机器设备，而且管理人员相对于全体员工的比率也会下降，因此使投入的生产要素效率得到提高。例如，当一家汽车制造厂年产量只有几千辆时，在许多工序上使用机械手是不合算的，只能使用效率较低的手工操作，但当这个汽车制造厂的年产量达到十几万辆时，使用机械手就能大大提高劳动效率，因而在经济上是合算的。而且规模扩大以后，可促进原材料的综合利用，促进社会上为某种行业服务的基础设施的发展。例如，在汽车行业规模扩大到一定程度以后，汽车工业的研究机构、技术人员培训中心或技术学校都会随之产生，这又反过来提高汽车生产厂商的效率。这种由于生产规模扩大而带来的经济上的好处，称为规模经济。

当生产规模扩大到一定程度，大规模生产的优势得到了充分的发挥，进一步扩大规模已不能使规模报酬进一步提高，这时便进入规模报酬不变阶段。

在到达规模报酬不变阶段之后，再扩大生产规模就会或迟或早出现规模报酬递减现象，这是因为最佳规模要受到一定技术水平的限制，超过这个限制，规模过大带来的要素供给困难，组织管理的效率下降，产品的运输、销售等困难则会上升。这时便会发生规模报酬递减现象。这种由于生产规模超过客观条件允许的范围而造成的经济效率下降，称为规模不经济。

本章小结

1. 生产就是把投入品转化为产品，经济学把生产的投入品称为生产要素。在现实的生产活动中所用的生产要素种类繁多，经济学家习惯上把生产要素归纳为劳动、土地、资本和企业家才能四种。

2. 生产函数是反映生产者在生产过程中投入要素数量和获得的最大产品数量之间关系的一个概念。在技术不变的前提下，假设生产过程所投入的要素，只有一种要素的投入量不断增加，而其他要素投入量为一定，那么这种要素增加到一定数量后，所得到的产品增量便会逐渐递减。经济学把这一现象揭示为边际收益递减规律。在边际收益递减的情况下，生产者要合理选择生产要素的投入，要在平均产量等于边际产量和边际产量为零（即总产量最大）的区域之内。

3. 对于生产者来说，追求利润最大化的行为表现为要素的最优投入组合，即产量为一定时，成本为最小；或成本为一定时，产量为最大。经济学通过等产量线和等成本线的组合模型，来表现要素的最优投入组合。

4. 在一定的技术条件下，一定的要素投入组合会形成一定的生产规模，而一定的生产规模又和一定的收益联系在一起。在技术为一定的前提下，当生产规模的扩大引起更大幅度的增加时，就形成了规模经济；如果生产规模的扩大引起的收益增加幅度小于规模扩大的幅度，就出现了规模不经济。

5. 和一定的生产规模相对应的收益，称为规模收益。在规模经济的情况下，规模收益会递增；在规模不经济的情况下，规模收益会递减。两者的过渡阶段，为规模收益不变。

思考与练习

一、重要概念

生产要素　　生产函数　　短期与长期　　边际报酬递减规律　　等产量曲线　　等成本曲线　　规模收益

二、单项选择题

1. 当边际产量大于平均产量时，平均产量（　　）。

A．递减 B．递增 C．先减后增 D．先增后减

2. 已知某企业的生产函数为 $Q=(LK)^{1/2}$，则生产函数是（　　）。

   A．规模收益不变 B．规模收益递增
   C．规模收益递减 D．以上都有可能

3. 在生产技术水平不变的条件下，生产同一产量的两种不同的生产要素的不同组合构成的曲线是（　　）。

   A．无差异曲线 B．等成本曲线
   C．等产量曲线 D．生产可能性曲线

4. 经济学中所说的短期是指（　　）。

   A．一年之内
   B．只能调整可变要素的时期
   C．全部生产要素都可随产量调整的时期
   D．只能调整一种生产要素的时期

5. 如果连续地增加某种生产要素，在总产量达到最大时，边际产量曲线（　　）。

   A．与纵轴相交 B．经过原点
   C．与平均产量相交 D．与横轴相交

6. 总产量达到最大时，边际产量（　　）。

   A．最大 B．最小 C．为0 D．为负

7. 在其他条件不变的情况下，理性的厂商一定会把一种可变的生产要素投入到（　　）。

   A．要素投入的第一区域
   B．要素投入第二区域
   C．要素投入的第三区域
   D．要素投入第一区域和第二区域之间

8. 在其他生产要素投入量不变的条件下，随着一种生产要素的不断增加总产量（　　）。

   A．一直增加 B．先增后减 C．先减后增 D．不断递减

9. 边际收益递减规律适用的条件是（　　）。

   A．所有生产要素投入同比例变动
   B．考虑生产技术的变化
   C．其他生产要素投入量不变，只有一种生产要素投入改变
   D．两种生产要素的投入量变化

10. 当平均产量曲线与边际产量曲线相交时（　　）。

    A．边际产量最大 B．边际产量最小
    C．平均产量最小 D．平均产量最大

11. 边际收益递减规律发生作用的前提是（　　）。

    A．存在技术进步 B．生产技术水平不变
    C．具有两种以上可变要素的生产 D．生产技术衰退

12. 下列说法中错误的一种是（　　）。

    A．只要总产量减少，边际产量一定为负数
    B．只要边际产量减少，总产量一定减少

C. 只要平均产量增加，边际产量就大于平均产量

D. 只要平均产量减少，边际产量就小于平均产量

13. 经济学中所说的长期是指（   ）。

   A. 1年以上

   B. 部分生产要素可以随产量得到调整的时期

   C. 10年以上

   D. 全部生产要素都可以随产量进行调整的时期

14. 在规模收益不变阶段，若劳动的使用量增加10%，资本使用量不变，则（   ）。

   A. 产出增加10% 　　　　B. 产出减少10%

   C. 产出增加大于10%　　　D. 产出增加小于10%。

15. 在只有两种生产要素的条件下，规模收益递减发生的条件是（   ）。

   A. 在其他条件不变的情况下，连续投入一种生产要素

   B. 同比例增加两种生产要素

   C. 按不同比例增加两种生产要素

   D. 同比例减少两种生产要素

16. 下列说法中正确的是（   ）。

   A. 规模报酬递减是边际收益递减规律造成的

   B. 边际收益递减是规模报酬递减造成的

   C. 生产要素的边际技术替代率递减是规模报酬递减造成的

   D. 生产要素的边际技术替代率递减是边际收益递减规律造成的

17. 当生产函数 $Q = f(L, K)$ 中 AP_L 递减时，MP_L（   ）。

   A. 递减且为正 　　　　B. 递减且为负

   C. 为零 　　　　　　　D. 上述均不对

18. 在有效区域中，等产量曲线（   ）。

   A. 凸向原点 　　　　　B. 斜率为负

   C. 不能相交 　　　　　D. 上述都正确

19. 等成本曲线平行向外移动表明（   ）。

   A. 产量提高了 　　　　B. 生产要素的价格按相同比例提高了

   C. 成本增加了 　　　　D. 生产要素的价格按不同比例提高了

20. 如果某厂商以最小的成本生产出既定产量时，厂商（   ）。

   A. 总收益为零 　　　　B. 一定获得最大利润

   C. 一定未获得最大利润　D. 无法确定是否获得最大利润

三、判断题

（   ）1. 两种生产要素的最适组合之点就是等产量线与等成本线的交点。

（   ）2. 在短期内，所有生产要素均不能调整。

（   ）3. 在同一平面图上，任意两条等产量线可以相交。

（   ）4. 两种要素的价格如果相等，则产出量一定时，最低成本支出的要素投入组合将决定于等产量曲线斜率为–1的点。

（　　）5．假定生产某产品要用两种生产要素，如果这两种要素的价格相等，则该生产者最好就是要用同等数量的这两种生产要素。

（　　）6．假定生产 X 产品使用 A、B 两种要素，则 A 的价格下降必导致 B 的使用量增加。

（　　）7．在要素 A 和 B 的当前使用水平上，A 的边际产量是 3，B 的边际产量是 2，每单位要素 A 的价格是 5，B 的价格是 4，由于 B 是较便宜的要素，厂商如果减少 A 的使用量而增加 B 的使用量，社会会以较低的成本生产出同样多的产量。

（　　）8．只要总产量减少，边际产量一定是负数。

（　　）9．生产要素的边际技术替代率是由边际收益递减规律决定的。

（　　）10．规模报酬递减规律是由边际收益递减规律决定的。

（　　）11．边际收益递减规律是由规模报酬递减规律决定的。

（　　）12．边际技术替代递减率是由规模报酬递减规律决定的。

四、计算题

1．已知生产函数为 $Q=f(K, L)=KL-0.5L^2-0.32K^2$，$Q$ 表示产量，K 表示资本，L 表示劳动。令上式的 $K=10$。

（1）写出劳动的平均产量（AP_L）函数和边际产量（MP_L）函数。

（2）分别计算当总产量、平均产量和边际产量达到极大值时厂商雇佣的劳动。

2．已知某企业的生产函数为 $Q=L^{2/3}K^{1/3}$，劳动的价格 $w=2$，资本价格 $r=1$。求：

（1）当成本 $C=3\,000$ 时，企业实现最大产量时的 L、K 和 Q 的均衡值。

（2）当产量 $Q=800$ 时，企业实现最小成本时的 L、K 和 C 的均衡值。

3．已知某企业的生产函数为 $Q=L^{3/8}K^{5/8}$，劳动的价格 $w=3$，资本的价格 $r=5$。求：

（1）当产量 $Q=10$ 时，企业实现最小成本时的 L、K 和 C 的均衡值。

（2）当产量 $Q=25$ 时，企业实现最小成本时的 L、K 和 C 的均衡值。

（3）当成本 $C=160$ 时，企业实现最大产量时的 L、K 和 Q 的均衡值。

五、思考题

1．一个企业在生产中有两种可变要素投入，且这两种要素之间存在有效替代关系。如果现在其中一种要素的价格提高了，那么，企业是否会在保持产量不变的前提下减少这种要素的投入？如果是，那么企业会在多大限度内减少这种要素的投入量？

2．为什么两条等产量曲线不可能相交？试从经济学上说明理由。

3．为什么说在 AP>MP、MP>0 的区域内，厂商生产要素的投入是合理的？

4．规模收益递减和边际产量递减之间有何联系和区别？

5．A 企业第一年规模扩大 40%后，其收益增长了 60%，第二年规模继续扩大 40%，随之其收益增长 30%，A 企业计划第三年继续扩大企业规模。试对 A 企业扩大规模的行为做出经济分析。

6．一个企业主在考虑再雇用一名工人时，在劳动的平均产量和边际产量中更关心哪一个？为什么？

7．什么是规模报酬？写出规模报酬的函数形式与变动的三种情况，并说明规模报酬变动的原因。

第五章 成本理论

■ 学习目标 ■

1. 掌握成本的含义和种类。
2. 掌握短期成本的分类和短期成本函数。
3. 理解短期成本曲线相互之间的关系。
4. 掌握长期成本函数和长期成本曲线。
5. 理解短期成本和长期成本的关系。

第一节 成本与成本函数

导入案例 5-1 >>> 面对高考的多元选择是社会的进步

上大学到底值不值？教育到底能否改变命运？仁者见仁、智者见智。支持上大学的人认为，直至今天，上大学仍然是许多学子，尤其是贫困地区或者贫困家庭的孩子，改变命运的重要途径。"没有高考，你拼得过富二代吗"。反对者则认为，上大学成本很大，付出了那么大的代价，却可能换来大学毕业即失业的尴尬，得不偿失，如果把上大学的钱拿来提前创业、工作，或许获得回报的机会更多、概率更大，时间也会更早。

上大学可以实现人生价值，不上大学也可以走向成功，其实质是社会的人才选拔与上升通道日益开阔的体现，这无疑是时代的进步。

通常，我们所讲的成本是指厂商为进行生产而对所使用的生产要素的实际支付，即会计核算成本或货币成本。经济学从资源的有效使用出发，从机会成本的角度将厂商成本分为显成本和隐成本两部分。

一、显成本与隐成本

1. 显成本

显成本是一般会计学意义上的成本概念，是指厂商在生产要素市场上购买或租用所需要的生产要素的实际货币支付。例如，雇佣工人支付的工资、租用土地支付的地租、银行借款支付的利息、广告费、保险费、运输费等。总之，如果厂商生产中所需要的生产要素来自外部，那么，厂商对来自外部的生产要素支付的费用就是显成本，即会计核算计入的成本。

2. 隐成本

隐成本是指厂商在生产中使用自有资源而应支付的报酬。它不涉及直接的货币支付，但是隐含着所放弃的货币或收益，是使用自有资源的机会成本。隐成本主要包括：①使用自有资金或实物资产经营企业应支付的货币，如使用自有资本的折旧费，使用自有原材料、燃料的费用，使用自有资金的利息；②企业主自主经营企业应获得的报酬，称为正常利润，它是对企业家承担经营风险的补偿，是企业家经营企业的成本。

经济学从资源的有效配置出发，不但考虑显成本，而且考虑隐成本，即计算这些资源所放弃的各种机会的价值，以考察资源是否有效率地配置。

二、机会成本

机会成本是指利用既定资源得到某种收入时而必须放弃的该资源的其他可能利用机会的最高收入。经济学从稀缺资源配置的角度来研究生产一定数量某种产品所必须支付的代价，这意味着必须用机会成本的概念来研究厂商的生产成本。显然，机会成本既包括显成本，又包括隐成本。也就是说，显成本加上隐成本就是厂商的真实成本，又称为经济成本。值得注意的是，机会成本不同于会计成本，它不是做出某项选择时实际支付的费用或损失，而是一种观念上的成本或损失。机会是做出一种选择时所放弃的其他若干种可能的选择中最好的一种。

例如，一个大学生获得大学学历的机会成本。一个大学生在大学里要学习4年，假设每年支付1万元的学费、书费等各种费用，四年共计4万元。上大学的部分机会成本，是该学生可用于购买其他商品但又不得不用于学费、书费的4万元。如果该学生不上大学，而是到一家公司工作，假设每年的薪金为2万元。那么，在大学四年所花费的时间的机会成本是8万元。因而，该学生获得大学学历总的机会成本就为显成本4万元+隐成本8万元=12万元。

三、私人成本和社会成本

1. 私人成本

私人成本是指从单个经济主体角度考虑的成本，即个别厂商使用生产要素时所支付的代价（由生产者自己承担的费用）。

2．社会成本

社会成本是指从全社会角度考虑的成本，即整个社会为某项经济活动所支付的代价。它不仅包含单个经济主体的成本，还应考虑全社会为此付出的代价（即社会的外在成本）。因此，社会成本等于私人成本和外在成本之和。

四、利润

1．会计利润

会计利润是指企业的总收益减去会计成本（显成本）后的余额。

2．正常利润

正常利润是厂商对自己所提供的企业家才能的报酬支付。它同工资、利息、地租是劳动、资本和土地的报酬一样，是厂商应支付给企业家的报酬。[根据上文对隐成本的分析可知，正常利润是隐成本的一部分。因此，正常利润属于成本（隐成本）的范畴]。也可以理解为是阻止现有生产要素向其他用途转移的最低限度的利润，即厂商值得营业的起码利润。

3．经济利润

经济利润又称为超额利润，是指企业的总收益减去总机会成本（所有显成本和隐成本之和）后的余额。

经济利润可以为正、负或零。如果会计利润大于隐成本，则经济利润为正值。如果会计利润小于隐成本，则经济利润为负值。如果会计利润等于隐成本，则经济利润为零，但此时厂商仍可获得一定量的正常利润。经济利润是企业资源配置或重新配置的信号。正的经济利润是资源进入某一行业的信号；负的经济利润是资源从某一行业撤出的信号；只有经济利润为零时，企业才没有进入或退出某一行业的动机。

五、成本函数

一定量的成本总是和一定量的产品相联系，见表 5-1。

表 5-1　成本与产量的关系

总产量（件）	10	20	30	40	50	60	70	80
总成本（元）	100	110	136	151	168	188	213	246

这种产品数量和相应的成本之间的函数关系称为成本函数，表示为

$$C = f(Q)$$

式中，C 为成本；Q 为产量。

成本函数 $C=f(Q)$ 表示生产一定产量所耗费的最低成本之间的关系。

在第四章生产理论中，我们学习了成本方程 $C=wL+rK$，这里讨论的成本函数与成本方程不同，成本方程是一个恒等式，而成本函数则是一个自变量为产量的函数式。

对应于生产函数划分为短期和长期，成本函数也有短期成本函数和长期成本函数之分。

第二节 短期成本函数

导入案例 5-2 为什么民航公司愿意向顾客提供折扣机票

京沪航线本是国内民航含金量极高的一条商务线,但京沪高铁正式运营后,这条"黄金航线"面临了前所未有的威胁,民航公司更愿意大面积打折应对竞争。民航公司的行为是理性的吗?我们可以用边际分析理论来回答这一问题。从理论上说,短期内民航公司的成本分为固定成本和可变成本。固定成本包括飞机购置费(即购置飞机的贷款利息和折旧费)、乘务人员的工资、检修费用及机场设施使用费等,这部分费用是必须支出的。可变成本主要由燃料和服务费(安检、饮食、清洁)构成,这部分费用随着乘客人数的增加而增加。显然,就航空业而言,它的成本大部分是由固定成本构成的。在民航公司的一些航班空坐很多的情况下,能否把机票的价格降低出售呢?边际分析告诉我们是可行的。因为根据边际分析法,决策不应当考虑全部成本,而应当考虑增加一位乘客而额外增加的成本,这种额外的成本叫作边际成本。在这里,每增加一位乘客而引起的边际成本是很小的,它只包括乘客的餐饮费和飞机因增加载荷而增加的燃料支出。而航空公司多卖一张票而增加的收入叫边际收益,如果航空公司机票打折后每多卖一张票所增加的边际收益大于边际成本,那么,多卖客票就能增加公司的总利润。否则,如果机票没有灵活性,使一些航班座位空置,造成浪费,这对航空公司是不利的。

一、短期成本分类

在短期,厂商的成本分为不变成本和可变成本。具体地讲,厂商的短期成本可以分为七种:总固定成本(TFC)、总变动成本(TVC)、总成本(TC)、平均固定成本(AFC)、平均变动成本(AVC)、平均成本(AC)和边际成本(MC)。

总固定成本 TFC 是厂商在短期内为生产一定数量的产品对不变生产要素所支付的总成本,如地租、利息、厂房和机器设备的折旧、高级管理人员的薪金、一般的财产税、保险费等。由于短期内不管企业的产量为多少,这部分不变要素的投入量都是不变的,所以总固定成本是一个常数,它不随产量的变化而变化。即使产量为零时,总固定成本也仍然存在。如图 5-1a 所示,图中的横轴 Q 表示产量,纵轴 C 表示成本,总固定成本 TFC 曲线是一条水平线。它表示在短期内,无论产量如何变化,总固定成本 TFC 是不变的。

总变动成本 TVC 是厂商在短期内生产一定产量的产品对可变生产要素支付的总成本,如厂商对原材料、燃料动力、工人工资和产品销售税金等的支付。总变动成本 TVC 曲线如图 5-1b 所示,它是一条由原点出发向右上方倾斜的曲线。TVC 曲线表示由于在短期内厂商是根据产量的变化不断地调整可变要素的投入量,所以,总变动成本随产量的变动而变动,随着产量的增加而增加。当产量为零时,总变动成本也为零。总变动成本的函数形式为

$$TVC = F(Q)$$

总成本 TC 是厂商在短期内为生产一定量的产品对全部生产要素所支出的总成本。它是总固定成本和总变动成本之和。总成本 TC 曲线如图 5-1c 所示,它是从纵轴上相当于总固定成本 TFC 高度的点出发的一条向右上方倾斜的曲线。TC 曲线表示在每一个产量上的总成本由总固定成本和总变动成本共同构成。总成本用公式表示为

$$TC = TFC + TVC$$

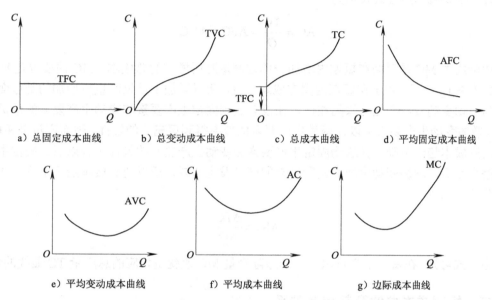

图 5-1　各类短期成本曲线

平均固定成本 AFC 是厂商在短期内平均每生产 1 单位产品所消耗的不变成本。平均固定成本 AFC 曲线如图 5-1d 所示,它是一条向两轴渐近的、向右下方倾斜的双曲线。在短期内,固定成本保持不变。因此,随着产量的增加,每单位产量分摊到的固定成本越来越少,即平均固定成本趋于下降。AFC 曲线表示在总固定成本不变的前提下,随着产量的增加,平均固定成本越来越小。平均固定成本用公式表示为

$$AFC = \frac{TFC}{Q}$$

平均变动成本 AVC 是厂商在短期内平均每生产一单位产品所消耗的可变成本。AVC 曲线是 U 形曲线,如图 5-1e 所示。在生产过程中,当开始增加变动生产要素以增加产量时,由于变动生产要素逐渐趋向于固定生产要素相配合的最优数量,每单位变动生产要素所带来的产量逐渐增加,即平均变动成本趋于减少。但是,当固定生产要素和变动生产要素之间成为一个最优的组合后,如果再继续增加变动生产要素以增加产量,两种生产要素的配合将变得不适当。这时每单位变动生产要素带来的产量逐渐减少,所以平均变动成本到达一定点后将趋于上升。平均变动成本用公式表示为

$$AVC = \frac{TVC}{Q}$$

平均成本 AC 是厂商在短期内平均每生产一单位产品所消耗的全部成本。AC 曲线也是 U 形曲线，如图 5-1f 所示。平均成本的变化由平均固定成本和平均变动成本的变化构成。当产量从零开始增加的时候，平均固定成本和平均变动成本趋于下降，所以平均成本也趋于下降。但是，当产量继续增加的时候，虽然平均固定成本仍在下降，但由于变动生产要素的使用量越来越大，平均变动成本与平均固定成本相比在平均成本中的比重越来越大，而平均变动成本到达一定点后将趋于上升，所以它或迟或早将抵消平均固定成本下降的影响而导致平均成本上升。平均成本用公式表示为

$$AC = \frac{TC}{Q} = AFC + AVC$$

边际成本 MC 是厂商在短期内增加一单位产量时所增加的总成本。MC 曲线也是 U 形曲线，如图 5-1g 所示。由于在短期内固定成本不变，所以增加 1 单位产量所增加的是总变动成本。与平均变动成本变化的原因相似，在没有达到固定生产要素和变动生产要素的最优组合以前，增加变动生产要素可以使两种生产要素的效率得到更充分的发挥，因而产量是递增的，这时边际成本趋于下降。在达到固定生产要素和变动生产要素的最优组合以后，固定生产要素的潜力殆尽，增加变动生产要素所带来的产量发生递减，所以边际成本趋于上升。边际成本用公式表示为

$$MC = \frac{\Delta TC}{\Delta Q}$$

由上式可知，在每一个产量水平上的边际产量 MC 值就是相应的总产量 TC 曲线的斜率。

二、短期成本曲线及其相互关系

在图 5-1 中，我们了解了 7 条不同类型的短期成本曲线。现在，我们将把这些不同类型的成本曲线置于同一张图中，来分析短期成本曲线相互之间的关系。表 5-2 是一张某厂商的短期成本表列，图 5-2 是根据表 5-2 绘制的短期成本曲线图。

表 5-2 短期成本表　　　　　　　　　　　　　　　　（单位：元）

产量 Q	总成本			平均成本			边际成本
	总固定成本 TFC	总变动成本 TVC	总成本 TC	平均固定成本 AFC	平均变动成本 AVC	平均总成本 AC	边际成本 MC
0	1 200	0	1 200	—	—	—	—
1	1 200	600	1 800	1 200	600	1 800	600
2	1 200	800	2 000	600	400	1 000	200
3	1 200	900	2 100	400	300	700	100
4	1 200	1 050	2 250	300	262.5	562.5	150
5	1 200	1 400	2 600	240	280	520	350
6	1 200	2 100	3 300	200	350	550	700

先分析图 5-2a。由图中可见，TC 曲线是一条由水平的 TFC 曲线与纵轴的交点出发的向右上方倾斜的曲线。在每一个产量上，TC 曲线和 TVC 曲线两者的斜率都是相同的，并且，

TC 曲线和 TVC 曲线之间的垂直距离都等于固定的不变成本 TFC。这显然是由于 TC 曲线是通过把 TVC 曲线向上垂直平移 TFC 的距离而得到的。

此外，在图 5-2a 中，TVC 曲线和 TC 曲线在同一个产量水平（2.5 单位）各自存在一个拐点 B 和 C。在拐点以前，TVC 曲线和 TC 曲线的斜率是递减的；在拐点以后，TVC 曲线和 TC 曲线的斜率是递增的。

再分析图 5-2b。由图中可见，不仅 AVC 曲线、AC 曲线和 MC 曲线均呈 U 形特征，而且，MC 曲线与 AVC 曲线相交于 AVC 曲线的最低点 F，MC 曲线与 AC 曲线相交于 AC 曲线的最低点 D。

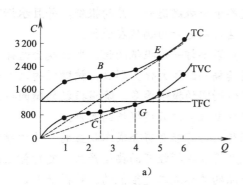 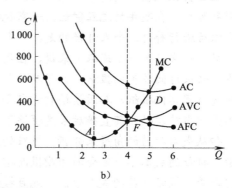

图 5-2　短期成本曲线

最后，将图 5-2a 和图 5-2b 结合在一起分析。我们可以发现，图 5-2b 中 MC 曲线的最低点 A 恰好对应图 5-2a 中的 TC 曲线的拐点 B 和 TVC 曲线的拐点 C，或者说，A、B、C 三点同时出现在同一个产量水平（2.5 单位）。在图 5-2b 中的 AVC 曲线达到最低点 F 时，图 5-2a 中的 TVC 曲线恰好有一条从原点出发的切线，与 TVC 曲线相切于 G 点。或者说，G、F 两点同时出现在同一个产量水平（4 单位）。相类似地，在图 5-2b 中的 AC 曲线达到最低点 D 时，图 5-2a 中的 TC 曲线恰好有一条从原点出发的切线，与 TC 曲线相切于 E 点。或者说，E、D 两点同时出现在同一个产量水平（5 单位）。

边际报酬递减规律是短期生产的一条基本规律，这决定了短期成本曲线的特征。

边际报酬递减规律是指在短期生产过程中，在其他条件不变的前提下，随着一种可变要素投入量的连续增加，它所带来的边际产量先是递增的，达到最大的值以后再递减。关于这一规律，我们也可以从产量变化所引起的边际成本变化的角度来理解：假定生产要素的价格是固定不变的，在开始时的边际报酬递增阶段，增加 1 单位可变要素投入所产生的边际产量是递增的，这意味着，可以反过来说，在这一阶段增加 1 单位产量所需要的边际成本是递减的。在以后的边际报酬递减阶段，增加 1 单位可变要素投入所产生的边际产量是递减的，反过来说，在这一阶段增加 1 单位产量所需要的边际成本是递增的。显然，在边际报酬递减规律作用下的短期边际产量和短期边际成本之间存在着一定的对应关系。这种对应关系可以简单地表述为：在短期生产中，边际产量的递增阶段对应的是边际成本的递减阶段，边际产量的递减阶段对应的是边际成本的递增阶段，与边际产量的最大值相对应的是边际成本的最小值。正因为如此，在边际报酬递减规律作用下的边际成本 MC 曲线表现出先降后升的 U 形特征。

第三节 长期成本分析

导入案例 5-3 赠报的免费午餐

在过去报纸盛行的时期,每年 12 月份,各种报刊都做大量的广告,以期留住老客户,吸引新客户。在某年的元旦伊始,一家晚报向某校各个班级赠送一个月的报纸,并且承诺可以在以后进行补订。令人奇怪的是,一个月以后,这种赠送行为仍然在进行。

从订报者(如一个班级)来说,在元旦这几天如果要订一份报纸的话,那么就会选择用较少的钱来订阅较多的报纸,也可以称之为追求阅读福利的最大化。那么,被赠阅的这个班级就会订阅其他报纸,其阅读福利肯定会比订阅那份赠阅的报纸要多。晚报报社的赠阅行为岂不是相当非理性?其直接后果是驱逐了其中一部分本来会订阅该报纸的客户。

但从成本收益的角度来分析,报社的这种赠阅行为却可能是符合成本收益的。从短期分析看,报社的成本不一定会因为赠报而增加,报纸是存在规模经济的典型产品,发行量达到一定数量,报社所花的成本最低。况且报纸这种产品的边际成本是很低的。对报社来讲,如果今年的订阅量比上一年增加,那么报社应该增加印数,如果今年的订阅量比上一年有少量降低,那么报社可以按上一年的订阅量印刷,因为报社形成的生产要素可以不去调整,减少要素的投入来达到减少产量的做法可能会导致成本的提高。因为报社原有的工作人员、运作程序等就需要进行调整,而把多余的报纸送出去几乎就不会增加成本。况且在受赠的客户中,有一部分会订阅该报刊,因为他们可以用 11 个月的钱来看 12 个月的报纸。这对报社来说,也会增加这后来订阅该报刊的一部分收益。更为重要的是,报社的这种赠阅行为还扩大了该报刊的知名度,这也是一种收益。

从长期分析看,一份报纸是可以形成偏好的,读者基本上不会因为报社的赠阅行为而改变对该报的偏好程度。事实上,一个读者既然可以在文化支出上订一份报刊,那么他也不会因为可能享受那点赠阅而改变偏好,所以他们基本上不会在乎这种赠阅行为。即使读者对那点赠阅有心,他也不可能获得该额外阅读福利,因为报社处于信息有利的一面,读者既不知道在哪一年要进行赠阅,也不知道赠阅的对象是谁。因此,赠阅行为的信息和主动权掌握在报社手中,报社不会因为赠报而减少客户。

从长期分析来看,赠报的行为表面上是驱逐订阅客户的,但实质上符合成本收益的分析,报社这一生产者是追求利润最大化的。对受赠的客户来说,他们因为报社在追求利润最大化的行为而享受到了免费的午餐。

一、长期成本函数

厂商在长期内对全部要素投入量的调整意味着对企业的生产规模的调整。也就是说,从长期看,厂商总是可以在每一个产量水平上选择最优的生产规模进行生产。长期总成本 LTC 是指厂商在长期中在每一个产量水平上通过选择最优的生产规模所能达到的最低总成本。相

应地，长期总成本函数写成以下形式

$$LTC = f(Q)$$

根据对长期总成本函数的定义，可以由短期总成本曲线出发，推导长期总成本曲线。为了区分短期成本和长期成本，本节在短期成本、短期平均成本和短期边际成本前用"S"表示，如短期总成本表示为STC等。在长期成本前都用"L"表示，如长期总成本表示为LTC等。

二、长期总成本

在图 5-3 中，有三条短期总成本曲线 STC_1、STC_2、STC_3，它们分别代表三个不同的生产规模。由于短期总成本曲线的纵截距表示相应的总固定成本 TFC 的数量，因此，从图中三条短期总成本曲线的纵截距可知，STC_1 曲线所表示的总固定成本小于 STC_2 曲线，STC_2 曲线所表示的总固定成本又小于 STC_3 曲线，而总固定成本的多少（如厂房、机器设备等）往往表示生产规模的大小，因此，从三条短期总成本曲线所代表的生产规模看，STC_1 曲线最小，STC_2 曲线居中，STC_3 曲线最大。

假定厂商生产的产量为 Q_2，那么厂商应该如何调整生产要素的投入量以降低总成本呢？在短期内，厂商可能面临 STC_1 曲线所代表的过小的生产规模或 STC_3 曲线所代表的过大的生产规模，于是，厂商只能按较高的总成本来生产产量 Q_2，即在 STC_1 曲线上的 d 点或 STC_3 曲线上的 e 点进行生产。但在长期生产时，情况就会发生变化。厂商在长期生产时可以变动全部的要素投入量，选择最优的生产规模，于是，厂商必然会选择 STC_2 曲线所代表的生产规模进行生产，从而将总成本降低到所能达到的最低水平，即厂商是在

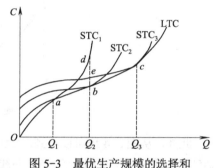

图 5-3　最优生产规模的选择和
长期总成本曲线

STC_2 曲线上的 b 点进行生产。类似地，在长期内，厂商会选择 STC_1 曲线所代表的生产规模，在 a 点上生产 Q_1 的产量；选择 STC_3 曲线所代表的生产规模，在 c 点上生产 Q_3 的产量。这样，厂商就在每一个既定的产量水平实现了最低的总成本。

虽然在图中只有三条短期总成本线，但在理论分析上可以假定有无数条短期总成本曲线。这样厂商可以在任何一个产量水平上，都找到相应的一个最优的生产规模，都可以把总成本降到最低水平。也就是说，可以找到无数个类似于 a、b 和 c 的点，这些点的轨迹就形成了图中的长期总成本 LTC 曲线，显然，长期总成本曲线是无数条短期总成本曲线的包络线。在这条包络线上，在连续变化的每一个产量水平上，都存在着 LTC 曲线和一条 STC 曲线的相切点，该 STC 曲线所代表的生产规模就是生产该产量的最优生产规模，该切点所对应的总成本就是生产该产量的最低总成本。所以，LTC 曲线表示长期内厂商在每一产量水平上由最优生产规模所带来的最小生产总成本。

长期总成本 LTC 曲线是从原点出发向右上方倾斜的。它表示当产量为零时，长期总成本为零，以后随着产量的增加，长期总成本是增加的。而且，长期总成本 LTC 曲线的斜率先递减，经拐点之后，又变为递增。

三、长期平均成本

长期平均成本 LAC 表示厂商在长期内按产量平均计算的最低总成本。长期平均成本函数写成以下形式

$$LAC = \frac{LTC}{Q}$$

根据对长期平均成本函数的定义,可以由短期平均成本曲线出发,推导长期平均成本曲线。类似长期总成本曲线,厂商总是可以找到长期内生产某一产量的最低平均成本的。由于在长期内可供厂商选择的生产规模是很多的,在理论上可以得到图 5-4 中的长期平均成本 LAC 曲线。显然,长期平均成本曲线也是无数条短期平均成本曲线的包络线。在这条包络线上,在连续变化的每一个产量水平,都存在 LAC 曲线和一条 SAC 曲线的相切点,该 SAC 曲线所代表的生产规模就是生产该产量的最优生产规模,该切点所对应的平均成本就是相应的最低平均成本。LAC 曲线表示厂商在长期内在每一产量水平上可以实现的最小的平均成本。

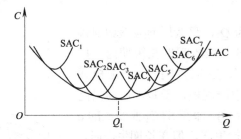

图 5-4 长期平均成本曲线

此外,从图 5-4 还可以看到,LAC 曲线呈现出 U 形的特征。而且,在 LAC 曲线的下降段,LAC 曲线相切于所有相应的 SAC 曲线最低点的左边;在 LAC 曲线的上升段,LAC 曲线相切于所有相应的 SAC 曲线最低点的右边;只有在 LAC 曲线的最低点上,LAC 曲线才相切于相应的 SAC 曲线(图中为 SAC_4 曲线)的最低点。

四、长期边际成本

长期边际成本 LMC 表示厂商在长期内增加一单位产量所引起的最低总成本的增量。长期边际成本函数写成以下形式

$$LMC = \frac{\Delta LTC}{\Delta Q}$$

根据对长期边际成本函数的定义,在长期生产中,每一产量水平上的 LMC 值都是相应的 LTC 曲线的斜率。长期边际成本曲线可以由长期总成本 LTC 曲线得到。也可以由短期边际成本 SMC 曲线得到。在长期内的每一个产量水平,LMC 值都与代表最优生产规模的 SMC 值相等。根据这种关系,便可以由 SMC 曲线推导 LMC 曲线。但是,与长期总成本曲线和长期平均成本曲线的推导不同,长期边际成本曲线不是短期边际成本曲线的包络线。如图 5-5 所示,在每一个产量水平,代表最优生产规模的 SAC 曲线都有一条相应的 SMC 曲线,每一条 SMC 曲线都过相应的 SAC 曲线最低点。在 Q_1 的产量上,生产该产量的最优生产规模由

SAC_1 曲线和 SMC_1 曲线所代表，相应的短期边际成本由 P 点给出，PQ_1 既是最优的短期边际成本，又是长期边际成本，即有 $LMC=SMC_1=PQ_1$。或者说，在 Q_1 的产量上，长期边际成本 LMC 等于最优生产规模的短期边际成本 SMC_1，它们都等于 PQ_1 的高度。同理，在 Q_2 的产量上，有 $LMC=SMC_2=RQ_2$。在 Q_3 的产量上，有 $LMC=SMC_3=SQ_3$。在生产规模可以无限细分的条件下，可以得到无数个类似与 P、R 和 S 的点，将这些点连接起来便得到一条光滑的长期边际成本 LMC 曲线。

如图 5-5 所示，长期边际成本曲线呈 U 形，它与长期平均成本曲线相交于长期平均成本曲线的最低点。其原因在于：根据边际量和平均量之间的关系，当 LAC 曲线处于下降段时，LMC 曲线一定处于 LAC 曲线的下方，也就是说，此时 LMC<LAC，LMC 将 LAC 拉下；相反，当 LAC 曲线处于上升段时，LMC 曲线一定位于 LAC 曲线上方，也就是说，此时 LMC>LAC，LMC 将 LAC 拉上。因为 LAC 曲线在规模经济和规模不经济的作用下呈先降后升的 U 形，这就使得 LMC 曲线也必然呈先降后升的 U 形，并且，两条曲线相交于 LAC 曲线的最低点。

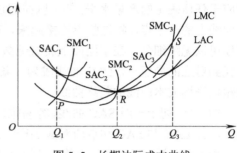

图 5-5　长期边际成本曲线

五、长期成本与短期成本的关系

厂商的短期产量调整在既定生产规模上进行，由于受到固定投入即规模限制，只能有唯一的产量水平能够实现要素的最佳组合，获得最低短期平均成本。然而，长期厂商可以根据他的计划产量水平，任意调整生产规模，使其所要达到的任何产量水平都能实现要素的最佳组合，避免固定投入闲置或过度使用带来的效率损失，从而实现该产量水平上的最低成本。

在图 5-6 中，分别以短期平均成本曲线 SAC_A、SAC_B、SAC_C、SAC_D 和 SAC_E 表示 A、B、C、D、E 五个有不同生产规模工厂的短期成本函数。这五个工厂中，它们的生产规模有 A<B<C<D<E。如果假定，当生产规模从 A 扩张到 D 时，存在规模经济，大规模工厂能获得更低的成本条件，则从 A→D，各工厂短期平均成本最低点依次下降。而当规模从 D 继续扩张到 E 时，由于规模损失，更大规模的工厂 E 的最低平均成本高于 D 规模工厂的最低平均成本。

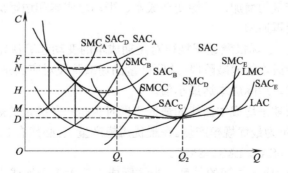

图 5-6　短期成本和长期成本

在短期调整中，厂商将在确定的生产规模上调整产量，其成本将沿既定的短期成本曲线变化，假定计划产量为 Q_1 时，则 A、B、C 和 D 这四个工厂将分别获得 F、H、M 和 N 的平均成本。显然，在 Q_1 的产量水平上，上述四个工厂中 C 的成本最低。由于处于长期调整的厂商可以任意选择其生产规模。在上述假定可供选择的生产规模中，若长期厂商的计划产量为 Q_1，它将选择在此产量上能获得最低成本的 C 规模，在平均成本为 M 的条件下生产。同理，若它的计划产量为 Q_2，它则会建立 D 规模的工厂，获得此产量上可能的最低成本。依次类推，长期厂商在它所要达到的任何产量水平，都可以在能够实现这个确定产量的一系列不同规模的工厂中，选择一个在该产量有最低短期平均成本的生产规模进行生产。也就是说，对应于任何确定的产量水平，都可以在通过这个产量的最低一条 SAC 曲线中找到长期平均成本曲线上的一个点，将这些点连接起来，就可以得到一条长期平均成本曲线 LAC。如果生产规模可以无限细分，在平面图上就有无数条 SAC 曲线，并在任何产量都能在不同的 SAC 线上找到对应的最低点，LAC 曲线成为一条切于一组 SAC 曲线的平滑线段。故 LAC 曲线又称为短期平均成本曲线的包络曲线。

由 LAC 切于一组 SAC 曲线，容易推出在切点所对应的产量水平上，必有 LTC 切于 STC。因此，在 LAC 与 SAC 切点所对应的产量上，有 SMC=LMC，LMC 交于 SMC。

由上述分析可以看到，一条 U 形的长期平均成本曲线的最低点同时也是一条确定的短期平均成本曲线的最低点，它们所对应的产量称为最优规模产量。在最优规模产量上，必然有 LAC=LMC，SAC=SMC，且 LAC=SAC，即 LAC=SAC=LMC=SMC。

本章小结

1．经济学所研究的生产成本应该从机会成本的角度来理解。这一概念拓宽和深化了人们对在一定生产活动中消耗的经济资源成本的理解。任何稀缺资源的使用，不论在实际中是否会付出，总会形成机会成本，即为了这种使用所牺牲掉的其他使用能够带来的益处。

2．企业在进行成本核算、计算经济资源耗费和评估企业的经济效益时，要正确区分与决策相关的成本和非相关的成本，否则可能导致决策的失误。

3．由短期成本函数公式推导可知，从一定产量水平上的总成本（包括 TFC、TVC 和 TC）出发，是可以得到相应的平均成本（包括 AFC、AVC 和 AC）和边际成本（即 MC）的。

4．平均变动成本 AVC 曲线、平均总成本 AC 曲线和边际成本 MC 曲线都呈现出 U 形的特征。它们表示随着产量的增加，平均变动成本、平均总成本和边际成本都是先递减，各自达到本身的最低点之后再递增。

5．在短期生产中，边际报酬递减规律对短期成本的变动起着决定因素。即边际产量的递增阶段对应的是边际成本的递减阶段；边际产量的递减阶段对应的是边际成本的递增阶段；当边际产量达最大值时，边际成本达最小值。

6．一条 U 形的长期平均成本曲线的最低点同时也是一条确定的短期平均成本曲线的最低点，它们所对应的产量为最优规模产量。在最优规模产量上，必然有 LAC=LMC，SAC=SMC，且 LAC=SAC，即 LAC=SAC=LMC=SMC。

7．平均成本和边际成本之间的关系：当边际成本值大于平均成本值时，平均成本值递增；边际成本值小于平均成本值时，平均成本值递减；边际成本值等于平均成本值时，平均成本值为极值点。

思考与练习

一、重要概念

机会成本　　显成本　　隐成本　　短期成本　　长期成本　　正常利润

二、单项选择题

1. 已知产量为 100 单位时，总成本为 1 000 元，产量增加到 102 单位时，平均成本等于 10 元，那么，边际成本等于（　　）元。

　　A. 10　　　　　　B. 15　　　　　　C. 20　　　　　　D. 25

2. 随着产量的增加，短期平均成本（　　）。

　　A. 减少　　　　　　　　　　　B. 先增后减

　　C. 增加　　　　　　　　　　　D. 先减后增

3. 正常利润属于（　　）。

　　A. 成本的范畴　　　　　　　　B. 属于利润的范畴

　　C. 是厂商正常营业下的利润　　D. 是厂商支付给外部生产要素的费用

4. 短期边际成本曲线与短期平均成本曲线的交点是（　　）。

　　A. 平均成本曲线的最低点

　　B. 平均成本曲线上升阶段的任何一点

　　C. 平均成本曲线下降阶段的任何一点

　　D. 边际成本曲线的最低点

5. 对应于边际报酬的递增阶段，STC 曲线（　　）。

　　A. 以递增的速率上升　　　　　B. 以递增的速率下降

　　C. 以递减的速率上升　　　　　D. 以递减的速率下降

6. 如果某厂商的产量为 9 单位时，总成本为 95 元，产量加到 10 单位时，平均成本 10 元，由此可知边际成本为（　　）。

　　A. 5 元　　　　　B. 10 元　　　　　C. 15 元　　　　　D. 20 元

7. 固定成本是指（　　）。

　　A. 厂商在短期内必须支付的不能调整的生产要素的费用

　　B. 厂商要增加产量所要增加的费用

　　C. 厂商购买生产要素的费用

　　D. 平均每单位生产要素的费用

8. 下列项目中可称为可变成本的是（　　）。

　　A. 管理人员的工资　　　　　　B. 生产工人的工资

　　C. 厂房及其设备折旧　　　　　D. 正常利润

9. 随着产量的增加，长期平均成本曲线（　　）。

　　A. 先减后增　　　　　　　　　B. 先增后减

C. 按一个固定比率增加　　　　D. 按一个固定比率减少

10. 某厂商生产 5 件衣服总成本为 1 500 元,其中厂房和机器折旧为 500 元,工人工资及原材料费用为 1 000 元,那么平均可变成本为(　　)。

　A. 100 元　　　　　　　　B. 200 元
　C. 100 元　　　　　　　　D. 500 元

11. 短期平均成本曲线呈 U 形,是因为(　　)。

　A. 外在经济　　　　　　　B. 内在经济
　C. 规模经济　　　　　　　D. 边际收益递减规律

12. 在短期平均成本上升阶段,短期边际成本曲线(　　)。

　A. 等于平均成本　　　　　B. 大于平均成本
　C. 小于平均成本　　　　　D. 与平均成本曲线相交

13. 长期平均成本曲线呈 U 形,是因为(　　)。

　A. 外在经济变动的原因　　B. 边际效用递减规律支配
　C. 规模经济变动的原因　　D. 边际收益递减规律支配

14. 某厂商每年从企业的总收入中取出一部分作为自己所提供的生产要素的报酬,这部分资金被视为(　　)。

　A. 显成本　　B. 隐成本　　C. 增量成本　　D. 沉没成本

15. 在 LAC 曲线与一条代表最优生产规模的 SAC 曲线相切的产量上必定有(　　)。

　A. 相应的 LMC 曲线和代表最优生产规模的 SMC 曲线的一个交点,以及相应的 LTC 曲线和代表最优生产规模的 STC 曲线的一个切点
　B. 代表最优生产规模的 SAC 曲线达最低点
　C. LAC 曲线达最低点
　D. LAC 曲线达最高点

16. 在从原点出发的射线与 TC 曲线相切的产量上,必有(　　)。

　A. AC 值最小　　　　　　B. AC=MC
　C. MC 曲线处于上升段　　D. 上述各点都对

17. 某一经济活动存在外部不经济是指该活动的(　　)。

　A. 私人成本大于社会成本　B. 私人成本小于社会成本
　C. 私人利益大于社会利益　D. 私人利益小于社会利益

18. 随着产量的增加,可变成本将(　　)。

　A. 减少　　B. 不变　　C. 增加　　D. 先增后减

19. 随着产量的增加,短期固定成本将(　　)。

　A. 增加　　B. 不变　　C. 减少　　D. 先增后减

三、判断题

(　　)1. 正常利润是企业利润的一部分。
(　　)2. 当平均成本上升时,边际成本一定大于平均成本。
(　　)3. 在长期中无所谓固定成本与可变成本之分。
(　　)4. 短期边际成本曲线和短期平均成本曲线一定相交于平均成本曲线的最低点。

（　　）5．收益就是利润，因此收益最大化就是利润最大化。
（　　）6．厂商增加一单位产量时，所增加的总成本是边际成本。
（　　）7．平均固定成本在所有产量上都是不变的。
（　　）8．随着产量的增加，平均固定成本在开始时下降，然后趋于上升。
（　　）9．长期总成本曲线是各种产量平均成本变动的轨迹。
（　　）10．规模收益递减意味着长期平均成本下降。

四、计算题

1．请完成下表：

Q	TC	TFC	TVC	AFC	AVC	AC	MC
1		100	900				
2					850		
3							700
4					800		
5						900	
6							1 500
7			7 900				
8						1 300	
9	14 000						

2．假如某人以 80 000 元购买一辆新轿车，预计使用一年后能以 50 000 元的价格出售。为了购买车，他从银行提取了年利率为 5%的一年期定期存款付车款和 5 000 元保险费等。若在这一年中他能驾车行驶 15 000 公里，并为每公里支付 2 元的汽油、润滑油、修理费等。请计算：

（1）拥有和使用这台车的年总成本；

（2）固定成本；

（3）每公里的平均变动成本。

3．假设某产品生产的边际成本函数是 $MC=3Q^2-8Q+100$，若生产 5 单位产品总成本是 595，求总成本函数、平均成本函数、可变成本函数及平均可变成本函数。

五、思考题

1．以机会成本说明生产成本有何意义。企业是否以机会成本作为成本？

2．为什么说长期平均成本曲线是短期平均成本曲线的包络线？

3．某企业打算投资扩大生产，其可供选择的筹资方法有两种：①利用利率为 10%的银行贷款，②利用企业利润。该企业的经理人认为应该选择后者，理由是不用付利息因而比较便宜，你认为他说的话有道理吗？

第六章　市场理论

● 学习目标 ●

1. 掌握市场概念的内涵。
2. 掌握不同市场结构的特征。
3. 熟悉不同市场结构中实现厂商均衡的条件。
4. 熟悉不同市场结构的需求曲线与供给曲线。
5. 掌握不同市场结构的短期均衡和长期均衡。

第一节　市场的类型

导入案例 6-1 >>>　一听可乐的售价为什么相差这么大

一听可乐在超市里标价是 4 元钱，但在一家星级酒店里却可以卖到 50 元钱，如果环境和条件进一步发生变化，例如，在一眼望不到边际的荒漠里，一听可乐卖多少钱？在一个房地产营销大会上，一家公司的总经理举了这样一个通俗易解的例子来阐明他演讲的主题。一听可乐到底能卖多少钱？可以是 4 元，可以是 50 元，也可以是更多。关键是看你卖给谁和怎么卖。同样的商品放在不同的环境中，在满足消费者不同的需求中，可以有不同的价格。

一、市场

在市场经济体系中，市场是所有经济活动的中心，是买者和卖者借以进行交易或交换的场所。对买者来说，市场是购买其所需消费的商品和购买生产要素的场所或中介；对卖者来说，市场是出售其生产的商品和提供生产要素的场所或中介。

从不同的角度出发，可以对市场进行不同的分类。从生产要素投入的角度，可分为资本市场、土地市场和劳动力市场；从商品形态的角度，可分为产品市场（实物形态的商品市场）和服务市场（非实物形态的商品市场）；按商品交易的时间特性，可分为现货市场和期货市场；按商品流通的顺序，可分为批发市场和零售市场；按商品流通的地域，可划分出城市市场、农村市场或地方市场、全国市场、国际市场；从市场结构看，市场有竞争市场和垄断市场等。本章从市场结构的角度讨论厂商利润最大化行为。

二、市场结构的类型

考察市场结构，本质上是要考察市场中企业之间的竞争态势与竞争的特性，影响竞争态势与竞争特性的主要因素是划分市场结构的依据。这些因素主要包括四个方面，即市场中厂商的数目、商品的同质性、进入或退出市场的自由程度、信息的完全性等。

1. 厂商的数目

影响市场竞争态势与竞争特性的第一个因素是市场中的商品是由一家厂商、几家厂商还是众多厂商所提供的，以及市场中是否存在大量的买者。在现实中只有少数买者的市场是较少的，因此，对大多数市场来说，关键因素是市场中厂商数量的多少。如果不是由一家或几家厂商生产出足够多数量的商品以至于这些厂商占据了足够大的市场份额，我们就说该商品存在着大量的卖者。在这种情况下，相对于整个市场的供给来说，市场中的每一家厂商都是微不足道的。反之，如果市场中只有几家卖者，或者市场中有少数的几家厂商占据着很高的市场份额，我们就说该商品的卖者是少量的。厂商数目的多寡，是影响市场竞争特性的最基本因素。一般而言，处于平等地位的厂商越多，市场的竞争程度就越高；而当存在一个或几个厂商处于支配地位时，市场的竞争程度通常就会被削弱，相应地，垄断程度就会提高。

2. 商品的同质性

市场结构的第二个决定性因素是商品的同质性，也就是说不同厂商的商品在质量上是否相同。所谓商品的同质性，是指不同厂商生产的某件商品是一样的，以至于对消费者来说，将无法辨别商品是由哪一家厂商生产的。反之，只要消费者能够辨别出某件商品是由某一厂商生产的，我们就认为这些商品不是同质的，而是有差别的。

显然，在现实中很少有商品可以满足如此严格的条件。事实上，只要是工业产品，都标有商品的品牌和生产厂商的名称，而大多数的服务类商品也有着服务质量上的差异并与提供服务的厂商相联系，因此它们都不是同质的商品。现实中的绝大多数商品在质量上多少存在一些差异，有些商品则有某些特性，商品彼此间不是完全可替代的，使消费者可以有充分的理由喜欢某一厂商的商品甚于另一厂商的同类而不同质的商品。

3. 进入或退出市场的自由程度

市场结构的第三个相关因素是厂商进入或退出市场的自由程度。若厂商的进入或退出是十分容易的，则市场的竞争程度会提高；相反，若厂商的进入或退出有若干限制或阻隔，则垄断因素就会提高，竞争程度就会被削弱。

如果厂商在试图进入某个市场时遇到某些障碍，就意味着这个市场存在着进入障碍，或者说该市场的进入壁垒较高。进入壁垒的高低受许多因素的影响，如行业的规模经济性、厂商运作所需的资本数量、生产技术是否可能获得、商品的差异及政府的许可等。

4．信息的完全性

市场结构的第四个相关因素是消费者与生产者能否获得市场上的全部信息。完全信息也是一个相当严格的条件，它要求买者与卖者对市场中所有与交易有关的信息完全了解。一般来说，如果信息不完全，消费者不可能清楚地了解商品的属性，生产者不可能及时准确地了解需求、成本等信息，市场的竞争程度就会大大降低。

根据厂商的数目、商品的同质性、进入与退出市场的自由程度和信息的完全性，可以将市场结构分为四种类型：完全竞争市场、垄断竞争市场、寡头市场和垄断市场。

1．完全竞争市场

完全竞争市场的主要特征是：市场中有着大量的买者和卖者；商品是同质的；进入或退出是完全自由的；信息是完全的。完全竞争市场是市场结构的一种极端状态，是一种理想的市场结构，在现实中几乎是不存在的。

2．垄断竞争市场

垄断竞争市场比较接近于完全竞争市场。与完全竞争市场相比，垄断竞争市场中也有较为大量的买者与卖者，市场的进入与退出也是相对自由的，但垄断竞争市场中的商品是有差别的，对垄断竞争市场的分析也并不要求信息的完全性。

3．寡头市场

如果商品只有少数几家厂商生产，而其他的厂商要进入该市场相当困难，我们就可以认为该市场是寡头垄断市场。寡头垄断的市场结构更接近垄断的市场结构，寡头厂商生产的商品可以是同质的，也可以是有差别的，寡头垄断市场中的信息是不完全的。

4．垄断市场

垄断市场是市场结构的另一种极端状态。它的基本特征是：市场中只有唯一的卖者；商品无相近的替代品；市场的进入被封锁；信息不完全。

上述四种不同类型的市场结构的特征见表6-1。

表6-1　市场类型的划分及其特征

市场特征	完全竞争	垄断竞争	寡　头	垄　断
厂商的数目	大量	比较多	几个	唯一
商品的同质性	同质	有差别	同质或有区别	唯一的产品
进入条件	自由	较自由	困难	封锁
信息的完全性	完全信息	不太完全信息	不完全信息	不完全信息
哪些商品市场比较接近	一些农产品	一些轻工业产品、零售业	钢铁、汽车、石油	公用事业，如水、电

与市场这一概念相对应的另一个概念是行业。行业是指为同一个商品市场生产和提供商品的所有的厂商的总体。市场和行业的类型是一致的。例如，完全竞争市场对应的是完全竞争行业，垄断竞争市场对应的是垄断竞争行业等。

第二节 完全竞争市场

导入案例 6-2 >>> 加油站行业与自来水公司的区别

如果某个加油站将它出售的 92#汽油价格提高 5%,它就会发现其销售量会大幅度下降,它的顾客会很快转而去其他加油站加油。与此相比,如果某地的自来水公司将水价提高 5%,它会发现水的销售量只有微不足道的减少,因为你很难让用水量大幅度地减少,而且也不可能找到另一个供给者。

加油站行业与自来水公司的差别是显而易见的:有许多企业在卖汽油,但只有一家企业在卖水,正如你可以预见到的,这种市场结构的差别决定了在这些市场经营的企业的产品定价与生产决策。

一、完全竞争市场的含义

完全竞争是指不存在丝毫垄断的一种纯粹竞争的市场结构。具体说,一种产品的市场具有完全竞争的性质,必须同时具备下述四个条件。

1. 有很多的小规模卖者和买者

在完全竞争的市场中,有为数众多的卖者和买者,而且他们各自的市场份额都是微不足道的,从而使每一家厂商和每一个消费者都无法对市场价格产生影响,只有当许多卖者或许多买者采取某种一致的行为时,市场条件才会发生实质性的变化。这意味着在一个完全竞争的市场上,任何一个卖者或买者都是价格的接受者,而不是价格的决定者。

2. 产品是同质的

在完全竞争的市场中,任何一个生产者的产品在所有买者看来都是完全相同的。就是说,买者把任何一个生产者的产品都看作完全可以用另一个生产者的产品来替代,这意味着如果一个生产者稍微提高其产品的卖价,所有的消费者将会转而购买其竞争者的产品。在所有生产者的卖价相同时,消费者购买哪个生产者的产品完全是随机的。

3. 资源能够完全流动

在完全竞争的市场中,每个厂商可以自由地进入这个市场生产某种商品,而不存在任何法律的、社会的或资金的障碍,也很容易退出这个市场来生产其他的商品。这意味着生产要素可以随着需求的变化在不同的行业之间自由流动,资本很容易从某种用途转到另一种用途,工人也很容易从一家厂商转到另一家厂商。

4. 市场信息是完全的

在完全竞争市场中,生产者和消费者被假定为对于有关市场的信息具有完全的知识。每一个厂商对市场价格了如指掌,既不按高价也不按低价出售产品。对于任何生产者或消费者来说,都可以获得完整而迅速的市场信息,不存在供求关系以外的因素对价格的决定和市场竞争的影响。

显然，满足如此严格条件的完全竞争市场在现实中几乎是不存在的，然而完全竞争市场结构的理论仍然具有重要的意义。因为完全竞争模式基本上把握了存在为数众多的买者、存在大量的出售相同商品的小企业的现实市场的本质。此外，完全竞争市场是对市场机制的有效性进行理论分析的基础，也是研究和分析其他市场结构的参照系。

二、完全竞争市场上的需求曲线与收益曲线

1. 完全竞争市场上的需求曲线

在完全竞争市场上，整个市场与个别厂商的需求曲线是有区别的。当然，两者之间有着一定的联系。

对整个市场来说，需求曲线是一条从左上方向右下方倾斜的曲线，供给曲线则是一条从左下方向右上方倾斜的曲线，这是符合需求和供给的基本规律的。整个市场的均衡价格就是由这种需求与供给的均衡位置决定的，如图 6-1a 所示。当市场的价格确定以后，对于市场中的每一家厂商来说，这一价格就是既定的价格。单个厂商只能是这一价格的接受者，而且在每一个价格水平上，单个厂商总是可以把他愿意提供的任何数量的产品卖出去。由于在既定的价格条件下，市场对单个厂商产品的需求是无限大的。换句话说，单个厂商的供给量（产量）变化对于整个市场来说都是微不足道的，这就使得单个厂商面临的需求曲线是一条与横轴平行的直线，如图 6-1b 所示。

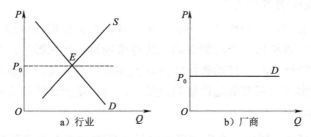

图 6-1　整个行业与个别厂商的价格与需求曲线

2. 完全竞争市场上厂商的收益曲线

这里厂商的收益是指厂商的销售收入。在经济分析中，通常从总收益、平均收益和边际收益三个角度来分析厂商收益的变化。

总收益是厂商按一定的价格出售一定数量的产品时所获得的全部收入。以 TR 表示总收益，以 P 表示既定的市场价格，以 Q 表示销售总量，总收益可以用下式表达

$$TR = PQ$$

平均收益是厂商在每一个单位产品销售上所得到的收入。以 AR 表示平均收益，则平均收益可以用下式表达

$$AR = TR/Q$$

边际收益是厂商增加一单位产品所得到的总收入的增加量。以 MR 表示厂商的边际收益，则边际收益可以用下列公式表示

$$MR = \Delta TR/\Delta Q$$

或者以微分形式表示为

$$MR = dTR/dQ$$

在完全竞争的市场条件下，由于对于单个厂商来说价格是既定的，因此有

$$TR = PQ$$

$$AR = \frac{TR}{Q} = \frac{PQ}{Q} = P$$

$$MR = \frac{dTR}{dQ} = \frac{d(PQ)}{dQ} = \frac{Pd(Q)}{dQ} = P$$

由此，可知 AR=MR=P

由于产品的价格不变，总收益递增的速率也是不变的。

在完全竞争市场条件下，由于价格、平均收益和边际收益都是相等的，即 AR=MR=P。所以平均收益曲线、边际收益曲线与需求曲线三线重叠，如图 6-2a 中的曲线 D。另外，由于产品价格不变，总收益递增的速率也是不变的。所以完全竞争厂商的总收益曲线 TR 是一条由原点出发的呈上升趋势的直线，其斜率等于边际收益值，如图 6-2b 所示。

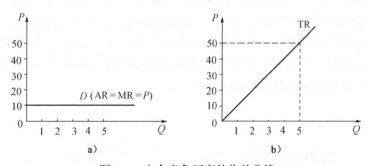

图 6-2 完全竞争厂商的收益曲线

三、利润最大化原则

一般地，记厂商的利润函数为 $\pi=\pi(Q)$，即有 $\pi(Q) = TR(Q) - TC(Q)$。利润最大化的必要条件是利润函数的一阶导数为零，即

$$\frac{d\pi}{dQ} = \frac{dTR}{dQ} - \frac{dTC}{dQ} = MR - MC = 0$$

则有

$$MR=MC$$

由此可见，为使利润最大，应使边际收益等于边际成本。也就是说，对于任何市场结构中的厂商来说，能够使利润最大的产量应由边际收益曲线与边际成本曲线的交点所决定。

图 6-3 说明了完全竞争市场中厂商利润最大化的产量决策。值得注意的是，在图 6-3 中，MR 与 MC 有两个交点 E、F。这两点都满足 MR=MC 的利润最大化条件，但很显然，只有 E 点才是利润最大化的均衡点。所以 MR=MC 只是利润最大化的必要条件，还不是充分条件。利润最大化的充分条件是 $d^2\pi/dQ^2 < 0$，即

$$\frac{d^2\pi}{dQ^2} = \frac{d^2TR}{dQ^2} - \frac{d^2TC}{dQ^2} = \frac{dMR}{dQ} - \frac{dMC}{dQ} < 0$$

即边际收益的增加率小于边际成本的增加率。利润最大化的必要条件和充分条件表示，厂商实现利润最大化的均衡数量处于 MC 曲线的斜率大于 MR 曲线斜率的区间。

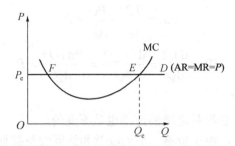

图 6-3　完全竞争企业的短期利润最大化

四、完全竞争市场中厂商的短期均衡

在短期内，对完全竞争市场中的厂商来说，市场价格是给定的，$P = AR = MR$，且因短期中固定生产要素的投入量无法改变，即生产规模无法改变，厂商只能通过调整产量来实现 MR=MC 的利润最大化均衡条件。但这并不意味着厂商的利润大于零，按照利润最大化原则，完全竞争厂商通过调整可变要素和产销量，实现利润最大或亏损最小。厂商短期均衡的盈亏状况可以分为下列五种典型情况，如图 6-4 所示。

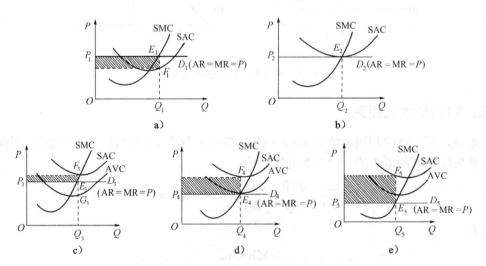

图 6-4　完全竞争厂商短期均衡的各种情况

1．平均收益大于短期平均总成本，即 AR>SAC

此时厂商能够获取超额利润。在图 6-4a 中，根据 MR=SMC 的原则，厂商的短期均衡应当位于 SMC 与 MR 相交点 E_1。对应于 E_1 点的均衡价格为 P_1，均衡产量为 Q_1，厂商的平均收益为 E_1Q_1，平均总成本为 F_1Q_1。平均收益大于平均成本，此时的平均成本曲线位于平均收益曲线的下方，厂商获得的单位产品利润为 E_1F_1，利润总量为 $E_1F_1 \times OQ_1$，相当于图中阴影部分的面积。

2. 平均收益等于短期平均总成本，即 AR = SAC

此时厂商无法获得超额利润，处于盈亏平均状态。在图 6-4b 中，厂商的需求曲线 D_2 与短期平均总成本 SAC 曲线的最低点相切，同时短期边际成本 SMC 曲线也经过该点。由于该点就是 SMC 曲线与 MR 曲线的交点，所以 E_2 点就是厂商的短期均衡点。对应的均衡产量为 Q_2。在 Q_2 的产量水平上，平均收益、平均总成本均为 E_2Q_2，此时厂商的超额利润为零，但厂商的正常利润得到实现。所以这一点又被称为收支相抵点，或称盈亏平衡点。

3. 平均收益小于短期平均总成本，但仍然大于平均变动成本，即 AVC<AR<SAC

此时厂商产生亏损，但是只要能够弥补全部变动成本和部分不变成本，厂商就会继续生产。在图 6-4c 中，对应于 P_3 的市场价格，需求曲线为 D_3。SMC 曲线和 MR 曲线相交于均衡点 E_3，决定厂商的均衡产量为 Q_3。在 Q_3 的产量水平上，平均收益为 E_3Q_3，平均总成本为 F_3Q_3。由于平均收益小于平均总成本，所以出现亏损，即图中的阴影部分。但是由于此时的平均变动成本 G_3Q_3 仍然小于平均收益 E_3Q_3，因此，虽然存在亏损，却还能够使得全部变动成本和部分不变成本得到弥补，所以厂商的选择通常是继续生产。

4. 平均收益等于平均变动成本，即 AR=AVC

此时厂商的亏损增大，从而使厂商处于生产和不生产的临界点。在图 6-4d 中，对应于 P_4 的价格，需求曲线为 D_4。D_4 与 AVC 的最低点相切于均衡点 E_4，同时 SMC 曲线也经过该点，与 E_4 点对应的均衡产量为 Q_4。此时由于平均收益小于平均总成本，厂商存在亏损，即图中的阴影部分。但由于此时的平均收益与平均变动成本相等，所以厂商对于是否进行生产的选择处于两可之间，如果继续生产，厂商获得的收益正好弥补变动成本而不能弥补固定成本；如果停止生产，厂商可以不支付变动成本，但同时厂商也无任何收益，固定成本依然存在。也就是说，此时无论厂商生产与否，其亏损额总是等于固定成本。E_4 点称为停止营业点，如果价格低于该点，厂商应该做出停产的决策。

5. 平均收益小于平均可变成本，即 AR<AVC

此时厂商的亏损大到无法弥补任何成本，所以必须停止生产。在图 6-4e 中，价格 P_5 低于 SMC 与 AVC 的交点，即低于停止营业点。厂商如果继续生产，其全部收益连变动成本都无法弥补，更不用说弥补固定成本了。

五、完全竞争厂商的短期供给曲线

通过对完全竞争厂商短期均衡的分析，可以推导完全竞争厂商的短期供给曲线。在完全竞争市场上，厂商的短期供给曲线可以用图 6-5 来表示。从完全竞争厂商的短期均衡分析中我们发现，对于每一市场价格 P 点，都对应有一个最优产量点 Q，在这一产量点上，MR = P = SMC，企业会有最优利润或最小亏损。我们将 P 与 Q 的对应关系用解析式 $Q_s=f(P)$ 表示出来并作图，就可推出短期供给曲线。

从图 6-5 中还可以看出，商品的市场价格和厂商的最优产量点的组合，如 E_1、E_2、E_3、E_4 等都出现在厂商的边际成本 SMC 曲线上等于和高于 AVC 曲线最低点的部分，这一部分就是完全竞争厂商的短期供给曲线。

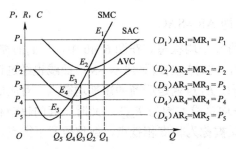
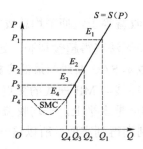

图 6-5 完全竞争厂商的短期供给曲线

因此,完全竞争厂商的短期供给曲线恰好是其边际成本曲线等于和高于 AVC 曲线最低点的部分。完全竞争厂商的短期供给曲线是向右上方倾斜的。完全竞争厂商的短期供给曲线上的每一点都表示在既定市场价格下可以给厂商带来最大利润或最小亏损的供给数量。

假定生产要素的价格是不变的,那么,把完全竞争行业内所有厂商的短期供给曲线水平相加,便构成完全竞争行业的短期供给曲线。或者说,把完全竞争行业内所有厂商的 SMC 曲线上等于和高于 AVC 曲线最低点的部分水平相加,便构成完全竞争行业的短期供给曲线。

六、生产者剩余

根据厂商的短期供给曲线,可以引申出生产者剩余的概念。生产者剩余是指厂商在提供一定数量的某种产品时实际接受的总支付和愿意接受的最小总支付之间的差额。它通常用市场价格线 P_0 以下、厂商供给曲线(即 SMC 曲线的相应部分)以上的面积来表示,如图 6-6 中的阴影部分。我们知道,在生产中,只要价格大于边际成本,厂商进行生产总是有利润的,这时厂商就可以得到生产者剩余。因此,在图 6-6 中,在生产 0 到最大产量 Q_0 之间的价格线 P_0 以下和供给曲线(即短期边际成本曲线)以上的阴影部分面积表示生产者剩余。其中,价格线 P_0 以下的矩形面积 OP_0EQ_0 表示总收益即厂商实际接受的总支付,供给曲线(即短期边际成本曲线)以下的面积 $OHEQ_0$ 表示总边际成本即厂商愿意接受的最小总支付,这两块面积的差额构成生产者剩余。

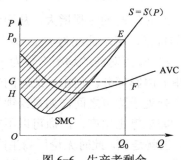

图 6-6 生产者剩余

以上,我们分析了单个生产者剩余,类似的分析对于市场的生产者剩余也是适用的。生产者剩余和消费者剩余通常被结合在一起,用于分析有关经济效率和社会福利的问题。

七、完全竞争市场中厂商的长期均衡

对完全竞争市场长期均衡的考察必须注意两个问题:①在长期中,所有生产要素的投入量都是可变的,因此在长期均衡分析中只涉及变动成本的概念,而没有不变成本的概念。②完全竞争市场中的厂商对全部生产要素的调整既可以表现为厂商进入或退出市场,也可以表现为厂商对生产规模的调整。对于第二点还要作如下进一步分析。

1. 厂商的进入与退出对长期均衡的影响

如果市场上单个厂商可以获得超额利润,就会吸引其他厂商进入该市场。新厂商的加入将会使得市场供给增加,进一步导致价格下降,从而使得单个厂商的超额利润下降。反之,如果市场中单个厂商是亏损的,就会引起市场中部分厂商的退出。市场中原有厂商的退出使得市场供给减少,导致价格上升,直至亏损消失。最后,当市场中的每一个厂商都处于一种既无利润又无亏损的状态时,厂商的进入和退出就会停止。这时厂商便处于一种长期的均衡状态,如图6-7所示。

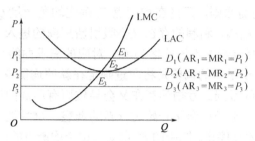

图 6-7 完全竞争厂商长期均衡

在图6-7中的LMC曲线和LAC曲线分别为单个厂商的长期边际成本曲线和长期平均成本曲线,D_1、D_2、D_3分别代表单个厂商在P_1、P_2、P_3三种不同的市场价格水平下所面临的需求曲线。假定市场中每一厂商的生产成本及所面临的需求状况都完全相同,在较高的市场价格P_1时,单个厂商能够获得超额利润,新厂商因超额利润的刺激而进入市场,从而导致市场供给的增加并使市场价格下降,相应地使得需求曲线D_1向下平行移动。反之,在较低的市场价格P_3时,单个厂商存在亏损,市场中的部分厂商会因为亏损而退出,从而导致市场供给的减少并使市场价格上升,相应地使得需求曲线D_3向上平行移动。这种进入或退出的结果,使需求曲线最后移动到D_2的位置,并且与LAC曲线的最低点相切。同时LMC曲线在这一点经过,表明这一点就是MR = LMC的均衡点(E_2)。在这一点上,单个厂商的平均收益等于最低的长期平均成本,在长期内既无利润又无亏损,超额利润为零。至此,市场中无新厂商进入,也无原有厂商退出,市场处于长期均衡状态。

2. 厂商生产规模的调整对长期均衡的影响

除了厂商数量的变化会影响长期均衡,厂商对生产规模的调整也会产生同样的影响。只要厂商规模的变动可以增加利润,厂商就会这样做。这种调整过程可以用图6-8来说明。图6-8假定了厂商有四组不同的可选生产规模。

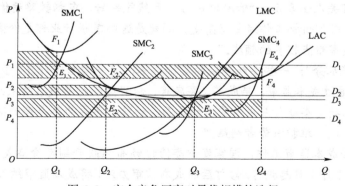

图 6-8 完全竞争厂商对最优规模的选择

101

假定最初市场价格为 P_1，厂商所面临的需求曲线为 D_1。由于短期内厂商无法改变生产规模，因此根据 MR=SMC 的均衡原则确定的均衡点 E_1 存在亏损，单位产品的亏损量为 F_1E_1。

但在长期内，情况就会不同。由于市场价格是既定的，厂商可以针对不变的市场价格 P_1 和既定的需求曲线 D_1 来调整生产规模。换言之，厂商可以通过扩大产量和降低成本来增加利润。根据 MR=SMC 的均衡原则，厂商在均衡点 E_4 确定均衡产量 Q_4，此时厂商获得超额利润，单位产品的利润量为 E_4F_4。利润的存在又会吸引新厂商的进入，进而导致市场供给量的增加，市场价格的下降。假定新的市场价格为 P_3，对应的需求曲线为 D_3，厂商如果继续生产 Q_4 的产量必然产生亏损。于是新的调整是将产量确定在新的均衡点 E_2 对应的均衡产量 Q_2 的位置上。这时又会存在新的亏损。亏损的存在又会导致原有厂商的退出从而使得过多的供给趋于减少，价格随之上升。于是厂商又开始进行新的调整。这种调整一直持续到市场内厂商的利润和亏损都会消失时才会停止。图中的 E_3 点就是这个均衡点的位置。在 E_3 点，不仅 MR=SMC，而且 MR=LMC，同时又是 LAC 的最低点，说明此时市场内各个厂商的平均成本已经降到长期成本的最低点，而且由于价格等于长期平均成本，既无利润也无亏损，因此既不会出现厂商的进入和退出，也没有厂商去调整产量。

由此，我们可以得到完全竞争市场中厂商长期均衡的条件为

$$MR=LMC=SMC=LAC=SAC=P$$

第三节 垄断市场

导入案例 6-3　垄断行业的成本约束

中华人民共和国国家发展和改革委员会（以下简称国家发改委）等价格主管部门开展成本监审，覆盖电力、天然气、城市供水、教育、有线数字电视、旅游景点等垄断行业和重要公用事业、公益性服务等 20 多个行业，核减不应计入定价成本的费用。

国家发改委有关人士表示："输配电也好，天然气也好，包括铁路运输，这些垄断行业大家应该有体会，我们价格工作者更有感受，那就是这些垄断行业都是价格改革最难啃的硬骨头，也是成本监审难点较多的领域。"

垄断领域"挤水分"：一些垄断领域的定价成本，究竟该如何计算？国家发改委有关人士回答道："政府通过成本监审，晒成本、亮底牌、念好垄断行业成本约束的紧箍咒，逐步改变以前消费者被动接受垄断行业成本费用的局面，使社会不再为不合理的高成本买单，使成本监管真正取信于民，维护消费者利益。"

为进一步加强成本监审工作，国家发改委修订颁布《政府制定价格成本监审办法》，该办法已于 2018 年 1 月 1 日起施行。修订后的成本监审办法，将成本监审纳入科学化、制度化、程序化的轨道，强化以垄断行业为重点的成本监管。

一、垄断市场的含义、条件

垄断市场是指整个行业中只有唯一的一个厂商的市场组织。垄断市场的条件有以下四点。

1．唯一的厂商

市场上由唯一的厂商控制了某种产品的全部供给，厂商就是行业，垄断该行业产品的产销量。

2．唯一的产品

该厂商生产和销售的商品没有任何相近的替代品，不受任何替代产品的竞争威胁。

3．要素不能自由流动

市场进入条件是封锁的，不可能有新的厂商进入并参与竞争。

4．信息是不完全的

行业中只有一个厂商，独自决定价格和产量，在决定价格时，无须考虑其他厂商的产品及价格，只要考虑如何使自己利润最大化。

二、垄断市场的形成原因

垄断厂商形成垄断的原因一般有以下几点。

1．对资源的独家控制

如果一家厂商控制了用于生产某种产品的全部资源或基本资源的供给，其他厂商就不能生产这种产品，从而该厂商就可能成为一个垄断者。

2．拥有专利权

专利法往往规定发明某项制作技术的企业在某些年内享有独家经营的专利权。一旦某企业发明了某项制作技术并且得到了专利保护，那么在其专利被保护期间该企业有可能成为这一产业的垄断者。

3．政府的特许

政府往往授予某个厂商垄断经营某种产品的特许权。例如，许多国家的邮政业、烟草、某些公用事业都是政府给予某个公司特许的垄断经营权，使某行业内现有厂商免受竞争，成为这一行业的垄断者。

4．形成自然垄断

某些行业（如铁路业、城市供水、供电等）可能只需要一家厂商经营就可以满足整个市场的需求，若由两家或两家以上厂商生产将产生较高的平均成本、造成社会资源的浪费。

三、垄断厂商的需求曲线与收益曲线

垄断厂商是某个市场上的唯一卖者，因此，垄断厂商所面对的需求曲线与整个市场上的需求曲线相一致，因而其斜率为负，即向右下方倾斜。这就是说，垄断厂商可以通过改变销售量来控制市场价格，即以销售减少来提高市场价格，或以销售增加来压低市场价格。这一特征是垄断厂商与其他市场结构下的厂商之间的最重要区别之一。

垄断厂商的需求曲线与收益曲线的关系如图 6-9 表示。

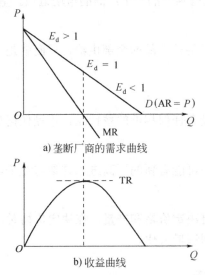

图 6-9 垄断市场厂商的需求与收益曲线

图 6-9 中表示的收益曲线具有下列特征：

（1）垄断厂商的平均收益 AR 曲线与需求曲线 D 重叠，它们是同一条由左上方向右下方倾斜的曲线。这表明，在每一个销售量上厂商的平均收益都等于商品的价格。若垄断厂商面临一条线性需求曲线，且有

$$P = a - bQ，则有 TR = PQ = aQ - bQ^2，AR = TR/Q = a - bQ$$

（2）厂商的边际收益 MR 曲线也向右下方倾斜，而且位于平均收益 AR 曲线的下方。这表明在每一个销售量上垄断厂商的边际收益都小于平均收益。

$$MR = dTR/dQ = a - 2bQ$$

说明当垄断厂商的需求曲线为向右下方倾斜的直线时，MR 曲线也是一条向右下方倾斜直线，且 MR 曲线和需求曲线的纵轴截距是相等的，MR 曲线的横截距是需求曲线的一半。

（3）厂商的总收益 TR 曲线先上升，在达到最高点后下降。由于在每一个销售量上的 MR 值都是相应的 TR 曲线的斜率，所以当 MR 为正值时，TR 曲线的斜率为正（即 TR 曲线是上升的）；当 MR 值为零时，TR 曲线的斜率同样为零（即 TR 曲线达到最大值）；当 MR 为负值时，TR 曲线的斜率为负（即 TR 曲线是下降的）。

（4）销售量（即需求量）与总收益的关系还可以用弹性理论来说明：如果需求是有弹性的（$E_d > 1$），厂商的边际收益大于零。此时厂商的总收益与销售量呈同方向变动，即销售量增加和价格下降将导致总收益增加。如果需求是缺乏弹性的（$E_d < 1$），厂商的边际收益小于零。此时厂商的总收益与销售量呈反方向变动，即销售量增加和价格下降将导致总收益减少。

四、垄断厂商的短期均衡

在垄断市场上，垄断厂商有权决定产品价格和销售量，决定厂商采取何种行动的仍然是

利润最大化原则。要达到利润最大化，条件还是边际收益等于边际成本，即 MR = SMC。垄断厂商在短期中的均衡可以分为三种情况：利润为极大的短期均衡、不盈不亏的短期均衡和亏损为最小的短期均衡，如图 6-10 所示。

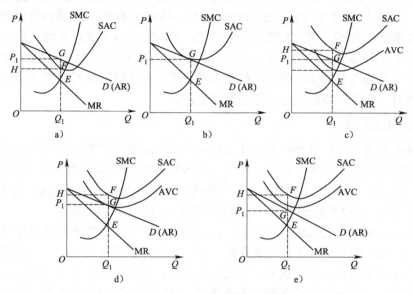

图 6-10　垄断厂商的短期均衡

1．利润为极大的短期均衡

此时平均收益大于短期平均总成本，即 AR＞SAC。此时厂商能够获取超额利润。在图 6-10a 中，根据 MR = SMC 的原则，厂商的短期均衡应当位于 SMC 与 MR 相交点 E。对应于 E 点的均衡价格为 P_1，均衡产量为 Q_1，厂商的平均收益为 GQ_1，平均总成本为 FQ_1。平均收益大于平均成本，此时的平均成本曲线位于平均收益曲线的下方，厂商获得的单位产品利润为 GF，利润总量为矩形 P_1HFG 的面积。

如果这个垄断厂商的产量小于 Q_1，因为此时 MR＞SMC，这表明增加产量是有利的，能增加利润的总量，所以任何小于 Q_1 的产量不能使利润最大。若产量大于 Q_1，因 MR＜SMC，所以增加产量会使利润减少。只有 MR = SMC 这点决定的 Q_1 产量，才能使利润达到最大。

2．不盈不亏的短期均衡

此时平均收益等于短期平均总成本，即 AR = SAC。此时厂商无法获得超额利润，处于盈亏平衡状态。在图 6-10b 中，厂商的需求曲线 D 与短期平均总成本 SAC 曲线相切，垄断厂商根据 MR = SMC 决定的产量便能保证它不盈不亏。

垄断厂商根据 MR = SMC 决定均衡产量 Q_1，与 Q_1 相应的价格 P_1 正好是需求曲线和平均成本 SAC 曲线相切的切点 G 所表示的。于是厂商在产量为 Q_1 时，总收益和总成本都相当于图中矩形 P_1OQ_1G 的面积，处于不亏不盈的状态。从图中可以看出，任何低于或高于 Q_1 的产量，其平均成本都比平均收益高，因而厂商都要亏损，所以 MR 曲线和 SMC 曲线的交点 E 决定的产量 Q_1 是最优产量。此时厂商的超额利润为零，但厂商的正常利润得到实现。所以这一点又被称为收支相抵点，或称盈亏平衡点。

3. 亏损为最小的短期均衡

此时平均收益小于短期平均总成本，但仍然大于平均变动成本，即 AVC<AR<SAC。此时厂商产生亏损，但是只要能够弥补全部变动成本和部分不变成本，厂商就会继续生产。在图 6-10c 中，对应 P_1 的市场价格，需求曲线为 D。SMC 曲线和 MR 曲线相交于均衡点 E，决定厂商的均衡产量为 Q_1。在 Q_1 的产量水平上，平均收益为 GQ_1，平均总成本为 FQ_1。由于平均收益小于平均总成本，所以出现亏损，即图中的 HP_1GF 面积。但是由于此时的平均变动成本仍然小于平均收益 GQ_1，因此，虽然存在亏损，却还能够使得全部变动成本和部分不变成本得到弥补。所以厂商的选择通常是继续生产。

4. 厂商停工点产量

此时平均收益等于平均变动成本，即 AR = AVC。随着厂商的亏损增大，使厂商处于生产和不生产的临界点。在图 6-10d 中，边际收益 MR 曲线与成本 SMC 曲线相交于 E 点，此时对应的产量 Q_1 是厂商停工点产量。此时厂商的总收益相当于矩形 P_1OQ_1G 的面积，小于此时的总成本即矩形 HOQ_1F 的面积，亏损额相当于矩形 HP_1GF 的面积。

虽然平均收益小于平均总成本，厂商存在亏损，但由于此时的平均收益与平均变动成本相等，所以厂商对于是否进行生产的选择处于两可之间，如果继续生产，厂商获得的收益正好弥补变动成本而不能弥补固定成本；如果停止生产，厂商可以不支付变动成本，但同时厂商也无任何收益，固定成本依然存在。也就是说，此时无论厂商生产与否，其亏损额总是等于固定成本。所以 E 点称为厂商停工点产量或停止营业点，如果价格低于该点，厂商应该做出停产的决策。

5. 亏损（必须停产）

此时平均收益小于平均可变成本，即 AR<AVC。厂商的亏损大到无法弥补任何成本，所以必须停止生产。在图 6-10e 中，价格 P_1 低于平均可变成本 AVC，即低于停止营业点。也就是讲，如果垄断厂商的需求曲线低于它的平均可变成本曲线，那说明他只要生产，无论产量为多少，不但不能弥补其固定成本，而且连可变成本也补偿不了，因此停止生产可以使损失更小一些，所以厂商必然会停止生产。

五、垄断厂商的长期均衡

垄断厂商在长期内可以调整全部生产要素的投入量，即调整整个生产规模，从而实现利润最大化。由于垄断市场排除了其他厂商进入的可能，一旦垄断厂商在短期内获得利润，这种利润在长期内将不会因为新厂商的加入而消失，换言之，垄断厂商在长期内是可以保持利润的。

垄断厂商在长期内对生产的调整通常存在三种可能：①垄断厂商在短期内是亏损的，但在长期中通过调整生产规模仍然不能摆脱亏损的状况，此时该厂商会考虑退出市场。②垄断厂商在短期内是亏损的，但在长期中通过调整生产规模摆脱了亏损，甚至获得了利润。③垄断厂商在短期已经获得利润，在长期中通过调整生产规模使得获得的利润进一步增大。对于第一种情况无须再做分析。第二种情况和第三种情况的关系是相同的，如图 6-11 所示。

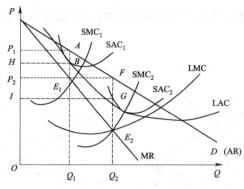

图 6-11 垄断厂商的长期均衡

假定开始时垄断厂商是在由 SAC_1 曲线和 SMC_1 曲线所确定的生产规模上进行生产。短期内垄断厂商只能按照 MR＝SMC 的原则，在现有规模上将产量和价格调整到 Q_1 和 P_1。此时，在短期均衡点 E_1 上，垄断厂商获得的利润为矩形 HP_1AB 面积。

在长期中，垄断厂商可以通过重新调整生产规模来增加利润。按照 MR＝LMC 的长期均衡原则，垄断厂商把产量和价格确定在与长期均衡点 E_2 的 Q_2 和 P_2 上。此时的生产规模由 SAC_2 和 SMC_2 代表。调整后的生产规模给垄断厂商带来了更多的利润，即图中的矩形 IP_2FG 面积。

从图 6-11 看出，在垄断厂商的 MR＝LMC 长期均衡产量上，代表最优生产规模的 SAC 曲线和 LAC 曲线相切，相应的 SMC 曲线、LMC、MR 曲线相交于一点。这表明，垄断厂商的长期均衡条件为

$$MR=LMC=LAC$$

六、垄断厂商不存在供给曲线

完全竞争市场可以根据需求的变化使整个市场沿着供给曲线来调整产量，所以，完全竞争厂商可以根据边际成本曲线调整产量。然而，垄断厂商却不存在供给曲线。这是因为，在垄断市场上价格和产品的供给之间并不存在一一对应的关系。与完全竞争厂商一样，厂商也需要按照边际收益与边际成本之间的关系来确定价格与产量，但是价格与边际收益和边际成本之间的关系取决于需求曲线的形状。在利润最大化的产量既定时，需求曲线越是陡峭，这一产量的价格就越高。正因为这个原因，垄断厂商利润最大化的产量与价格之间并不存在唯一的对应关系。换言之，由于需求曲线形状不一样，同一价格可以存在多种不同的产量，或者同一产量可以存在多种不同的价格，从而也就不存在垄断厂商的供给曲线。可以用图 6-12 来说明这种关系。

在图 6-12a 中，MC 是固定的，当垄断厂商的需求曲线为 D_1 和边际收益为 MR_1 时，由均衡点 E_1 所决定的产量为 Q_1，价格为 P_1。当需求曲线移到 D_2 和边际收益移到 MR_2 时，由均衡点 E_2 决定的产量为 Q_2，但是价格仍然为 P_1。于是，同一个 P_1 对应两个不同的产量 Q_1、Q_2。在图 6-12b 中，MC 曲线仍然是固定的，D_1 曲线、MR_1 曲线和 D_2 曲线、MR_2 曲线分别为两组不同的需求曲线和边际收益曲线。比较 $MR_1=MC$ 和 $MR_2=MC$ 的两个均衡点 E_1 和 E_2（为同一点）可以发现，同一产量 Q_1 对应的却是两个不同的价格 P_1 和 P_2。因此，在垄断市

场条件下无法得到像在完全竞争条件具有规律性的、可以表示产量和价格之间对应关系的厂商和市场的供给曲线。

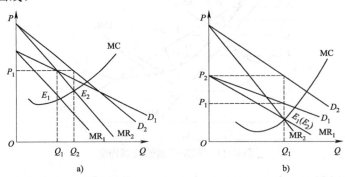

图 6-12 垄断厂商的产量和价格

七、价格歧视

1．价格歧视的含义

价格歧视是垄断者对同一成本的产品向不同的购买者收取不同的价格，或是对不同成本的产品向不同的购买者收取相同的价格，或在同一时间内对同一种产品以不同的价格向不同的消费者销售。由于垄断市场是一家厂商垄断整个市场，垄断厂商可以依靠自己的完全垄断地位来实施价格歧视，从而在某些情况下可以获得垄断利润。

2．实施价格歧视的前提

实施价格歧视的目的是为了获取超额利润。要使价格歧视得以实施，通常需要具备三个条件：

（1）市场存在不完全性。当市场不存在竞争，信息不畅通，或者市场由于各种原因被分割时，垄断厂商就可以利用这种市场的不完全性实施价格歧视。

（2）各个市场对同一种产品的需求弹性不同。这时垄断厂商就可以对需求弹性较小的市场实施高价，以获取垄断利润。

（3）垄断厂商能够有效地把不同市场或相同市场的不同部分分割开来。

3．价格歧视的种类

通常根据价格差别的程度可以把价格歧视分成一级价格歧视、二级价格歧视和三级价格歧视。

一级价格歧视又称完全价格歧视，是指垄断厂商对于每一单位产品都按消费者所愿意支付的最高价格出售。假定垄断厂商了解每个消费者为购进每一单位产品所愿意付出的最高价格，并据此来确定每一单位产品的价格，就可以实施完全价格歧视。在这种情况下，消费者剩余全部转变为垄断厂商的超额利润，且资源配置是有效率的。这是一种极端的情况，现实生活中比较少见。

二级价格歧视是指垄断厂商根据消费者不同的消费（购买）量来确定不同的价格。例如，电力部门对一定量电力（比如说 $1 \sim 100 \text{kW} \cdot \text{h}$）实行一种价格，再对增加的电力实行另一种价格。在这种情况下，垄断厂商可以把一部分消费者剩余转变为超额利润。

三级价格歧视是指垄断厂商对不同市场的不同消费者收取不同的价格,即将市场分成两个或多个分别进行定价。例如,电力部门对工业用电与民用电实行不同的价格。在这种情况下,垄断厂商就可以在需求价格弹性小的市场提高产品价格,在需求价格弹性大的市场降低产品价格。即对价格反应不敏感的消费者制订较高的价格,而对价格反应敏感的消费者制订较低的价格。垄断厂商往往在实行高价的市场上获得垄断利润,即把这个高价市场上的消费者剩余转变为超额利润。

八、对垄断市场的评价

在其他条件不变的情况下,我们来比较一个垄断企业和一个完全竞争企业在价格和产量的决定上有什么不同。

完全竞争企业在价格等于边际成本处进行生产,而垄断企业却在价格高于边际成本处生产。即与完全竞争市场相比,垄断市场上的平均成本与价格会更高而产量更低,可以用图6-13来说明。

图 6-13 综合了完全竞争市场与垄断市场的长期均衡情况。通过对这两个市场的比较可以看出,在完全竞争市场上,产量为 Q_1,价格为 P_1,而且当产量为 Q_1 时,长期平均成本为 LAC 曲线的最低点;然而在垄断市场上,产量为 Q_2,价格为 P_2,而且当产量为 Q_2 时,长期平均成本并不在 LAC 曲线的最低点。$Q_1>Q_2$,$P_1<P_2$,这表明在完全竞争市场上产量高于垄断市场而价格低于垄断市场,而且完全竞争市场的长期平均成本处在 LAC 市场的最低点,说明资源得到优化配置。

其次,垄断市场导致社会福利的损失。由于垄断厂商实施价格歧视,消费者付出的代价就会更高。这种情况无疑会导致社会福利的损失,可以用图6-14说明。

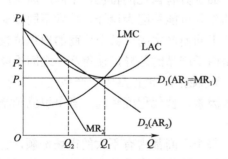

图 6-13 垄断市场与完全竞争市场比较

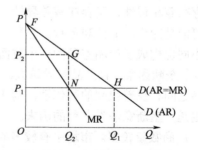

图 6-14 垄断导致社会福利的损失

在图 6-14 中,完全竞争市场的价格为 P_1,产量为 Q_1,这里消费者得到的消费者剩余为 P_1HF 这个大三角形。在垄断市场上,价格为 P_2,产量为 Q_2,消费者剩余是 P_2GF 这个小三角形。在 P_1HF 这个大三角形中,P_1NGP_2 这个矩形所代表的是消费者剩余的损失,它通过价格歧视转变为垄断厂商的超额利润,而 NHG 这个三角形所代表的是消费者没有得到、垄断厂商也没有得到的部分,它表示由于资源的浪费而形成的纯社会福利的损失。

此外,垄断的存在有可能导致社会收入分配不平等的加剧和人为地阻碍技术进步。更为不利的是有可能导致"寻租"行为,从而成为滋生腐败的土壤。

但是，在有些垄断市场，特别是政府对某些公用事业的垄断，并不以追求最大限度的利润为首要目标。这些公用事业往往投资大、周期长，但又是经济发展和居民生活所必需的。这些行业如果采用完全竞争的方式将会给资源配置带来浪费，由政府垄断往往好处更多。当然，这种政府垄断也可能导致官僚主义和效率低下。

另外，由于垄断厂商具有更大的规模和更雄厚的资金实力，因此有可能通过规模经济、范围经济以及创新活动促使技术进步，从而有可能达到比竞争行业更高的产量和更低的价格。

第四节 垄断竞争市场

导入案例 6-4 >>> 日化企业的涨价潮

2011年3月，有媒体报道称日化企业正在掀起三年来最大规模的涨价潮，多家超市均表示已经接到了联合利华和宝洁的调价通知，部分产品上涨幅度最高达10%。

尤其是竞争激烈的洗涤用品行业，有的企业已经悄然涨价，而这洗涤用品行业几乎被宝洁等十几家企业占领着。

一、垄断竞争市场的含义

垄断竞争市场是指既有竞争因素，又有垄断因素的一种市场类型。它具有以下特点：

（1）存在产品差别。市场中各厂商生产的产品都具有自己的特色，不同厂商生产的产品之间既存在着相似性，又存在着差异性。产品的差异可能是因为设计、技术不同或原材料不同，也可能是因为产品外观形状、包装、商标等不同而产生的，甚至厂商的地理位置、服务态度的不同也构成了产品差异的一个方面。正是由于产品的差异，使得产品之间不能完全替代，构成了垄断因素，且产品差异越大，垄断程度就越高。也正是由于产品之间具有相似性，使得产品之间存在着很强的替代性，构成了竞争因素，替代程度越高，竞争也就越激烈。这一特征也是"垄断竞争"名称的由来。

（2）厂商数量较多。市场中有较多的厂商，每个厂商都占有不大的市场份额，它们都能对市场价格产生一定的影响，但这种影响是有限的。这些厂商是独立行动的，并不相互勾结以控制市场价格。由于同一市场中存在较多的厂商，一个厂商的决策不至于引起其他厂商的对抗行动。

（3）要素流动比较自由。厂商进出市场比较容易。一般来说，垄断竞争厂商主要是那些日用轻工业、手工业、零售商业以及维修服务业等行业中的厂商，这些行业中的厂商规模并不太大，所需投资不是太多，因而进出行业的障碍并不大。

（4）对产品价格略有影响力。垄断性使厂商保持其定价自主权，竞争性又使厂商定价权十分有限。所以，产品价格上升将会失去部分但不会失去所有顾客，产品价格下降将会得到但不会得到所有顾客。

二、垄断竞争厂商的需求曲线

垄断竞争市场中每个厂商都可能面对两条需求曲线,如图 6-15 所示。

当某一厂商做出价格变动决策而其他厂商不做任何反应时,这个厂商面对的是一条自左上方向右下方倾斜,但又相当平坦的需求曲线,如图 6-15 中的曲线 d。由于垄断竞争厂商的产品是有差别的,而且这些产品之间具有很强的可替代性,因此,当厂商提高产品售价时,部分消费者可能转而购买其他厂商的相似产品,但厂商不会失去所有的顾客;当厂商降价促销时,可能把一部分消费者从其他厂商那里吸引过来,但也无法把所有顾客都吸引过来。因此厂商的需求曲线是向右下方倾斜的。同时,由于不同厂商的产品之间存在着很强的相互替代性,其交叉价格弹性很高,使得每种产品的需求的价格弹性也就相当高,表现为其需求曲线斜率很小,需求曲线相对平缓。

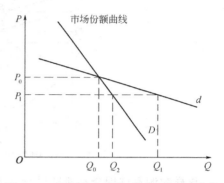

图 6-15 垄断竞争企业面对两条需求曲线

但当这一厂商做出价格变动决策而其他厂商为了竞争也做出相应的价格决策时,这个厂商面对的需求曲线将是一条比 d 曲线具有更大斜率的需求曲线,如图 6-15 中的曲线 D。这是因为,如果该厂商降价时,其他厂商跟着降价,该厂商就几乎无法通过降价把顾客从其他厂商那里吸引过来,只可能增加对原有顾客的销售量,由此增加的销售量是十分有限的。如果市场中所有的厂商都以同样的幅度增加销售量,那么每个厂商所占有的市场份额将不会改变。因此,D 曲线也被称为厂商的市场份额曲线,或叫比例需求曲线,而 d 曲线称为主观需求曲线。

三、垄断竞争厂商的短期均衡

在垄断竞争条件下,由于产品是有差别的,厂商主要通过三种手段或三种途径来促使其销售量改变,达到利润最大化的目的。

(1)价格决策,即调整其产品的价格。

(2)产品差别化决策,即改变其产品的特点,包括产品特征、功能、包装、型号、商标等可造成产品差别的所有方面。

(3)促销决策,即调整其广告支出和其他促销活动的支出。

这里,假定厂商的产品特点和广告等促销活动既定,看看垄断竞争厂商是如何通过调整自己产品的销售价和相应的产量来实现利润最大化的。

如图 6-16 所示,假设开始的时候厂商的主观需求曲线为 d_1,边际收益曲线为 MR_1,厂商的销售价格为 P_1。从图 6-16 中可以看出,价格为 P_1 时并没有满足 $MR_1=SMC$ 这个条件,故 P_1 不是厂商最佳的定价。厂商应该使 $MR_1=SMC$,以便使自己的利润最大化,即应把价格从 P_1 降到 P_2,产量从 Q_1 增加到 Q'_1。但是,这个厂商的降价会引起他的竞争对手的反应,竞争对手也会采取降价措施,结果使这个厂商面临的实际需求量只是从 Q_1 增加到 Q_2 而已,该厂商的主观需求曲线也从 d_1 向下移动到 d_2,与 d_2 相应的边际收益曲线是 MR_2,它和 SMC

曲线的交点所对应的 d_2 线上的价格是 P_3，低于 P_2，于是该厂商为了使利润最大化，就需要使自己的销售价格从 P_2 降到 P_3。竞争对手再次做出降价反应，使该厂商的实际需求量仅沿需求曲线 D 稍微增加一点而已。

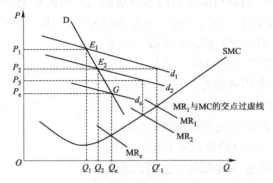

图 6-16　垄断竞争厂商的短期均衡

这样的调整过程会不断地进行下去，直至该厂商的主观需求曲线向下移动到 d_e 的位置为止。此时，和需求曲线 d_e 相应的边际收益曲线 MR_e 与 SMC 的交点，正好和 d_e 与市场份额线 D 的交点处在同一条垂直线上。因为这时候的产量 Q_e 是由 $MR_e = SMC$ 这个条件所决定的，并且在这个价格上厂商的主观需求曲线和市场份额线相交，因此 MR_e 和 SMC 的交点决定的产量 Q_e 和价格 P_e 便是使垄断竞争厂商利润最大化的均衡产量和均衡价格。

在短期均衡状态下，垄断竞争厂商可能有超额利润、正常利润或亏损，完全取决于均衡价格 P_e 与平均成本 AC 的关系。当 $P_e >$ AC 时有超额利润；当 $P_e =$ AC 时就只有正常利润；当 $P_e <$ AC 时就会亏损。

四、垄断竞争厂商的长期均衡

当垄断竞争厂商达到短期均衡时，并不意味着它会始终维持这种状态，因为短期均衡的前提是厂房、设备规模等固定成本不变，如果这些固定成本项目可变，也就是我们从长期的角度来考察问题，那么，短期均衡时亏损的部分垄断竞争厂商就会退出这个市场。随着一部分厂商的退出，仍然留在市场里的厂商就会在每一价格水平上遇到较多的需求量，反映到坐标图上，便是这些厂商面对的需求曲线向右移了，它们的边际收益曲线和边际成本曲线的交点所决定的产量和价格都提高了。这个过程会进行到留在市场里的厂商不再亏损为止。

如果垄断竞争市场中的厂商在短期内有超额利润，就会吸引新的厂商进入该市场。这个市场中厂商数目的增加会使每个厂商在市场总销售额中所占的比例下降，反映到坐标图上，便是单个厂商面对的需求曲线向左移动，相应的边际收益曲线和边际成本曲线的交点所决定的产量和价格就开始下降。这就使垄断竞争厂商的超额利润开始下降。只要该垄断竞争市场上的厂商还存在着超额利润，新厂商进入该市场的过程便会不断继续下去，一直到厂商面对的需求曲线和它的平均成本曲线相切为止，即垄断竞争厂商的超额利润全部消失。图 6-17 反映了垄断竞争厂商的长期均衡的情形。起初厂商的需求曲线是 d_1，边际收益曲线是 MR_1，产量是 Q_1，价格是 P_1。由于此时有超额利润，吸引了新厂商进入到该市场来竞争，使厂商面对的需求曲线不断左移，也就是对应于任一价格，对它的产品的需求量都减少了。虽然厂商

把价格从 P_1 下降到 P_e，由于其他厂商也采取降价措施，结果使需求量沿着市场份额线增加了有限的数量。到最后，厂商主观需求曲线 d_e 和长期平均成本曲线 LAC 相切于 E 点，在价格 P_e 和产量 Q_e 处达到了长期均衡。

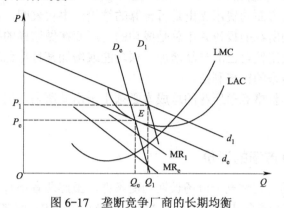

图 6-17　垄断竞争厂商的长期均衡

因此，垄断竞争市场长期均衡没有超额利润，也无亏损，只有正常利润。垄断竞争市场上长期均衡的条件是

$$MR = LMC = SMC \text{ 且 } AR = LAC = SAC$$

五、非价格竞争手段对均衡的影响

垄断竞争厂商除了通过价格进行竞争之外，还在改变产品特点和广告等其他非价格手段上展开竞争。但是，无论是改变产品特点还是进行广告促销等活动，厂商都有额外的费用支出，所以厂商需要把这些费用支出与它们带来的总收益增加量进行比较，这些费用支出的收益率是多少。下面我们用图 6-18 来分析在垄断竞争中，厂商在非价格手段方面开展竞争时对厂商均衡的影响。

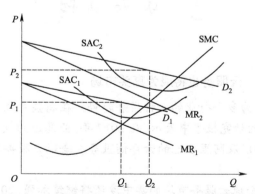

图 6-18　品质竞争和广告竞争对厂商均衡的影响

假设在非价格竞争手段方面没有额外的支出，厂商面临的需求曲线是 D_1，这里边际收益 MR_1 曲线和边际成本曲线 SMC 的交点决定的均衡产量是 Q_1，均衡价格是 P_1。现在厂商在提高产品质量或广告宣传上支出了一笔费用，使平均成本曲线由 SAC_1 上升到 SAC_2，由于这笔费用相当于一笔固定成本，所以这笔费用的支出并没有改变边际成本曲线。

由于这家厂商在产品质量和广告宣传上起到了效果，使市场对这个厂商的产品需求增加了，设需求曲线从 D_1 位置向右移动到 D_2 位置，边际收益曲线也相应地变为 MR_2，于是，MR_2 与 SMC 的交点决定的均衡价格为 P_2，均衡产量为 Q_2。根据前面两种均衡状态，就可以得出在产品质量和广告促销方面的费用支出是否合算的结论。事实表明，厂商在提高产品质量和进行广告宣传促销方面所花的投资并不总是成功的，厂商在做这样的投资之前，应该仔细预测投资效果，当厂商决定使自己的产品增加一项功能或增加某种特色时，就需要分析因为增加这项功能或特色而带来的销售利益。

总之，厂商进行非价格竞争所花的总成本必须小于由此所增加的总收益，否则厂商不会进行非价格竞争。

六、对垄断竞争市场的评价

比较垄断竞争市场与完全竞争市场长期均衡条件，虽然两者都有 $P(AR)=LAC$，但是有明显区别，区别是完全竞争市场下 $LAC=MC$，$P(AR)=MR$，而垄断竞争市场 $LAC>MC$，$P(AR)>MR$。这说明垄断竞争市场下成本较高，未能达到最低点，存在资源浪费。垄断竞争市场下价格较高，相应产量较低，对消费者有不利因素。

但也并不能由此得出完全竞争市场就优于垄断竞争市场的结论。因为尽管垄断竞争市场上平均成本与价格高，资源有浪费，但消费者可以得到有差别的产品，从而满足不同的需求，而且垄断竞争市场上的产量要高于完全垄断市场，价格却比完全垄断市场低，特别是垄断竞争有利于鼓励创新。

因此，许多经济学家认为，垄断竞争从总体上看还是利大于弊的。

第五节 寡头市场

导入案例 6-5 云服务也将成为寡头市场

行业集中度的提升成为多个行业的一种显著趋势。在高盛看来，云服务市场也不例外。高盛有分析师在 2017 年的研究报告中表示，在 2017 年，亚马逊的 AWS 云服务、微软的 Azure 服务、谷歌的云服务平台以及阿里巴巴的云存储服务在全球云服务市场的占比将进一步提升至 65%。

该分析师认为，未来全球云服务市场的集中度还将继续加强，2019 年可能达到 89% 左右。"我们相信，四大公司的云服务市场份额将继续巩固，形成寡头垄断的市场格局"。

据测算，2017 年全球云服务领头羊亚马逊在该领域的营收约为 159 亿美元，微软、谷歌和阿里巴巴分别为 50 亿美元、19 亿美元和 14 亿美元。如果从云服务收入同比增速这个角度来看，谷歌的云服务营收增速是最快的，高达 158%。阿里巴巴云服务收入增速接近翻倍，为 97%。微软云服务收入增速为 92%。亚马逊云服务收入增速仅增长 43%。

一、寡头市场的含义

寡头市场又称为寡头垄断市场。它是指这样一种市场，即一个市场（行业）的产品供给的全部或绝大部分由少数几家大的厂商所控制，这几家大厂商彼此势均力敌。这种大的厂商被称之为寡头厂商，它们之间既互为依存，又存在着激烈的竞争。与垄断竞争市场相比，寡头垄断市场包含着垄断和竞争两种因素，但相对而言，寡头垄断市场更接近于完全垄断市场。它具有以下特点：

（1）产品既可同质，也可存在差别。

寡头垄断市场中，寡头厂商的产品可以是同质的，也可以是有差别的。前者有时被称为纯粹寡头垄断，如冶金、煤炭、化工原料、建材等行业。后者则被称为是有差别的寡头垄断，如汽车、机械、电气等行业。

（2）厂商数量极少。

寡头垄断市场中，只有少数几家厂商垄断某一行业，而且这少数几家寡头厂商势均力敌，他们控制了大部分或全部的市场供给，因而每个厂商都具有举足轻重的地位。任何一家厂商的行动，都会影响其他几家厂商的产量和利润。

（3）厂商之间既相互依存，又激烈竞争。

寡头垄断市场中的价格决定，不完全是由市场供求两股力量来决定的，而是由同行业中的寡头厂商通过有形或无形的协定、默契等来共同决定的。在西方国家一般有立法反对垄断厂商之间的勾结，因此寡头厂商之间在价格上的勾结行为多是暗中进行的。在没有协定的情况下，厂商在决定自己的产量和价格时，必须首先推测其他厂商的产量和价格，然后再根据最大利润原则来决定自己的产量和价格。寡头厂商意识到它们之间存在着某种依存性，一般情况下不适宜开展价格竞争，因为整个市场仅由少数几家寡头厂商所控制，如果一家厂商希望通过降价来扩大自己的市场份额，那么其他几家厂商为了维护自己的利益，势必也会削价竞争，结果是率先降价的厂商并没有从降价中扩大自己的市场份额。这种价格竞争的结果只能是两败俱伤，所以寡头厂商会尽量避免价格战。

（4）有较高的市场壁垒。

寡头垄断市场存在着较高的进入壁垒，这是少数厂商能够占据绝大部分市场份额的必要条件，也是寡头垄断市场结构存在的原因。寡头市场中厂商数目少，它们可以充分利用规模经济的效果，并形成自己强大的研究和发展能力以及在科学技术上的优势，这就使新进入的厂商很难和它们匹敌。此外，从寡头厂商的利益出发，它们也需要排斥新来者，而且在寡头垄断市场，因为厂商数量少，厂商之间的串通就比较容易，厂商联合起来构筑较高的市场壁垒较为容易。

寡头垄断市场的这种特性使得寡头垄断的理论分析具有较大的难度，特别是对其均衡价格和均衡产量的决定很难得出确定的结论。在现代经济分析中，对寡头垄断者之间的竞争，是运用博弈论来进行的。

二、古诺模型

下面以古诺模型说明寡头垄断的市场均衡情形。古诺模型是由法国经济学家古诺于1938年提出的，这个模型十分简朴、广受重视，至今仍被普遍引用。

1. 古诺模型假定条件

古诺模型的假设条件包括①市场上只存在两个厂商。②两个厂商提供的产品是同质的。③两个厂商面临共同的市场需求曲线。④每个厂商都认为自己的行为不会影响其他厂商。⑤两家厂商的成本为零。

2. 古诺模型原理

在以上假设条件下，古诺认为两个厂商都会根据利润最大化原则不断调整自己的产量，直到各自的产销量正好等于市场份额的 1/3 时，两家厂商均获得最大利润。

借助于图 6-19 说明在古诺模型中，寡头垄断厂商价格和产量的决定。

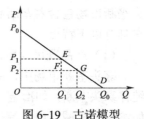

图 6-19 古诺模型

在图中，D 曲线（或 P_0Q_0 曲线）为两个厂商共同面临的线性市场需求曲线。由于生产成本为零，所以，利润就等于总收益。A 厂商首先进入该市场，为使利润达到最大，必然将产量确定为市场总容量的 1/2，即产量为 $OQ_1 = 1/2OQ_0$，价格为 OP_1，从而获得相当于图中矩形 OP_1EQ_1 面积的利润（此矩形为直角三角形的最大内接矩形）。此后，B 厂商进入市场，B 厂商为使利润达到最大，必然将产量确定为剩余市场容量的 1/2，即产量为 $Q_1Q_2 = 1/4OQ_0$，价格为 OP_2，从而获得相当于图中矩形 Q_1FGQ_2 面积的利润。

B 厂商的进入导致市场价格下降，以致 A 厂商利润下降为矩形 OP_2FQ_1。A 厂商将重新做出价格和产量决策。由于 B 厂商已占有市场份额的 1/4，因此，A 厂商将产量确定为剩余份额 3/4 的一半，即 $3/8OQ_0$。与第一次决策相比，A 厂商的产量减少了 $1/8OQ_0$。由于 A 厂商产量的减少，市场价格将回升，B 厂商将重新做出价格和产量决策。B 厂商再次将产量确定为剩余市场容量 $5/8OQ_0$ 的一半，即 $5/16OQ_0$。与第一次决策相比，B 厂商的产量增加了 $1/16OQ_0$。

在一轮复一轮的博弈过程中，A 厂商的产量会逐渐减少，B 厂商的产量会逐渐增加，最后，达到 A、B 两个厂商的产量都相等的均衡状态。在均衡状态中，每个厂商的产量为市场总容量的 1/3，即

$$Q_A = (\frac{1}{2} - \frac{1}{8} - \frac{1}{32} - \cdots - \frac{1}{2} \times \left(\frac{1}{4}\right)^{n-1})OQ_0 = \frac{1}{3}OQ_0$$

$$Q_B = (\frac{1}{4} + \frac{1}{16} + \frac{1}{64} + \cdots + \left(\frac{1}{4}\right)^n)OQ_0 = \frac{1}{3}OQ_0$$

该行业的均衡产量为

$$Q_A + Q_B = 1/3OQ_0 + 1/3OQ_0 = 2/3\, OQ_0$$

所以得出结论：当两个寡头垄断厂商在上述假设条件下根据利润最大化原则不断调整产量，直到各自的产销量正好等于市场份额的 1/3 时，两家厂商均获得最大利润。

古诺模型很容易推广，如果有 n 个厂商，则每个厂商的总产量为市场总产量的 $1/(n+1)$ 时，均可获得最大利润。

三、对寡头市场的评价

寡头垄断市场的模型很多。一般情况下，寡头垄断厂商根据竞争对手的不同反应来决定自己的价格与产量，价格水平越高，产量越少，所获利润越多。因此在社会经济效率方面有不良效果，如资源浪费，消费者负担加重等。但也有有利的地方，如有利于产品的创新与改进，有利于需要大量投资、专业化水平高的产品的生产。另外，产品差别可以满足消费者的不同偏好。

本章小结

本章考察了完全竞争、垄断、垄断竞争和寡头四种市场结构下厂商的产量和价格的决定，并对四种市场结构的经济效率进行了比较，这对我国市场经济体制的建立和完善具有积极的意义。

1．通过对完全竞争厂商短期均衡和长期均衡的分析，得出完全竞争厂商利润最大化的均衡条件，在此基础上得出完全竞争厂商的短期供给曲线。同时，强调了完全竞争市场能以最低的成本进行生产，因而完全竞争市场资源配置是有效率的。

2．与完全竞争的市场相比，不完全竞争市场不能实现资源的最优配置，其中垄断配置资源的效率最低。这是因为，垄断厂商面临的需求曲线和收益线向右下方倾斜，因而，厂商利润最大化的产量不可能以最低成本进行生产。垄断意味着消费者失去讨价还价的能力，社会成本增加。对垄断者意味着超额利润，对消费者意味着超额成本，这形成了反垄断的依据。

3．垄断竞争市场和寡头市场是比较接近现实的市场结构。分析表明，垄断竞争市场是比较接近完全竞争的市场结构，寡头市场是比较接近垄断的市场结构。

思考与练习

一、重要概念

完全竞争市场　　　完全垄断市场　　　垄断竞争市场　　　寡头垄断市场
总收益　　　　　　平均收益　　　　　边际收益　　　　　停止营业点

二、单项选择题

1．厂商获得超额利润的条件是（　　）。
　A．$P=AR$　　　　　　　　　B．$AR>MR$
　C．$P>AC$　　　　　　　　　D．$P=AR=MR$
2．在完全竞争条件下市场上的价格 P 与厂商的边际收益 MR 之间的关系是（　　）。
　A．$P>MR$　　B．$P=MR$　　C．$P<MR$　　D．无关
3．垄断企业总在需求曲线上弹性（　　）的地方进行生产。
　A．大于1　　　B．大于0　　　C．小于1　　　D．小于0
4．在完全竞争市场上平均收益与边际收益一定（　　）。
　A．相等　　　　　　　　　　B．两条曲线相交

C. 前者大于后者   D. 后者大于前者

5. 完全垄断厂商在短期内（　　）。

   A. 可能亏损   B. 可能获得利润
   C. 可能只有正常利润   D. 以上都可能

6. 完全竞争市场的短期供给曲线是（　　）。

   A. 厂商的边际收益曲线
   B. 厂商平均可变成本最低点以上的边际成本曲线
   C. 厂商的边际成本曲线
   D. 厂商的平均成本曲线

7. 在一个完全竞争市场中企业实现利润最大化的必要条件是（　　）。

   A. 平均成本最低   B. 总收益最大
   C. 边际收益大于边际成本   D. 边际成本等于市场价格

8. 假如一个完全竞争厂商的收益不能弥补可变成本，为了减少损失他应该（　　）。

   A. 减少生产   B. 增加生产
   C. 提高价格   D. 停止生产

9. 一个完全竞争厂商处于短期均衡的条件是（　　）。

   A. $AVC=MC$ B. $P=MC$
   C. $P=AC$ D. $AC=MC$

10. 在完全垄断市场上厂商的需求曲线（　　）。

    A. 与厂商的边际收益曲线重合
    B. 与平行于数量轴的价格线重合
    C. 位于边际收益曲线的下方
    D. 向右下方倾斜

11. 当一个完全竞争的行业实现长期均衡时（　　）。

    A. 显成本和隐成本都得到补偿
    B. 利润等于0
    C. 行业中没有任何其他厂商的进入
    D. 以上说法都正确

12. 假如在短期内某一完全竞争厂商的收益只能弥补它的可变成本这表明该厂商（　　）。

    A. 继续生产将会出现更大的亏损   B. 停止生产没有亏损
    C. 退出生产   D. 继续生产

13. 完全竞争市场上厂商短期内继续生产的条件是（　　）。

    A. $AC=AR$ B. $AVC<AR$ 或 $AVC=AR$
    C. $AVC>AR$ 或 $AVC=AR$ D. $MC=MR$

14. 在完全竞争市场上厂商的长期均衡条件是（　　）。

    A. $AR=LMC$ B. $AR=LAC$
    C. $MR=SMC=LMC$ D. $MR=AR=LMC=LAC$

15. 在完全竞争市场上一个企业的需求曲线是（　　）。
    A．向右下方倾斜的曲线　　　　　B．向右上方倾斜的曲线
    C．一条与价格轴平行的直线　　　D．一条与价格轴垂直的直线
16. 完全垄断厂商在长期内（　　）。
    A．一定获得超额利润　　　　　　B．要求获得最大的超额利润
    C．可能获得超额利润　　　　　　D．不可能获得最大的超额利润
17. 在完全垄断市场上厂商的长期均衡条件是（　　）。
    A．MR＝LMC＝SMC　　　　　　B．MR＝AR＝LMC
    C．MR＝AR＝LMC＝SMC　　　　D．MAR＝AR＝LMC＝SMC＝LAC
18. 当一个行业由竞争演变成垄断行业时那么（　　）。
    A．垄断市场价格等于竞争市场的价格
    B．垄断市场价格小于竞争市场的价格
    C．垄断市场价格大于竞争市场的价格
    D．垄断价格具有任意性
19. 下列行业中哪一个最接近于完全竞争模式（　　）。
    A．飞机　　　　　　　　　　　　B．卷烟
    C．水稻　　　　　　　　　　　　D．汽车
20. 一个在垄断竞争市场上的企业在短期内可能获得经济利润，但长期内不能，这是由于（　　）。
    A．规模报酬递减最终会发生
    B．广告费会增加总成本
    C．政府会提高对企业的税收来实现收入的平等分配
    D．新的企业会加入到行业里来而使企业的市场份额减少
21. 在垄断竞争中（　　）。
    A．有许多厂商生产有差异的产品
    B．有许多厂商生产同质产品
    C．只有少数几个厂商生产同质产品
    D．只有少数几个厂商生产有差异的产品
22. 垄断竞争厂商实现最大利润的途径有（　　）。
    A．调节价格从而确定相应产量　　B．品质竞争
    C．广告竞争　　　　　　　　　　D．以上途径都可能采纳

三、判断题

（　　）1．在短期内，厂商的供给曲线就是平均可变成本最低点以上的边际成本曲线。
（　　）2．垄断厂商总能获得垄断利润。
（　　）3．在完全垄断市场上，一家厂商就是一个行业。
（　　）4．在完全竞争市场上，整个行业的需求曲线是一条与横轴平行的线。
（　　）5．完全竞争厂商的短期供给曲线是厂商的边际成本曲线构成的。
（　　）6．追求最大利润的垄断者不会在其需求曲线的价格弹性小于1的地方进行

生产。

（　　）7. 完全竞争厂商的短期供给曲线是由平均可变成本最低点以上的边际成本曲线构成的。

（　　）8. 停止营业点就是短期边际成本曲线与平均可变成本曲线的交点。

（　　）9. 平均收益就是单位商品的价格。

（　　）10. 边际收益等于边际成本时，厂商的利润为零。

四、计算题

1. 已知垄断企业的成本函数为 $TC=6Q+0.05Q^2$，产品需求函数为 $Q=360-20P$，求：

（1）利润最大时的销售价格、产量和利润。

（2）如果政府试图对该垄断企业采取规定产量措施使其达到完全竞争行业所能达到的产量水平，求解这个产量水平和此时的价格及垄断厂商的利润。

2. 已知某完全竞争行业中的单个厂商的短期成本函数为 $STC=0.1Q^3-2Q^2+15Q+10$。试求：

（1）当市场上产品的价格 $P=55$ 时，厂商的短期均衡产量和利润。

（2）当市场价格下降为多少时，厂商必须停产。

3. 一个完全竞争的企业有下列的总成本函数：

总产量	0	1	2	3	4	5	6	7
总成本	20	30	42	55	69	84	100	117

问：（1）企业的固定成本是多少？

（2）当市场价格为 16 单位时，企业应确定怎样的产量？

4. 一个垄断厂商的总成本函数和需求函数如下表：

价　格	产　量	总　成　本	价　格	产　量	总　成　本
8	5	20	5	8	23
7	6	21	4	9	24
6	7	22	3	10	30

问：这个垄断厂商应制定怎样的价格？

五、思考题

1. 简述利润最大化原则。

2. 为什么完全竞争厂商的需求曲线、平均收益曲线和边际收益曲线是重叠的？

3. 垄断厂商一定能保证获得超额利润吗？如果在最优产量处亏损，他在短期内还会生产吗？

4. 作图说明追求最大利润的垄断者不会在其需求曲线的价格弹性小于 1 的地方进行生产。

5. 为什么利润最大化原则 $MR=MC$ 在完全竞争市场条件下可表述为 $P=MC$？

6. "在长期均衡点，完全竞争市场中每个厂商的利润都为零。因而，当价格下降时，所有这些厂商就无法继续经营。"这句话对吗，为什么？

7. 试述垄断竞争市场结构与完全竞争市场结构的异同。

第七章 分配理论

■ 学习目标 ■
---

1. 熟悉居民收入来源的几种渠道。
2. 了解形成工资差异的原因。
3. 了解级差地租的形成。
4. 熟悉洛伦茨曲线和基尼系数的含义和运用。
5. 了解收入分配不平等的原因。
6. 理解收入分配中的平等与效率的关系。

第一节 收入分配概述

导入案例 7-1 明星收入与经济学

无论在国外还是国内,影视明星和体育明星们的收入都是天文数字。在美国,像詹妮弗·劳伦斯和勒布朗·詹姆斯这样的大牌明星年收入达几千万美元并不奇怪。在国内,名气冲天的大腕们的年收入也是天文数字。

明星们的这种高收入合理不合理,或者用经济学的语言说,明星们的天赋才能这种资源的"服务价格"公平不公平,有没有效率呢?

在市场经济中,生产要素所有者是根据他们在生产中做出的贡献来得到收入的,这就是按贡献进行分配。问题在于如何衡量各个生产要素所有者在生产中的贡献。社会的最终产品和劳务往往是许多人共同协作努力的结果,要真正衡量出个人在生产中的贡献实际上极为困难,在更多情况下甚至是不可能的。这正如我们过去讲按劳分配,实际上劳动也是无法衡量的,并不能认为按劳分配就必定合理。

要按贡献进行分配,必须有一种客观标准衡量贡献。贡献难以直接衡量,但有一个间接衡量标准,这就是生产要素的价格。某种生产要素价格高说明它在生产中做出的贡献大,生产要素的价格也与其他物品的价格一样是由其供求关系决定的。所以,在市场经济中,每种生产要素所有者所得到的收入,是由供求关系决定的该生产要素价格,以及提供的生产要素数量来决定,在市场经济中,用这种方法决定的收入分配就是合理的,而且,我们现在也找不出其他更好的方法来代替这种方法。

明星的高收入是由供求关系决定的,需求来自公众和企业。公众希望看到高水平的体育或影视表演,看勒布朗·詹姆斯打篮球,欣赏詹妮弗·劳伦斯的电影,无疑是一种极大的享受。公众作为需求者愿意为得到这种享受而出高价。企业希望这些公众影响力大的明星为它们做广告,它们愿意为明星付高价是因为由此得到的收益大于所付出的成本。

一、生产要素及其收入

分配理论是关于生产要素价格的理论。前面的各章讨论了消费商品(或称为产品)价格和数量的决定,这一部分内容通常被看成是价值理论。但是,由于讨论的范围局限于产品市场,所以它对价格决定的论述并不完全。首先,它在推导产品需求曲线时,假定消费者的收入水平为既定,但并未说明消费者的收入水平是如何决定的。其次,它在推导产品供给曲线时,假定生产要素的价格为既定,但并未说明要素价格是如何决定的。然而,消费者的收入水平在很大程度上取决于其拥有的要素的价格和使用量。为了弥补这个不足,需要研究要素市场和要素价格。由于要素的价格和使用量是决定消费者收入水平的重要因素,所以要素价格理论在西方经济学中又被看成是分配理论。

一个家庭的收入大概分为劳动收入、财产收入和转移支付收入三大类。劳动收入即工资,是居民提供了自己的劳动而获得的报酬;居民也可能因为贷出自己的闲置资金而获得利息收入,或者出租自己拥有的土地或房屋而获得租金收入,这是居民所获得的财产收入;所谓转移支付收入是指政府通过养老金、失业救济金、医疗补助金等形式,把一部分收入转移给居民而形成的居民收入的一部分。

从市场经济的表面现象看,每一种收入都是生产要素投入生产经营过程的结果。生产要素被分为劳动、资本、土地和企业家才能四类。其中,资本和土地都是财产,提供资本和土地的收入是财产收入,企业家才能也可看作资本,即人力资本。这四种生产要素共同发挥作用,创造了物品和劳务。反过来,这四种生产要素根据它们各自在生产中的贡献大小得到相应的报酬,即工资、利息、地租和利润,它们分别是劳动、资本、土地和企业家才能四种生产要素的价格。所以,生产要素价格的决定是收入分配的重要内容。此外,分配论还包括收入分配不平等的程度以及收入差异的原因等。

二、引致需求

产品市场上的需求和生产要素市场上的需求具有很不相同的性质。在产品市场上,需求来自消费者,消费者为了满足自己的吃、穿、住、行等需要,对产品的需求是所谓"直接需求"。与此不同,在生产要素市场上,需求不是来自消费者,而是来自厂商。但是厂商购买生产要素不是为了自己的直接需要,而是为了生产并出售产品以获得收益。从这个意义上来说,对生产要素的需求不是直接需求,而是"间接需求"。

进一步看,厂商购买生产要素进行生产并从中获得收益,部分的要取决于消费者对其所生产的产品的需求。如果不存在消费者对产品的需求，则厂商就无法从生产和销售产品中获得收益，从而也不会去购买生产资料，并生产产品。例如，如果没有人骑自行车，就不会有厂商对自行车生产工人的需求。从这个意义上说，厂商对生产要素的需求是从消费者对产品的"直接需求"中"派生"出来的，是"引致需求"。

另外，各种生产要素往往不是单独发生作用，而是相互依赖的。例如，许多产品只有人与机器以及原材料等相互结合起来才能进行生产。对生产要素需求的这个"共同性"特点带来一个重要后果，即对某种生产要素的需求，不仅取决于该生产要素的价格，也取决于其他生产要素的价格。但为了简便起见，我们集中分析一种生产要素的情况。

三、要素的边际收益与边际成本

生产要素价格决定的主要理论基础是美国经济学家克拉克提出的边际生产率理论。该理论认为，在其他条件不变下，一种生产要素的价格取决于该要素的边际生产率，它是指在其他条件不变的前提下，每增加一个单位某要素的投入带来的收益的增加量，用边际收益产品（Marginal Revenue Product，MRP）来表示，即

$$MRP（边际收益产品）=\Delta TR/\Delta F（单位要素）$$

MRP 也可以用要素的边际收益（MR）和边际产量（MP）的乘积来表示，即

$$MRP=MR\times MP$$

在完全竞争市场中，$P=MR$，所以，$MRP=MP\times P$

后来经济学家在克拉克的分配理论的基础上，进一步提出边际生产率只是决定要素需求的一个方面，除此之外，厂商在决定要素需求时还要考虑要素的边际成本。只有当使用要素的边际收益等于边际成本时，厂商才在要素的使用上实现利润最大化。

即要素市场的利润最大化原则为

$$MRP（边际收益产品）=MFC（边际要素成本）$$

而且，要素的价格不仅取决于厂商的需求，还取决于要素所有者的要素供给，要素的供给也是决定要素价格的一个重要方面。总之，关于要素价格的决定和商品价格的决定一样，由市场上需求和供给两种力量的对比关系决定。

第二节 工资、利息和地租的决定

导入案例 7-2 >>> 劳动所得在收入分配中的比重

历史资料：根据美国有关的统计资料推算出，在个人收入中，来源于劳动的所得始终占大头。在1929—1999年的70年间，仅工资一项在个人收入中所占的比重就已相当大：1929年占 59.4%，1939 年占 63.5%，1949 年 65.3%，1959 年占 67.4%，1969 年占 68.3%，1979

年占63.6%，1989年占56.5%，1999年占57.5%。如果按照美国的统计口径，再加上其他劳动收入（如雇主支付的社会保险金等），那么在个人收入中，劳动所得所占的比重1929年要调高0.6个百分点，达60%；1939年要调高0.9个百分点，达64.4%；1949年要调高1.4个百分点，达66.7%；1959年要调高2.6个百分点，达70%；1969年要调高3.8个百分点，达72.1%；1979年要调高6.1个百分点，达69.7%；1989年要调高7.8个百分点，达64.3%；1999年要调高6.6个百分点，达64.1%。如果再加上同期个人接受转移支付的金额，可以推算出，同期资本所得所占的比重大约在20.0%（1969年）至38.2%（1929年）之间。因此，即使按照个人收入来源的方法计算，劳动所得在收入分配中也占大头。

一、劳动与工资

工资是劳动者因提供生产要素——劳动所得到的报酬或厂商因使用劳动而支付的价格。工资水平的高低一般用单位时间的工资来衡量，如小时工资、周工资、月工资等。工资取决于劳动的需求和供给。

（一）厂商对劳动需求的原则

厂商雇用多少劳动，取决于劳动的边际收益产品和边际要素成本的比较，当劳动的边际收益产品大于边际要素成本时，厂商才会雇用工人；反之，当劳动的边际收益产品小于边际要素成本时，厂商就不会雇用工人。在完全竞争的市场中，劳动的边际收益产品等于劳动的边际产量和产品价格的乘积。

假定某厂商雇用第4个工人时劳动的边际产量为3单位，每单位产品的价格为5元，则劳动的边际收益产品为15元。由此可见，劳动的边际收益产品就是厂商增加1单位劳动所带来的总收益的增加量，即劳动的边际生产率。根据第四章第二节的学习，我们知道，生产要素的边际产量是递减的，即存在边际报酬递减规律。因此，随着厂商雇用工人的增加，劳动的边际收益产品是递减的。如假定该厂商雇用第5个工人的边际产量是2单位，则厂商的边际收益产品下降为10元。若厂商对每个工人支付12元的工资，则厂商雇用第5个工人就是不合算的。厂商为增加的工人支付的价格称为劳动的边际要素成本。厂商为了使利润最大化，一定会把劳动量使用到劳动的边际收益产品等于劳动的边际要素成本为止。劳动的边际要素成本在这里就是工资率。因此，工资率越低，劳动的需求量会越大，劳动需求量与工资率之间的这种关系也可以这样理解：在其他条件不变时工资越低，即产品中劳动成本越低，企业从生产每单位产品中得到的利润就会越多，因此，就会扩大生产，从而会多使用劳动量。这就是说，劳动的需求量会随工资率下降而增加，如图7-1所示的D_L曲线。

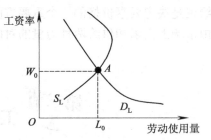

图7-1 劳动价格的决定

（二）劳动的供给和工资的决定

劳动的供给取决于多种因素。撇开其他因素不说，只说劳动供给量与工资率的关系，一般说来，工资率上升时，劳动供给量会增加。因为一方面原来的就业者可能愿意多干一些活，另一方面，本来不想工作的人在工资率上升时可能也想工作了。这样，劳动的供给曲线会呈向上倾斜的形状，但是当工资水平上升到一定程度时，劳动供给曲线可能向后弯曲。如图7-1所示，工资率上升到 A 点高度后再上升的话，劳动供给量反而减少。这是工资率提高对劳动供给的替代效应和收入效应共同作用的结果。替代效应，是指工资率越高，少劳动而多休闲所受的损失（货币收入损失）越大，即休闲的机会成本越大，这会使人们用多劳动来替代多休闲。收入效应，是指工资率越高，人们就越有条件在增加消费品购买的同时享受更多的闲暇，即工资率越高时，人们越是有条件不用拼命干活也能得到舒服的消费享受，从而会减少劳动供给。工资率提高时，两种效应同时起作用，当收入效应小于替代效应时，劳动供给随工资率上升而增加；当收入效应大于替代效应时，劳动供给随工资上升而减少。当工资率上升到 A 点高度后，收入效应大于替代效应，因而 S_L 曲线向左上方弯曲。

一家家厂商的劳动需求加总构成整个劳动市场需求，一个个工人的劳动供给加总构成整个劳动市场的供给。劳动需求曲线和供给曲线相交，形成劳动市场的均衡价格和实际就业量（如图7-1所示的 W_0 和 L_0）。

（三）工资差异的形成

劳动市场均衡价格的形成，不等于劳动者会得到一样多的工资，在现实生活中，劳动者所从事的行业、职业及所处市场环境的不同，会使工资存在很大差异。导致工资差异的因素很多，主要可以从下列三方面加以说明。

1. 劳动者的质量不同

劳动者质量的差异，即在智力、体力、受教育程度和训练等方面的差异，会导致工资率的重大差别。智力较高的人可以从事需要专门知识的高收入职业，智力较低的人员只能从事简单的低收入工作；身体强壮和协调性较强的人可以成为高收入的运动员；具有艺术天赋的人可以成为高收入的艺术家；受教育和训练的程度越高，越可能选择收入较高的职业；那些不辞劳累或敢冒风险的人收入会高，而那些厌倦工作、保守畏缩的人收入就低。

2. 非货币利益的不同

职业与职业相比，在安全、辛劳、环境、声誉等方面有时差距很大，因而心理成本不同，或称为非货币利益不同。如果不保持工作差别，不给那些心理成本高、人们不太愿意从事的职业以特殊的收入补偿，就难以保证这些部门的供求均衡。基于这一点，亚当·斯密在《国富论》中同样有清楚的论述："缝工的所得较织工少，是因为缝工的工作较为容易；织工的所得较铁匠少，是因为织工的工作清洁得多；铁匠 12h 工作所得不及煤矿工 8h 所得，是因为铁匠的工作不像煤矿工那样污秽危险。"非货币利益不同而造成的工作差别，可称为补偿性工资差别。

3. 市场不完全竞争

在现实生活中，劳动市场往往是不完全竞争的，这会造成工资上的差别，例如，人们对不同职业收入差异的信息缺乏了解，乡土观念较重或担心搬迁的费用和在新环境生活的不便；工会组织对进入条件的限制和对政府、雇主施加压力；妇女歧视和种族歧视等原因。劳动者在不同地区、不同行业之间流动受阻，这也会造成工资水平不同。由于行业垄断，人员不能在行业间自由流动，造成某些行业（如电力、金融等部门）的工资水平明显高于一般行业的工资水平。

二、资本与利息

利息是厂商在一定时期内为使用资本所支付的代价,或者说是资本所有者在一定时期内因让渡资本使用权、承担风险所索取的报酬。利息率也是由资本的供求关系决定的。

厂商对资本的需求取决于资本的边际生产力。资本的边际生产力是指在其他条件不变的情况下,厂商增加的最后1单位资本所带来的收益的增加量。如果利息率既定,厂商对资本的需求量将会决定在这样的水平上:在该水平上,资本的边际生产力亦即资本的预期利润率恰好等于利息率。例如,在市场利率为8%时,厂商借入1单位资本的预期利润率如果是10%,则表明厂商借入1单位资本即可获得2%的收益,这时增加资本投入对厂商来说是有利的。但是,由于边际报酬递减规律的作用,资本投入的增加必然会降低预期利润率。因此,当预期利润率与利息率相等时,厂商将不再增加或减少资本的投入。将所有单个厂商对资本的需求曲线(以横轴表示资本需求量,以纵轴表示资本利息率的坐标图形上的一条曲线)汇总即形成资本的市场需求曲线,这种需求曲线也是向右下方倾斜的。它表明利率下降时对资本的需求会增加,如图7-2所示的D_r曲线。

资本的供给是资本的所有者在各个不同的利率水平上愿意而且能够提供的资本数量。资本供给主要取决于让渡资本的机会成本及风险成本。一旦借出资本所获得的利息报酬可以补偿这些成本,资本供给才能成为现实。对于提供资本的人来说,利息是对于他们抑制或推迟眼前消费的一种报酬,利息率越高,这种报酬越多,人们愿意提供的资本也越多。因而资本的供给与利息率同方向变化,资本供给曲线在以纵轴表示利率,以横轴表示资本数量的坐标图上表现为一条向右上方倾斜的曲线。但资本供给曲线同样有着像劳动供给曲线类似的向左上方弯曲形状,这同样是替代效应和收入效应共同起作用的结果。在这里,替代效应是指利率提高时,把钱不用作储蓄而用作当前消费的机会成本上升,因而人们倾向于用多储蓄代替当前的多消费,因而利率上升的替代效应使资本供给增加;收入效应是指利率提高时,较少的资本供给就可以获得较多的利息收入,从而保证较高的消费,因而再不用拼命节省当前消费就可以得到未来较多的利息收入和较高的消费。这样,利率上升的收入效应倾向于使人们减少资本供给。利率变动时,替代效应和收入效应共同起作用,当替代效应大于收入效应时,利率上升使资本供给增加,从而会使资本供给曲线向右上倾斜;当替代效应小于收入效应时,利率上升会使资本供给减少,从而会使资本供给曲线向左上方倾斜。这样,当利率上升到一定高度时,资本供给曲线就会出现像劳动供给曲线那样向左上方弯曲的形状,如图7-2所示的S_r曲线。

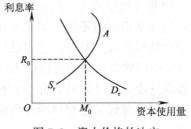

图7-2 资本价格的决定

资本需求曲线与资本供给曲线相交时,资本市场中供给就等于需求,均衡的利率就被决定(如图7-2所示的R_0)。

均衡利率的出现不等于现实生活中的利率都会处在一个水平上。当然,资本按其本性,不管投向哪一个行业,都要求得到一个正常的或平均的资金回报率,这就是市场利率水平。市场利率代表任何一笔投资的机会成本,因此,不同行业中的利率应当有趋同趋势,这种趋势是通过资金的自由流动来实现的。

三、土地与地租

经济学中的土地，不仅指地面，也指地下、空中、海洋中的一切自然资源。一般来说，它具有永久性（不可毁灭）、固定性（不可移动）、不变性（不可增减）。

地租是使用土地而支付的代价，或土地所有者凭借对土地的所有权而获得的报酬。它有两种含义：①契约地租，即土地所有者将土地出租后定期所得到的租金或实物；②纯粹地租，即租借人利用土地的所得超过成本的额外收入，这里的土地成本包括在土地上投资的利息。

（一）地租的决定

地租是由土地市场的需求与供给决定的。

土地的需求取决于土地的边际生产力。而随着社会对土地需求量的增加，人们只能使用越来越差的土地（土质和位置），因而每增加单位土地使用所增加的收益是递减的，即土地的边际生产力也是递减的，从而对土地的需求曲线如同其他生产要素的需求曲线一样，呈现为一条向右下方倾斜的曲线，如图7-3a、b中的D曲线所示。图7-3中的R表示地租率（单位土地的租金），Q表示土地使用量。

土地这一要素的自然属性具有不能移动和再生等特点。就一个国家或一个地区而言，土地的供给量是固定的，其供给曲线表现为一条垂直线，如图7-3a中的S线，不管地租怎样变化，土地供给量始终为Q_0。图中土地需求曲线D_0和供给曲线S相交于E_0，决定地租率为R_0。如果社会对土地需求增加，需求曲线从D_0移向D_1，则地租率上升到R_1，这就是说，当土地供给固定时，地租高低只决定于土地的需求，与需求同方向变化。例如，某地区若经济发展，人口增加，对土地需求增加，则该地区土地使用价格将上升，建筑在该土地上的房子租金和价格也会上升。

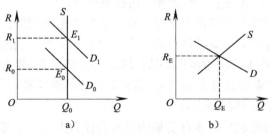

图7-3 地租的决定

上述垂直的土地供给曲线是仅就一国或一地区的全部土地而言，倘若从某行业的角度看土地供给，则土地使用量或供给量是会随着地租水平变化而变化的。例如，当土地用来建造住宅可以产生较高的收益和地租时，用于种植或其他用途的土地就会转用于建造住宅。因此，从一个行业角度看，土地供给可变，与使用土地的机会成本有关，某用途上机会成本较低，即土地用在其他用途上收益较低，该用途上土地供给量会增加，因而土地供给曲线向右上方倾斜，如图7-3b中S曲线。D与S相交，决定地租为R_E。

（二）级差地租

土地有肥瘠之分，矿藏也有贫富之别，还有地理位置、气候条件等差别，为此可把土地分为不同等级。一般说来，对土地的使用，自优至劣依次进行。产品价格必须不低于使用劣等地进行生产所消耗的平均成本,以使生产者收支平衡,否则就没有人会用劣等地。事实上,使用劣等地也要支付一定代价,否则劣等地所有者宁肯把地闲置。因此生产者成本中也要包括支付劣等地的租金。假定劣等地产品价格等于平均成本,使用者没有剩余,这种土地可称"边际土地"。相比"边际土地",那些肥沃程度高、地理位置好的土地产品,其成本消耗会低于劣等地产品平均成本,当其产品按市场价格出卖时,经营优等地的生产者可获得一个超额收益,这一超额收益会因为经营者争相租用优等地而落到土地所有者手中,成为级差地租。

(三) 准租金和经济租金

准租金是指短期内固定不变的资源或生产要素所获得的收益。

准租金可以由图 7-4 所示的厂商短期成本曲线加以说明。图中,AC、AVC 及 MC 分别表示厂商的短期平均成本、平均可变成本和边际成本。假定产品价格为 P_0,则厂商在边际成本曲线 MC 与价格线的交点 E 上选择生产产量 Q_0。这时,厂商的总收益为矩形 OP_0EQ_0 的面积。对应于这一产量,厂商的可变成本为长方形 $OP'GQ_0$ 的面积。从而相对于可变成本而言,总收益与可变成本的差额就是"利润",它相当于参与经济活动的不变要素投入所得到的报酬。因此,长方形 P_0EGP' 的面积表示厂商所使用的不变要素的准租金。

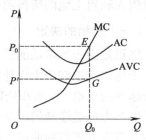

图 7-4 准租金

经济租金是指由于需求的增加,生产要素的供给者获得的超过他所愿意接受的要素收入,因为这种收入同地租相似,是由需求决定的,故被称为经济租金。在长期中,一切要素都是自由流动的。因此,要想使这些生产要素继续留在该行业,厂

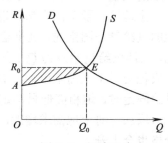

图 7-5 经济租金

商付给它们的报酬必须超过它们转移到其他行业所获得的最大报酬,即机会成本,这个超过部分称为经济租金。经济租金类似于消费者剩余,也称为生产者剩余,见图 7-5。图中要素供给曲线 S 以上、要素价格 R_0 以下的阴影区域 AR_0E 为经济租金,要素的全部收入为 OR_0EQ_0。但按照要素供给曲线,要素所有者为提供 Q_0 所愿意接受的最低要素收入却是 $OAEQ_0$。因此,阴影部分 AR_0E 是要素的"超额"收益。

经济租金概念可以解释歌星、体育明星的收入为什么大大高于普通人的收入,他们收入中的很大部分就是经济租金。

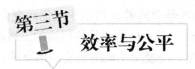

第三节 效率与公平

导入案例 7-3 >>> 中国的基尼系数

近年来,中国的基尼系数总体上呈下降趋势,2012 年到 2015 年,中国居民收入的基尼系数为 0.474、0.473、0.469、0.462。2016 年是 0.465,比 2015 年提高了 0.003,但是它并没

有改变中国基尼系数总体下降的趋势。

国家统计局有关人士称,中国城乡居民收入的相对差距正在缩小,城乡收入倍差从2015年的2.73下降到2016年的2.72。

但是2016年基尼系数为何又有所扩大?根据调查,主要是城市一部分低收入者养老金的收入增速略有放缓,农村一部分只靠粮食生产收入为主的农民,由于粮价的下跌,收入略有减少。总的趋势没有改变,而且政府加大脱贫扶贫攻坚的力度,加快城乡一体化的步伐,居民收入差距会保持逐步缩小的趋势。

按照国际惯例,基尼系数在0.2以下,表示居民之间收入分配"高度平均",0.2~0.3之间表示"相对平均",在0.3~0.4之间为"比较合理",同时,国际上通常把0.4作为收入分配贫富差距的"警戒线",认为0.4~0.6为"差距偏大",0.6以上为"高度不平均"。

一、洛伦茨曲线和基尼系数

要素所有者或供给者根据它们在生产中的贡献(边际生产率)得到各自相应的报酬。从这个角度来说,收入分配是公平和平等的。然而,事实上人们持有要素的数量和质量存在着差异,因此,导致收入分配不均等甚至差距很大。例如,在美国,按照2000年的统计,最富有的1%人口控制了美国39%的社会财富,93%的财富掌握在20%的高收入阶层的手中。那么,一个国家的收入分配状况如何?怎样判断社会收入分配的均等程度?美国统计学家洛伦茨提出的洛伦茨曲线为判断社会分配均等程度提供了一个较直观的鉴定方法。

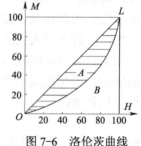

图7-6 洛伦茨曲线

洛伦茨曲线是衡量一个经济社会收入分配和财产分配平等程度的方法。它是根据大量的统计资料,通过对经济社会各阶层人的收入占国民收入的份额进行测定而得出的。若以横坐标表示人口累计百分比,纵坐标为收入累计百分比,以美国1982年家庭的收入数据为例,按收入从低到高把人口分成五个等级,每一等级人口占总人口的20%,然后,计算每个20%人口的收入占全部收入的比例,就得到美国1982年收入分配的洛伦茨曲线,如图7-6所示。

表7-1 1982年美国收入分配状况

人口等级	每级占人口比例(%)	每级占年收入的比例(%)	人口累计比例(%)	收入累计比例(%)
1	20	4.7	20	4.7
2	20	11.2	40	15.9
3	20	17.1	60	33
4	20	24.3	80	57.3
5	20	42.7	100	100

表7-1和图7-6表明,收入最低的20%的家庭仅得到全部收入的4.7%,而最高收入的20%的家庭却得到全部收入的42.7%。若收入分配完全平等时,人口累计百分比等于收入累计百分比,即图中直线OL(45°线);若收入分配完全不平等时,全部收入为最后1%的人

得到，即图中折线 OHL；实际的洛伦兹曲线位于完全平等和完全不平等之间，它和对角线之间的面积 A 表明了它和绝对平等之间的差距；它与完全不平等之间的面积 B 表明了它与不完全平等之间的差距。

基尼系数是 20 世纪初意大利经济学家根据洛伦茨曲线计算出来的反映收入分配平等程度的指标。基尼系数的计算公式是

$$g = \frac{A}{A+B}$$

显然，$0<g<1$。

当基尼系数为 0 时，收入分配完全或绝对平均；当基尼系数为 1 时，收入分配完全或绝对不平均。在 0 和 1 之间，其值越小，收入分配越平均；其值越大，收入分配越不平均。

二、效率与公平

除了效率之外，公平也常常是一个社会所追求的目标。为了明确起见，我们可以把效率理解为资源的更加优化的配置，公平理解为收入的更加平等的分配。

效率与公平之间存在着矛盾，这一矛盾被称为效率与公平的交替。效率与公平的矛盾或交替关系的存在，是由市场经济运行机制本身决定的。资源的有效配置是市场经济的基本功能，按要素的贡献分配则是效率的保障。然而，由于人们持有要素的数量和质量存在差异，人们的收入必然存在差异。如果取消这种差异实现收入均等化，就会伤害人们工作的积极性。由此可见，在市场经济下，取消收入分配的差异不仅是不现实的，也是不可能的。然而，公平是人们天赋的权利，人人平等是社会追求的目标，也是市场经济存在的基础。如果社会财富或收入分配差距过大，会影响劳动力的再生产，影响劳动者受教育和培训的机会，甚至造成社会动荡，危及正常的市场经济秩序。经济学认为，效率与公平难以兼得，但要兼顾。

首先，从总体上说，应坚持效率优先兼顾公平的原则。在历史上，只有当效率提高到产生剩余产品时，社会才会产生分配公平等问题。在效率低下，根本没有剩余产品的情况下谈论收入分配的公平是没有任何意义的。而且，收入分配的公平也只有在效率提高的过程中才会逐步实现。

其次，要善于抓住效率与公平这对矛盾的主要方面来协调两者的关系。效率与公平在经济发展的不同阶段会交替成为矛盾的主要方面，当公平问题显得更重要时，要多强调公平，当效率问题更重要时，要更重视效率。例如，我国在改革开放后，强调拉开收入分配差距，"让一部分人先富起来"，以增进效率，这是我们取得改革开放巨大成绩的主要原因。而在收入分配差距超过基尼系数的警戒线时，及时调整政策，避免收入差距过大就成为要解决的主要问题。

最后，寻找效率与公平交替的有效途径，以降低效率与公平的替代成本。例如，加强对低收入劳动者的教育与培训，既可以提高这些劳动者的生产效率，又可以改善整个社会的收入分配；扩大社会资源的流动性既可以为人们提供"机会均等"的环境，又能鼓励人们积极上进，提高效率；此外，适时调整社会福利措施和税收制度也是兼顾效率与公平的主要途径。

本章小结

1. 生产要素价格的决定是收入分配的重要部分。在市场经济中，生产要素的价格由要素的需求和供给决定。

2. 生产要素分为劳动、资本、土地和企业家才能。相应的居民的收入分为工资、利息、地租和利润，一个家庭的收入就是由这些收入和转移支付收入组成的。

3. 厂商对劳动的需求取决于劳动的边际收益产品，而劳动的供给由于替代效应和收入效应的作用向后弯曲。供求相互作用达到均衡，决定工资水平。但是，由于劳动质量不同、货币利益不同及市场不完全竞争，工资会出现差异。同样，市场利率也由资本的需求和供给决定。地租由土地的供给和需求决定，但土质和地理位置的差异又使地租存在差别。

4. 洛伦茨曲线和基尼系数是衡量收入分配平等程度的工具。收入分配不平等的原因来自人们拥有的劳动和财富的数量和质量的差别。

5. 效率与公平是微观经济政策的两大目标，但这两个目标存在交替性矛盾，因此，在微观经济政策中，力求使两者兼顾。

思考与练习

一、重要概念

收入分配　　要素的边际生产率　　边际要素成本　　洛伦茨曲线
基尼系数　　经济地租　　准租金

二、单项选择题

1. 已知生产要素的组合是 10A、30B、20C，产量是 200。如果生产要素的组合变成 10A、31B、20C，产量增加到 203。由此可见（　　）。

　　A．要素 A 的边际物质产品等于 3　　B．要素 B 的边际物质产品等于 3

　　C．要素 C 的边际物质产品等于 3　　D．以上均不正确

2. 工资率的上升所导致的替代效应是指（　　）。

　　A．工作同样长的时间可以得到更多的收入

　　B．工作较短的时间也可以得到同样的收入

　　C．工人宁愿工作更长的时间，用收入带来的享受替代闲暇带来的享受

　　D．以上均对

3. 某工人在工资率为每小时 2 美元的时候每周挣 80 美元，每小时 3 美元的时候每周挣 105 美元，由此可以断定（　　）。

　　A．收入效应起着主要作用

　　B．替代效应起着主要作用

　　C．收入效应和替代效应都没有发生作用

　　D．无法确定

4. 如果政府大力提倡用先进的机器来替代劳动，这将导致（　　）。
   A．劳动的供给曲线向右移动　　B．劳动的需求曲线向右移动
   C．劳动的供给曲线向左移动　　D．劳动的需求曲线向左移动
5. 如果收入是完全平等分配的，基尼系数将等于（　　）。
   A．1.0　　　B．0.5　　　C．0.25　　　D．0
6. 准租金与厂商的总利润相比（　　）。
   A．相等　　　B．前者大　　　C．后者大　　　D．均有可能
7. 下面哪一种情况有可能带来经济利润？（　　）
   A．商品的供给量很大　　B．商品的需求量很小
   C．厂商有效地控制了商品的供给　　D．以上均对
8. 假设某演员的年薪为10万元，但若她从事其他职业，最多只能得到3万元，那么该演员所获的经济地租为（　　）。
   A．10万元　　B．7万元　　C．3万元　　D．不可确知
9. 设有甲、乙两类工人，甲类工人要求的工资率为2 500元/月，乙类工人要求的工资率为2 000元/月。某厂商为了实现最大利润，必须雇佣所有甲、乙两类的工人，并支付每个工人2 500元/月的工资。由此可知，甲、乙两类工人得到的月经济租金（　　）。
   A．分别为2 500元、2 000元　　B．均为2 500元
   C．均为500元　　D．分别为0元、500元
10. 使地租不断上升的原因是（　　）。
    A．土地的供给与需求共同增加
    B．土地的供给不断减少，而需求不变
    C．土地的需求日益增加，而供给不变
    D．土地的需求和供给共同减少

三、判断题

（　）1．在一个竞争性的劳动市场上，如果最低工资高于均衡工资，必然引起失业。

（　）2．如果一个垄断厂商在完全竞争的劳动市场上同时雇用了熟练劳动力和非熟练劳动力，那么厂商支付给他们的工资将与他们的边际生产力成比例。

（　）3．一个竞争性的厂商，在其最后雇用的那个工人所创造的价值大于其雇用的全部工人的平均产值时，他必定没有实现最大的利润。

（　）4．工资上升，劳动供给量总是增加的。

（　）5．假定一个厂商同时在产品市场和劳动市场上都具有垄断力量，那么他所支付的工资率只有在等于劳动的边际收益产品时，他才能获得最大利润。

（　）6．某项政策实施前，基尼系数为0.68，该政策实施后，基尼系数为0.72，则该政策实施的目的有助于分配平均化。

（　）7．土地供给量随着地租增加而增加，因而土地供给曲线是一条向右上方倾斜的曲线。

（　）8．在市场经济中，收入分配不平等具有一定的必然性。

（　）9．洛伦茨曲线的位置可以说明收入分配的不平等程度。

( ) 10. 如果男女工人有相同的生产力，那么不会有厂商以不同的工资率雇佣他们，因为以低工资工人取代高工资工人总是有利可图的。

四、计算题

1. 假定对劳动的市场需求曲线为 $D_L=-10W+1\,500$，劳动的供给曲线为 $S_L=20W$，其中 S_L、D_L 分别为劳动市场供给，需求的人数，W 为每日工资。问：

（1）在这一市场中，劳动与工资的均衡水平为多少？

（2）假如政府希望把均衡工资提高到 60 元/日，其方法是将钱直接补贴给企业，然后由企业给工人提高工资。为使职工平均工资由原来工资提高到 60 元/日，政府需补贴给企业多少？新的就业水平是多少？企业付给职工的总补贴将是多少？

（3）假如政府不直接补贴给企业，而是宣布法定最低工资为 60 元/日，则在这个工资水平下将需求多少劳动？失业人数是多少？

2. 设要素市场是完全竞争的，某生产要素的市场供给函数为 $L_s=50P_L-400$，若厂商对该种要素的需求函数为 $L_d=1\,200-30P_L$，则求：

（1）厂商的要素供给函数；

（2）厂商的边际要素成本函数。

3. 光明机械厂生产某种汽车配件，假设其产品单价为 25 元，其月产量为 600 个配件。每个配件消耗材料，人工费共计 16 元，其每月的固定成本为 3 100 元。求：

（1）该厂的准租金和经济利润各为多少？

（2）若其扩大产量，每月生产 1 000 个配件，产品的单价降为 21 元，则其举动对该厂的准租金和利润的影响有多少？

五、思考题

1. 试述生产要素需求的特点。
2. 试述厂商的生产要素使用原则。
3. 劳动的供给曲线为什么向后弯曲？
4. 家庭收入可以归结为哪几类？造成工资差别的主要原因是什么？
5. 级差地租是怎样形成的？
6. 如何看待公平与效率的关系？

第八章 市场失灵与微观经济政策

● 学习目标 ●
---

1. 了解垄断产生的原因。
2. 了解政府应对垄断的微观经济政策。
3. 了解公共物品的特点。
4. 掌握外部效应的含义。
5. 熟悉外部效应对资源配置的影响

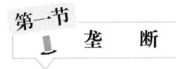

第一节 垄 断

导入案例 8-1 >>> 美国政府对微软垄断的干预

美国联邦法官 2002 年 4 月 3 日宣判微软违反反垄断法罪名成立，此后关于微软命运的猜测一直是业界的热门话题之一。美国司法部和 17 个州政府 4 月 28 日正式向法庭要求，将微软一分为二。这是美国政府 1982 年通过法律程序成功分拆电话公司 AT&T（被判要求在 1984 年退出市话市场）以来，对涉嫌垄断的公司争取实行的最严厉惩罚。在处罚建议方案中，控方建议把微软分拆成两家公司，一家经营操作系统（包括视窗 95、视窗 98、视窗 2000、视窗 NT 等产品），另一家则经营微软的应用软件业务（包括微软办公室、Outlook Express、Frontpage、微软网络浏览器等产品），他们还同时要求禁止这两家公司在 10 年内进行合并。美国司法部之所以要拆分微软，目的是要打破微软在电脑软件方面的垄断坚冰。

我国明确垄断行业价格监管

我国关于加强垄断行业价格监管的规定明确：到 2020 年，对网络型自然垄断环节和重要公用事业、公益性服务行业的定价办法、成本监审办法基本实现全覆盖。主要包括输配电、天然气管道运输、铁路运输等基础性行业以及居民供水供气供热等公用事业。根据国际惯例，政府对这些行业的价格进行有效监管。

现代西方经济学认为，在竞争性市场经济中，需求、供给两种力量的对比决定了市场的均衡价格，而均衡价格又影响着供求的变化，从而实现社会资源的有效配置。但是在许多行业内，有些企业所占的市场份额很大，以至于它的产量决策将会影响市场价格的决定。这时企业作为一个价格制订者，可以通过改变自己的产量来影响市场价格，即存在垄断的条件下，市场调节机制将会失灵。

一、垄断效率分析

垄断尽管往往会带来规模经济，降低产品成本，促进科学研究和采用新技术，从而有助于生产力的发展，但同时又能产生以下四个问题：

（1）产量受到限制。垄断厂商可以通过限制产量来抬高商品的价格。我们知道，在完全竞争的情况下，AR 等于 MR 并且同为水平线。在均衡的条件下，AC 曲线与 AR（MR）曲线相切于 AC 曲线的最低点，形成均衡产量，即竞争企业在 $P=MC$ 处生产，均衡价格和产量就是社会资源在最优分配后得到的价格和产量。在垄断的情况下，AR 曲线和 MR 曲线为自左向右下方倾斜的曲线，并且 AR 曲线位于 MR 曲线的上方。在均衡的条件下，MR 曲线与 MC 曲线相交，均衡产量下降。即垄断企业在 $P>MC$ 处生产，限制了产量，提高了价格。

（2）资源面临浪费。从整个社会看，同完全竞争比较，垄断企业采用的设备规模小于最优规模，这样的设备规模提供的产量的 AC 大于该设备的 AC_{min}。这意味着生产资源未能得到最有效率的利用，因而垄断厂商在长期均衡时也会出现过剩的生产能力，这对于社会资源利用来说，造成了浪费。

（3）管理出现松懈。在现实中，由于处于垄断地位的行业缺乏尽可能降低成本的动力，缺乏参与竞争的压力，从而出现了管理上的低效率，这种低效率称为管理松懈。

（4）出现寻租行为。垄断厂商可能会将他们享有的额外利润花费在一些非生产性的活动上。当垄断厂商把资源用于为获得或维持其垄断地位或阻止竞争者进入市场时，社会将受到损失。垄断厂商所获得的利润被称为垄断租金，那些通过在某一行业获得垄断地位或维持垄断地位来获得和保持现存垄断租金的行为称为寻租。

总之，由于存在垄断，降低了竞争所带来的效率，垄断厂商可以通过产量控制商品的价格，使价格不能真正反映市场供求的情况并随之而变化，市场价格自动调节机制失灵。

二、反垄断政策与反垄断法

为了矫正垄断造成的市场失灵，政府可以采取反垄断政策。针对不同形式的垄断，政府可以分别或同时采取行业的重新组合和处罚等手段，而这些手段往往是依据反垄断法而制定的。

1. 行业的重新组合

如果一个垄断的行业被重新组合成包含许多厂商的行业，那么厂商之间的竞争就可以把市场价格降下来。被重新组合的行业竞争程度越高，市场价格就越接近竞争性价格。政府采取的手段可以是分解原有的垄断厂商或扫除进入垄断行业的障碍并为进入厂商提供优惠条件。

如果一个行业的垄断是通过行业中的厂商兼并或者一家厂商依靠较大的规模设置进入障碍而形成的，那么就可以依靠政府的力量把行业中的垄断厂商分解成几个或多个较小的厂商。例如，在 1983 年以前，美国电话电报公司是一家具有垄断力量的厂商，它在全国范围内提供95%以上的长途电话服务和85%的地方电话服务，并出售大部分的电信设备。为了加强这一部门的竞争，美国政府迫使美国电报电话公司将地方电报电话公司卖掉，使其规模减少了80%，从而降低了电信市场的垄断程度，增强了竞争。通过行业的重新组合，各地方电话公司可以自由地选购电信设备，消费者也可以更加自由地在不同的电话公司之间进行选择。

一般说来，对垄断行业的重新组合并不能马上形成完全竞争的市场结构，即使大厂商被分解后形成的小厂商具有一定程度的市场支配力，但重要的是把竞争因素引入垄断行业。作为配合措施，为了让新加入一个垄断行业经营的厂商有能力与原有的厂商竞争，政府往往对新厂商给予一定的优惠。例如，给予新厂商一定的税收减免。

2．对垄断行为的制止

在现实经济生活中，防止垄断的产生更为重要。如果一个行业不存在进入障碍，那么一般说来垄断厂商不会在长期内获得超额利润。为了防止垄断行为的出现，政府可以利用各种处罚手段加以制止。制止垄断行为可以借助行政命令、经济处罚或法律制裁等手段。

对垄断行为的制止重点在于清除进入障碍，鼓励更多的厂商参与竞争。一家垄断厂商为了长期保持垄断利润，总试图设置进入障碍。例如，美国微软（Microsoft）公司曾经利用其垄断的地位，在与购买者签订的有关用户在PC机上安装操作系统（MS-DOS）和视窗（Windows）的合同中，迫使用户按每个微机处理器支付最低特许费用，并要求用户在3～5年内承诺排斥其他的系统软件进入市场或利用微软的专有技术为其他竞争性系统软件做工作。利用这些手段，美国微软公司从20世纪80年代中期之后一直维持着计算机操作系统市场的垄断地位，市场份额始终保持在70%以上。为了加强竞争，减少计算机操作系统市场的进入障碍，促进操作系统及相关应用软件的发展和创新，美国政府有关部门于1994年7月迫使微软公司做出让步，在1年以后不再要求每个微机处理器均必须获得微软的许可证，即使使用微软公司产品的处理器的许可证期限也只能是1年或2年。同时降低获得许可证的最低条件，并且保证不要求PC机制造商把购买微软公司的其他产品作为获得操作系统许可证的一项条件。

对不执行反垄断规定的厂商或个人，政府可以对其实行经济制裁，包括对垄断行为受害者支付赔偿金和罚金，对情节严重者还可以移交司法部门惩处，而具体的处罚则由各种法规做出详细规定。例如，美国地方法院曾于1981年8月对克利夫兰的三家食品店垄断行为做出裁决，指控斯托帕、费希尔和皮克食品店非法勾结，制定垄断价格，判处违法厂商向消费者支付2 000万美元的损失补偿金，并缓期支付200万美元的罚金。法院规定，违法厂商必须向消费者发放2 000万美元的购物券，允许受损失的消费者于5年内在规定的商店内使用这些购物券，到期未使用的部分捐献给慈善机构。

3．反垄断法

反垄断法又称反托拉斯法，是政府反对垄断企业及垄断行为的重要法律手段，也是规范市场经济中各个经济主体行为的根本大法，因此也被称为经济宪法。

在许多发达的西方市场经济国家都在不同程度上制定了反垄断法，特别是美国，经过一系列的修正之后，基本上形成了一个完整的反托拉斯的法律体系。在19世纪末，面对日益增加的垄断企业和垄断行为，美国国会于1890年通过了谢尔曼法，规定以托拉斯或其他形式出现的、旨在限制州际或对外贸易或商业贸易的合同、兼并或勾结为非法行为。违反该法的个人或组织，将受到民事或刑事的制裁。每一个将要垄断、企图垄断或者与他人联合或勾结起来垄断了州际或国际贸易或商业往来的人都被认为是犯罪。因而，根据法庭裁决，犯有上述罪行的人将被处以 5 000 美元以下的罚款或一年以下的监禁，或被同时给予以上两种处罚。

谢尔曼法尽管对垄断的非法性做出了一系列规定，但并不禁止所有限制自由贸易的行为，只禁止那些看来不合理的行为，并且该法对不合理垄断行为的界定并不明确。针对谢尔曼法表现出来的漏洞和不足，美国国会于 1914 年通过克莱顿法，对于违法的垄断行为给予了具体的规定：严格禁止附带购买其他商品的合同；严格禁止旨在垄断的相互连锁担任董事或购买竞争者股票的行为；严格禁止采取价格歧视。克莱顿法既强调事前的预防，又强调事后的惩罚。同年通过的联邦贸易委员会法，规定建立联邦贸易委员会，负责调查采取不正当竞争和兼并的厂商行为，并有权做出停止营业的命令。

三、微观经济政策的调节

对于垄断所采取的另一种可供选择的矫正手段是政府对垄断行业实行管制。管制的措施主要包括价格控制或者价格和产量的双重控制、税收或补贴，以及国家直接经营。下面主要说明政府的价格以及价格和数量管制。

1．价格管制

如图 8-1 所示，对于一个垄断厂商而言，在不受管制的条件下，它根据既定的需求曲线确定边际收益曲线，并依照 MR=MC 的原则确定利润最大化的产量 Q_1。对于 Q_1，厂商会把市场价格确定在需求曲线 D 上的点 E_1 相应的高度 P_1。

假定政府对垄断行业只实行价格管制，即只规定一个低于垄断市场价格的管制价格或最高限价，如图 8-1 中的 P_2。对应价格 P_2，市场需求量为市场需求曲线 D 上的点 E_2 所对应的数量 Q_2。这时，垄断厂商的边际收益不再是图中 MR 表示的边际收益曲线，而是由价格 P_2 所限定。根据

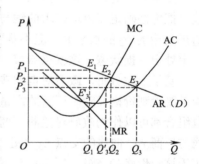

图 8-1 对垄断厂商的价格管制

MR=MC 的利润最大化条件，垄断厂商所选择的供给量只能是 P_2 所对应的 MC 曲线所决定的数量，如图中的 Q_2。对应价格 P_2 和产量 Q_2，垄断厂商会获得一定数量的超额利润，但这一利润额低于垄断厂商自主定价时决定的超额利润。

假如政府试图进一步消除垄断厂商的超额利润而把最高限价确定在 P_2 以下，如图中的 P_3。如果说政府这一价格管制的目的是为了消除厂商的超额利润，也是为了把厂商的产量确定在 AC 曲线的最低点，那么从厂商的角度来看，在这一管制价格下，垄断厂商会把产量确定在 MC 等于管制价格之点，即 MC=P_3 时的 E'_3 点对应的产量 Q'_3。但是，这一管制价格并不理想，原因是对应于管制价格 P_3，消费者会在需求曲线上 E_3 点确定需求量，如图中的 Q_3。但这一需求量 Q_3 大于厂商的最优供给量 Q'_3。结果，消费者的需求得不到满足，从而极有可能出现黑市交易，市场价格要比 P_3 更高。

以上的分析说明，政府规定低于厂商自主定价的最高限价，一个适当的选择是按市场需求等于厂商边际成本的原则决定管制价格。

2．对自然垄断行业的管制

为了进一步削减垄断厂商的超额利润，政府还可以对价格和产量实行同时控制，既规定

厂商索要的产品价格又确定厂商的产量。

对垄断厂商进行价格和数量管制的另外一个原因是垄断行业中存在着自然垄断。这类行业通常需要大型的资本设备和大量的固定要素。例如，城市自来水公司、公用电话局等行业大都具有这种特性。

在自然垄断行业中，任何低于市场需求量的产量所需要的生产成本都较高。这就意味着试图通过竞争来消除垄断是不现实的，由于生产规模小于现有厂商，进入该行业的厂商不可能与原有厂商进行竞争。此外，如果进行竞争，就会花费更大的固定投入量，从而使得生产能力过剩。例如，自来水公司之间的竞争极有可能出现多条输水管线。因此，在自然垄断行业中，过度的竞争对资源也会造成一种浪费。

对自然垄断行业并不能采取上面提到的价格管制，如图 8-2 所示，当市场需求得到全部满足时，厂商的 AC 仍处于递减状况。垄断厂商根据利润最大化的原则把产量确定在 Q_1，并对应于 Q_1 在市场需求曲线 D 上的 E_1 点索要价格 P_1。这时，尽管存在着规模经济，但消费者并没有得到太多的好处。

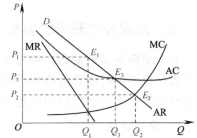

图8-2　自然垄断及其价格与产量管制

如果对厂商进行价格控制，那么按上一小节的分析，政府把价格确定在市场需求曲线与厂商 MC 曲线的交点 E_2 所对应的 P_2 的水平上。但不难看出，对应于价格 P_2，垄断厂商生产 AR=MC 的产量 Q_2，一定处于亏损状态。这就意味着，该价格将最终把垄断厂商逐出该行业的经营。

基于上述分析，政府对自然垄断行业的管制不能只是价格管制。可供选择的管制政策措施是既管制价格又管制厂商的产量。从理论上来说，在市场需求曲线上的任何一个价格与产量组合都可以作为政府对垄断厂商的管制。但在实践中，政府往往采取把价格确定在需求曲线与厂商 AC 曲线的交点 E_3 之处，即按平均成本定价，如图 8-2 中的价格 P_3 和产量 Q_3。对应于这一价格和产量，厂商只获得正常利润。

需要说明，之所以要对厂商施加产量限制，是因为在这一价格下，如果允许厂商自主决策，它会按照 P=MC 的原则决定产量，从而使得产量并不等于市场需求量。

此外，以上说明的价格和产量管制选择，不仅适用于自然垄断，也适用于一般垄断行业。

3．对垄断行业的其他管制措施

在实践中，政府管制所遵循的原则是"对公道的价值给予一个公道的报酬"。为了实现这一原则，政府往往还采取补贴或税收手段。如果垄断厂商因为政府的价格管制或价格和数量管制而蒙受损失，政府给予适当的补贴，以便垄断厂商获得正常利润。如果在政府管制以后，厂商仍可以获得超额利润，那么政府就应征收一定的特殊税收，以利于收入的公平分配。例如，政府把管制价格确定在图 8-1 中 P_3 的水平上，但不规定生产的最低数量，那么厂商会提供生产数量 Q'_3，这时，市场供给量小于需求量 Q_3。为了防止出现黑市，政府可以征收一定量的销售税，使得市场价格（管制价格+销售税）所决定的市场需求等于 Q'_3。同样，如果政府把管制价格确定在 P_2 的水平上，那么垄断厂商会获得一定的超额利润，这时政府可以征收一定量的收入所得税，以减少垄断利润。对自然垄断厂商而言，如果政府把管制价格限定在 P_2，而把最低产量限定在 Q_2，那么厂商会处于亏损，这时政府应给予一定的补贴，以保证厂商至少获得正常利润（如图 8-2 所示）。

对于垄断行业，政府也可以采取直接经营的方式来解决由于垄断所造成的市场失灵。由于政府经营的目的不在于利润最大化，所以可以按照边际成本或者平均成本决定价格，以便部分地解决由于垄断所产生的产量低和价格高的低效率问题。例如，英国和日本都曾经对铁路部门实行国有化管理，由国家直接经营。

第二节 公共物品

导入案例 8-2　　人类最紧迫的需求是公共物品

1998 年诺贝尔经济学奖获得者阿玛蒂亚·森说，人类的各种灾难和危险处境，应该是我们辨识自己"需求"的根据。这一认识的确很有道理。如非洲的疫情让人类付出了沉重的代价，也给了我们很多警示，其中重要的警示之一，就是它让我们清楚地意识到人类最紧迫的需求，是对公共物品的需求。在经济全球化形势下，随着资本、劳动力等在全球的自由流动，疾病也在全球自由蔓延，这样，提供全球性公共物品以抵抗危机就显得非常重要和必要。

"一带一路"向世界提供公共产品

"一带一路"倡议提出以后，取得了超凡的成果。实践证明，"一带一路"倡议能够向世界提供互联互通、共同发展、全球治理等物质和理念上的公共产品。"一带一路"倡议能够向世界提供公共产品不是口号，而是在扎实工作基础上的真实存在。

自 2013 年提出至今，"一带一路"倡议已在国际上取得广泛共识。2016 年 11 月 17 日，"一带一路"倡议首次写入第 71 届联合国大会决议。2017 年 3 月 17 日，联合国安理会通过第 2344 号决议，首次载入"构建人类命运共同体"理念，呼吁通过"一带一路"建设等加强区域经济合作。"一带一路"建设以点带线、由线带面，扎实推进，取得了丰硕成果。实践证明，"一带一路"倡议作为复杂的系统工程，不仅可以为世界提供设施联通、资金融通、贸易畅通等器物层面的硬贡献，还可提供理念和制度等非器物层面的软贡献。"一带一路"倡议能够向世界提供公共产品不是口号，而是在扎实工作基础上的真实存在。

一、公共物品的特性

所谓公共物品，是指这样一种产品，即每个人对它的消费并不减少任何其他人也消费这一产品的机会。例如，国防、警察、消防、公共道路和公共卫生等。公共物品既可以是有形的产品，也可以是无形的制度、措施等。

与私人物品是供个人单独消费的物品（包括商品和劳务）不同，公共物品是供集体共同消费的物品。因而公共物品具有两个密切相关的特征使其有别于私人物品，这两个特征是非排他性或非竞争性。因此具有非排他性或非竞争性的商品被称为公共物品，其中又称那些具有非排他性的商品为纯公共物品。

1．公共物品的非排他性

排他性是指某个消费者在购买并得到一种商品的消费权之后，就可以把其他的消费者排斥在获得该商品的利益之外。私人物品具有排他性。例如，一块巧克力，甲消费了这块巧克力，他人就不能再消费这块巧克力了。与私人物品不同，大部分公共物品不具有排他性。例如，国防使我们免受外敌的侵略，很显然，我们都享受国防提供的保护，并没有因为我享受保护而使得你得到的保护减少，即每个人对国防的消费并不减少任何其他人消费这一产品的机会。警察的服务、洁净的空气等也具有类似的特性。

公共物品的非排他性使得通过市场交换获得公共物品的消费权力的机制出现失灵。对于追求最大利润的私人厂商而言，生产者必须能把那些不付钱的人排斥在消费商品之外，否则，他就很难弥补生产成本。对于一个消费者而言，市场上的购买行为显示了他对于商品的偏好。同需要衣服、食品一样，消费者需要诸如国防、洁净的空气之类的公共物品，需要安全的社会环境，但是并没有一个恰当的机制使得他们对于这些物品的偏好显示出来。由于公共物品的非排他性，公共物品一旦被生产出来，每一个消费者可以不支付就获得消费的权力。这就是说，在消费公共物品时，每一个消费者都可以做一个"免费乘车者"或者"逃票人"。这意味着，生产公共物品的厂商很有可能得不到抵补生产成本的收益，长期来看，这些厂商不会继续提供这种物品。可见，公共物品很难由市场得到供给，至少是供给不足。

2．公共物品的非竞争性

公共物品经常具有的另一个特性是非竞争性。竞争性是指消费者或消费数量的增加引起的商品生产成本的增加。私人物品大都具有竞争性。例如，甲多吃一块巧克力，生产者就必须多生产一块，而多生产的这一块巧克力需要花费厂商一定数量的成本，从而减少用于其他商品的资源，也就是说对其他产品的生产形成竞争。但是，大多数公共物品却不具有消费的竞争性。例如，广播、电视、公路、桥梁等是提供集体服务的物品，它们共有的特点是，消费者人数的增加并不对生产成本产生影响。例如，增加一些人听广播、看电视并不会影响电台的发射成本。一些汽车通过一座桥梁，只要不是拥挤，那么它们就是非竞争性的，因为每一辆车对桥造成的折旧很小，以至于桥梁为每辆车所提供服务的边际成本几乎为零。

公共物品的非竞争性特性说明，尽管有些公共物品的排他性可以很容易就能实现，如在桥头设立收费站。但是，这样做并不一定是有效率的。依照效率条件，厂商的定价原则应该是 $P=MC$。如果桥梁由私人部门提供，它们会索要等于边际成本的费用，既然每辆车花费厂商的边际成本等于零，那么厂商的价格也应该等于零，结果私人不可能供给这些产品。

由于公共物品具有一些不同于私人物品的特性，使得公共物品一般由政府提供。

二、公共物品的最优供给量

所有的经济社会都面临着公共物品的供给问题。政府对公共物品的最优供给量是多少呢？

我们知道，私人物品的最优供给量由市场需求和市场供给的均衡所决定。同样地，公共物品的最优供给量也应该由物品的需求与供给决定。从供给的角度来看，生产公共物品与生产私人物品并没有任何区别，例如，制造一辆坦克与制造一辆汽车并无多大区别。决定公共物品的最优使用量的因素关键是需求。

从概念上说，消费者对公共物品的需求与对私人物品的需求并没有什么不同。对应于某一特定的价格，消费者选择使自身效用最大的量作为公共物品的需求量。但是，当涉及公共物品的市场需求时，并不能通过在每一价格下对所有消费者需求数量的加总得到市场需求。例如，假定有线电视每小时收费 0.1 元，消费者 A 愿意每天看电视的数量为 8 小时，B 愿意消费 9 小时，C 愿意消费 10 小时。那么，在价格为 0.1 元时，市场需求量为 27 小时，这已经超过了一个频道在一天 24 小时内可以提供的数量。在大多数情况下会是如此，从而使得需求数量横向加总并无多大意义。

产生上述问题的原因是消费者在同一时间同时消费同一数量的公共物品，也就是说，公共物品不具有排他性和竞争性使得从单个消费者沿消费数量的方向加总失去意义。解决的方案是，把所有消费者的需求曲线沿价格方向加总。假定公共物品的数量既定。一个消费者为了消费这一数量愿意支付一定的费用，同样对其他的消费者也如此。于是，我们把所有消费者在这一水平下愿意支付的价格纵向相加，可以得到社会为了得到这一既定的公共物品数量愿意支付的价格，如图 8-3 所示。

假定只有两个消费者需求公共物品，第一个消费者的需求曲线为 d_1，第二个消费者的需求曲线为 d_2，如果公共物品的供给量为 Q_1，需求曲线 d_1 上的价格 P_{11}，表示了第一个消费者为得到这一消费量愿意支付的价格。同样，第二个消费者的需求曲线 d_2 上相应于 Q_1 的价格 P_{21} 表示了第二个消费者愿意支付的数量。$P_{11}+P_{21}$ 即为社会愿意对公共物品的数量 Q_1 支付的价格。以此方式，可以得到不同的公共物品数量下所有消费者愿意支付的价格，从而得到公共物品的市场需求曲线 $D=d_1+d_2+\cdots+d_n$。

与私人物品的供给曲线一样，公共物品的供给曲线由生产公共物品的边际成本曲线所决定。一旦知道了公共物品的市场需求曲线和市场供给曲线，就可以决定公共物品的最优供给量。如图 8-4 所示，D 表示公共物品的市场需求曲线，S 表示公共物品的供给曲线。于是，D 与 S 的交点决定公共物品的最优供给量 Q_0。

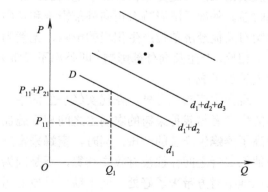

图 8-3 公共物品的需求曲线

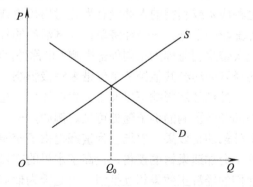

图 8-4 公共物品的最优供给量

尽管从理论上来看，有效率的公共物品的生产量已经由市场供给与市场需求的均衡所决定，但是公共物品所具有的特征使得上述分析充其量是概念上的。这是因为，既然每个消费者经济上都是理性的，而公共物品又具有非排他性，那么每个消费者都将利用这一点。以国防这种公共物品为例，如果经济当事人知道不纳税也能享受到国防给予的保护，那么自愿纳税条件下经济当事人就不会纳税，即人们都试图在公共物品的消费上做一名"免费乘车者"。这就意味着，即使单个消费者能准确地了解自己对公共物品的偏好程度，从而确定自己的需求曲线，他们也不会如实地说出来。这就使得公共物品最优数量的决定因需求曲线是虚假的而没有意义。由于单个消费者对公共物品的需求曲线不会自动显示出来，故无法将它们加总得到公共物品的市场需求曲线并进而确定公共物品的最优数量。因此，公共物品使得市场失灵。

第三节　外部经济影响

导入案例 8-3　拜师学艺与外部经济

学习琴棋书画是要拜师的，学木工、石工等手艺，也是要拜师的。今天，我们有了各式各样的学校，但硕士博士仍然实行导师制培养。

弟子以师名，师以弟子名，生活中不乏这样的例子。两千多年后的今天，我们还知道孔子那七十二贤。纵使这七十二贤，若不因为他们是孔子弟子之故，恐怕没有那么多人记得他们的了。反过来，纵使孔子弟子三千，若没有这七十二贤，恐怕孔子也不成其为孔子了。弟子以师名，师以弟子名。用经济学的术语来说，师徒之间存在正向外部性。

一、外部经济影响与经济效率

外部经济影响，又称为外在性或外部效应，是指某一经济主体（生产者或消费者）的经济活动对其他经济主体所施加的"非市场性的"影响。这里所说的"非市场性的"影响是指一种活动所产生的成本或利益未能通过市场价格反映出来，而是无意识强加于他人的。施加这种成本或利益的人并没有为此付出代价或得到收益。外部经济影响有正向外部影响和负向外部影响之分。一个经济单位经济活动的外部影响对其他经济单位产生积极的影响，无偿为他人带来利益称为正向外部影响（也称外部经济）。相反，产生负向外部影响（即外部不经济）的经济活动给其他经济单位带来消极影响，对他人施加了成本。

外部经济影响可以发生在生产领域，也可以出现在生产领域之外。在现实经济生活中，外部经济影响的例子随处可见。例如，一个养蜂的生产者与栽种果树的农场主之间相互施加了外部的正效果。农场主为蜜蜂提供了蜜源，提高了养蜂生产者的产量；同时，蜜蜂采蜜过程中会加速果树的授粉，提高了水果的产量。但他们二者之间往往没有收支结算，不是因为他们的经济正效果相互抵消，而是因为他们无意识地给对方带来了好处。而钢铁厂释放的污染给附近居民施加的外部经济影响是负效果的例子。钢铁厂的污染使得居民的衣服变脏，增加了洗衣服的成本。更有甚者，污染使居民患上各种疾病，增加了医疗支出。在这一例子中，一般看不到钢铁厂会把居民的成本计算在厂商的成本之中。

外部经济影响对经济效率的影响在于它使得私人行为与社会需要的数量出现差异。这一点可以由私人成本和社会成本加以说明。

私人成本是指一个经济单位从事某项经济活动所需要支付的费用。一项经济活动的社会成本是指全社会为了这项活动需要支付的费用，包括从事该项经济活动的私人成本加上这一活动给其他经济单位施加的成本。如果一项活动产生负的外部经济影响，那么该项活动对其他经济单位施加正成本，从而社会成本大于私人成本；反之，在存在正的外部经济影响的条件下，社会成本小于私人成本。

同样地，一项经济活动的外部影响也可以由私人收益和社会收益加以说明。私人收益是指一个经济单位从事经济活动所获得的收益。社会收益是指全社会通过一项经济活动获得的收益，它包括从事经济活动的单位获得的私人收益，也包括其他经济单位获得的收益。如果私人收益大于社会收益，则该经济单位施加了负的外部影响。例如，一家处于风景区的企业扩大生产可能进一步造成交通拥挤及对风景的破坏。如果私人收益小于社会收益，则该经济单位施加了正的外部影响。例如，一个企业重视对其员工进行培训，而这个企业的员工一旦转到其他单位工作，该企业一般不可能从其他企业索回培训费。因此，该企业从培训员工中得到的私人利益就小于该活动的社会利益。

现在分析外部经济影响对资源配置效率的影响，如图 8-5 所示。为了简单起见，假定在完全竞争条件下一家厂商对其他经济单位产生负的外部经济影响（如生产造成的污染），这种经济影响由私人成本和社会成本之间的差异反映出来。图中的水平线 $P=MR$ 是厂商的需求曲线和边际收益曲线，假设厂商的边际成本由 PMC 所表示，社会的边际成本由 $SMC=PMC+MEC$ 所表示，MEC 为负的外部经济影响造成的外部边际成本，则 $PMC<SMC$。由于厂商忽略其产生的外部不经济影响，因而追

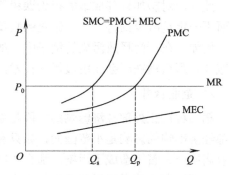

图 8-5 外部经济对最优产量的影响

求利润最大化的厂商会按照实际支付的成本与可能得到的收益确定产量，即由私人边际成本 PMC 等于边际收益 P 的条件决定最优的生产数量 Q_p。此时，私人生产者处于最优状态。

但是，从社会的角度来看，产量 Q_p 并不是最优的。Q_s 对应的社会边际成本为 SMC，而社会边际收益为 P。显然社会的边际成本大于边际收益，因此减少生产会提高社会福利。从图中可以看出，由于社会成本高于私人成本（二者的垂直距离为 MEC），所以由社会边际成本 SMC 与社会边际收益 P 所决定的最优数量 Q_s 小于私人厂商决定的最优数量 Q_p。由此可见，在存在负向外部经济影响的情况下，私人厂商的最优产量大于社会最优产量。

同理，如果厂商对其他经济单位产生正的外部经济影响，那么，社会的边际成本低于私人的边际成本，从而私人厂商的最优产量小于社会的最优产量，因此，无论一个经济单位所产生的外部经济影响是正还是负，私人自主决策所决定的最优产量是缺乏效率的，也可以说资源配置是失当的。

二、矫正外部经济影响的微观经济政策

各种外部影响可以说无所不在，无时不在。尽管对每一个单个生产者或者消费者来说，他造成的外部经济或外部不经济对整个社会也许微不足道，但是所有这些消费者和生产者加总起来所

造成的后果是严重的。人类生产活动所引起的污染问题已经严重到危及人类自身生存的地步了。

如何纠正由于外部影响所造成的资源配置不当？经济学家提出了如下政策建议。

1．税收和补贴政策

迫使厂商考虑外部成本或外部利益的一种手段是政府采取税收和补贴政策，即向施加负向外部经济影响的厂商征收恰好等于外部边际成本的税收，而给予产生正向外部经济影响的厂商等于外部边际收益的补贴，以便使得厂商的私人边际成本与社会边际成本相等，从而诱使厂商提供社会最优的产量。例如，在图 8-5 所示的情形中，如果向厂商征收等于（边际）损害成本的税收，那么厂商的边际成本曲线将从 PMC 上升到 SMC。于是，厂商按边际成本等于边际收益确定的产量就等于 Q_s。

税收和补贴对促使厂商提供社会最优的产量起到直接的作用。但是，这种方法遇到的最大问题是如何准确地以货币的形式衡量外部影响的成本或利益。例如，钢铁厂释放污染对附近居民的财产、健康造成的损害是比较难以度量的。在实践中，政府或有关部门往往是近似地估计这些成本。

此外，对施加外部成本的行为课税不可能消除外部损害，因为厂商的最优决策是减少产量而不一定是减少损害。一个修正的政策方案是按照造成外部影响的程度征收税收或给予补贴。例如，在厂商释放污染的例子中，如果税收反映污染的外部成本，并且随着污染的降低而减少，那么钢铁厂会使用最优的技术，把污染量控制在有效率的水平。

2．企业合并

第二种矫正外部经济影响的手段是将施加和接受外部成本或利益的经济单位合并。如果外部经济影响的影响是小范围的，如只有两家企业，那么就可以采取这种方法。例如，一家洗衣店给一家餐馆造成了污染，那么政府出面进行调节，以合适的价格把餐馆卖给这家洗衣店，以便洗衣店能考虑污染餐馆的成本。通过这种合并，企业的外部成本被内部化，从而合并后的企业所决定的产量等于社会的最优产量。

3．明确产权——科斯定理

流行于经济学界的西方产权理论提出了解决外部经济影响的市场化思路。这种思路源于美国芝加哥大学教授科斯（R. Coase）于 1960 年发表在《法学和经济学杂志》上的"社会成本问题"一文，后来被经济学家概括为科斯定理。

科斯定理可以表述为：只要财产权是明确的，那么在交易成本为零的条件下，无论最初的产权赋予谁，最终结果都是有效率的。科斯定理在解决外部经济影响方面的应用可以由下面的例子加以说明。

张三和李四同住一间宿舍，张三喜欢安静，而李四则喜欢收听音乐。很显然，李四给张三施加了外部成本。如果张三忍受音乐（噪声）或者李四不听音乐，他们忍受，损失相当于 100 元；另一种可能的方案是李四购买耳机，价格为 20 元。根据科斯定理，假如学校规定张三有权保持安静，他可以要求李四不要干扰他。这时，李四为了能继续听音乐，只好花 20 元买一个耳机。

科斯定理进一步指出，最初权利的规定对最终结果并不是至关重要的。如果学校规定，李四有权听音乐，那么张三在不堪忍受音乐（噪声）的情况下与李四谈判，出钱给李四买一个耳机。如果张三是理性的，他会选择花费 20 元给李四买耳机。可见，最终的结果仍然是李四戴上耳机听音乐，噪声污染由此得到消除。

科斯定理在解决外部经济影响问题上的政策含义是政府无须对外部经济影响进行直接的调节，只要明确施加和接受外部成本或利益的当事人双方的产权，就可以通过市场谈判加以解决。

需要指出的是，科斯定理的结论是非常诱人的，但是其隐含的条件却限制了科斯定理在实践中的应用。首先，谈判必须是公开的、无成本的，这在大多数外部经济影响的情况下是很难做到的。例如，在上面的例子中，如果李四有权听音乐而又非常不愿意合作，结果未必就是李四戴耳机收听音乐。其次，与外部经济影响问题有关的当事人只能是少数几个人。在涉及多个当事人的条件下，不仅谈判成本增加，而且上一节提到的"免费乘车者问题"又会出现，因为某些人会不参与谈判而获得好处。因此，科斯定理并不能完全解决外部经济影响问题。

本章小结

1. 垄断造成市场失灵的原因主要是垄断产品的价格不是由市场供求力量的相互作用形成的，垄断厂商可以通过控制产量来控制市场价格。矫正垄断造成市场失灵的措施有政府的反垄断政策、反垄断法，以及政府所采取的行业管制措施。

2. 与私人物品不同，公共物品具有非竞争性或非排他性的特点，这些特点决定了公共物品一般由政府提供。尽管从理论上来看，有效率的公共物品的生产量可以由市场供给与市场需求的均衡决定，但是公共物品所具有的特征使得上述分析充其量是概念上的。

3. 外部效应是指某一经济主体（生产者或消费者）的经济活动对其他经济主体所施加的"非市场性的"影响。这种影响会引起经济活动的私人成本和社会成本以及私人收益和社会收益的差异，从而影响社会资源的优化配置。对外部影响的微观经济政策是对造成外部经济效应的经济主体通过税收和补贴来抵消外部效应的影响。科斯等人则认为，在产权明晰、交易成本低的条件下，市场本身能解决外部效应问题。

思考与练习

一、重要概念

自然垄断　　公共物品　　外部效应　　私人成本　　社会成本　　科斯定理

二、单项选择题

1．政府提供的物品（　　）公共物品。
    A．一定是　　　　　　　　B．不全是
    C．大部分是　　　　　　　D．大部分不是

2．"搭便车"现象是对以下哪个问题的形象比喻（　　）。
    A．市场失灵问题　　　　　B．社会福利问题
    C．私人物品问题　　　　　D．公共物品问题

3．以下项目中属于纯公共物品的是（　　）。
    A．国防　　　B．道路　　　C．电视广播　　　D．桥梁

4．公共物品的市场需求曲线是消费者个人需求曲线的（　　）。

A. 垂直相加　　　B. 水平相加　　　C. 算术平均数　　　D. 加权平均数

5. 一项公共物品是否值得生产，主要取决于（　　）。
   A. 公众的意见　　　　　　　　B. 政府的意见
   C. 效益　　　　　　　　　　　D. 成本和收益的对比

6. 在不完全竞争市场中，常常出现低效率的资源配置状态，此时产品价格（　　）边际成本。
   A. 小于　　　B. 等于　　　C. 大于　　　D. 可能不等于

7. 由于垄断会导致低效率，因此任何垄断都不应该被允许存在，这一命题（　　）。
   A. 一定是正确的　　　　　　　B. 基本上是正确的
   C. 可能是正确的　　　　　　　D. 并不正确

8. 为了提高资源的配置效率，政府对自然垄断部门的垄断行为（　　）。
   A. 不管　　　B. 加以管制　　　C. 极力支持　　　D. 坚决反对

9. 某人在公共场所随意丢弃果皮的行为属于（　　）。
   A. 生产的外部经济　　　　　　B. 生产的外部不经济
   C. 消费的外部经济　　　　　　D. 消费的外部不经济

10. 一个企业将生产中有毒的废水或废气排入河流或空气中的行为属于（　　）。
    A. 生产的外部经济　　　　　　B. 生产的外部不经济
    C. 消费的外部经济　　　　　　D. 消费的外部不经济

11. 一个养蜂主与附近的果农之间的影响可用以下哪个术语来表达（　　）。
    A. 外部经济　　　B. 外部不经济　　　C. 内在经济　　　D. 内在不经济

12. 解决外部不经济可以采取的方法有（　　）。
    A. 征税　　　　　　　　　　　B. 界定产权
    C. 将外部性内部化　　　　　　D. 以上都可以

13. 当某个人的经济活动产生外部不经济时，该活动的（　　）。
    A. 私人利益小于社会利益　　　B. 私人利益大于社会利益
    C. 私人成本小于社会成本　　　D. 私人成本大于社会成本

14. 如果湖边的造纸厂污染了湖边居民饮用的湖水，按照科斯定理（　　），问题便可得到妥善解决。
    A. 不论产权是否明确，交易成本是否为零
    B. 不论产权是否明确，只要交易成本为零
    C. 只要产权明确，交易成本为零
    D. 只要产权明确，不管交易成本有多大

15. 科斯定理的一个局限性是（　　）。
    A. 当存在大量厂商时最有效　　B. 只有当普遍拥有产权时才成立
    C. 假设存在很大的交易成本　　D. 当交易成本很高时不成立

16. 对于产生外部经济效应，生产残疾人用品的企业，应采取以下哪种措施（　　）。
    A. 征税　　　　　　　　　　　B. 补贴
    C. 界定产权　　　　　　　　　D. 以上各项均可

三、判断题

( ) 1. 市场失灵是指市场完全不好。
( ) 2. 由于垄断会使效率下降，因此任何垄断都是要不得的。
( ) 3. 垄断对社会造成的损害只在于企业获得了超额利润。
( ) 4. 公共物品就是共有物品。
( ) 5. 任何个人都消费同等量的公共物品。
( ) 6. 公用事业委员会执行严格的价格管制方法会导致经营者经营效率的下降。
( ) 7. 科斯主张用产权明确化的办法来解决外部性问题。
( ) 8. 当存在外部不经济时，厂商的私人成本低于社会成本。
( ) 9. 外部不经济的一种解决方法是对该活动征税。
( ) 10. 某人的吸烟行为属于生产的外部不经济。

四、思考题

1. 垄断是如何造成市场失灵的？
2. 政府对垄断行为可以采取哪些措施？
3. 为什么说公共物品的特点决定它只能由政府决定？
4. 举例说明什么是外部效应。
5. 外部效应怎样影响资源优化配置？
6. 矫正外部效应的微观经济政策有哪些？效果如何？

五、案例分析

守法的外部效应

在中国一些地方，有些行人过马路，是看有车没车而不是看信号灯；骑自行车、助动车的人注意看信号灯，但穿行逆行的大有人在；开汽车的一般都遵守交通规则，但也有个别人酒后驾车违规行驶。有人分析说，人们守法的自觉性是随着出行的技术含量和经济成本而递增的。

在一些国家，人们不论走路还是驾车，都能自觉遵守交通规则。很小的马路，当红灯亮时，即使路上没车，行人也要等候；绿灯亮起，则赶紧穿过马路。大轿车的专职司机，每天驾车时间有严格规定，不能超时疲劳驾驶。而司机们都很认真，自觉遵守，绝不超时。

因此，守法的自觉性与人们生活的技术含量和经济成本没有必然联系，却与人们的法治观念这个基本素质有关。究其根源，一方面，中国历来就有的古训，教导人们循规蹈矩；另一方面，人们知法守法程度很低。"法不责众"的观念在人们的头脑里根深蒂固。

其实，这就是著名经济学家热若尔·罗兰讲的"守法的外部性"。如果大家都守法，而只有一个人不守法，很容易使其受到惩罚；如果没有人守法，就很难惩罚那些违法者。如果大家都纳税，政府就可以利用法律来惩罚犯罪分子；如果没有人纳税，政府也没有办法征税，就没有办法执法，社会就会陷入混乱。

进一步看，守法的外部性将导致好的或坏的两个均衡。好的均衡是大家都守法，政府也能征税，可以进行执法，从而形成一个良好的法制环境，经济与社会处于良好的发展状态；坏的均衡是大家都不守法，个人的财产得不到保护，政府无法进行征税，也无从进行执法，经济与社会处于混乱衰退的状态。

问题1. 你是如何理解守法的外部性的？
问题2. 用外部性理论解释"没有规矩，不成方圆"的经济学意义。

第九章 国民收入决定理论

● 学习目标 ●

1. 熟悉各种宏观经济总量概念。
2. 了解国民收入核算的基本方法。
3. 熟悉消费函数和储蓄函数及其关系。
4. 熟悉总需求、总供给与均衡国民收入的含义。
5. 两部门国民收入决定的条件及其图式说明。
6. 理解乘数原理。
7. 掌握货币需求的三大动机,领会利息率的决定。

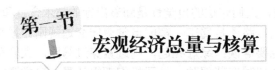

第一节 宏观经济总量与核算

导入案例 9-1 >>> 2017 年国民经济和社会发展统计公报

2017 年全年国内生产总值 827 122 亿元,比上年增长 6.9%。其中,第一产业增加值 65 468 亿元,增长 3.9%;第二产业增加值 334 623 亿元,增长 6.1%;第三产业增加值 427 032 亿元,增长 8.0%。第一产业增加值占国内生产总值的比重为 7.9%,第二产业增加值比重为 40.5%,第三产业增加值比重为 51.6%。2017 年全年最终消费支出对国内生产总值增长的贡献率为 58.8%,资本形成总额贡献率为 32.1%,货物和服务净出口贡献率为 9.1%。2017 年全年人均国内生产总值 59 660 元,比上年增长 6.3%。2017 年全年国民总收入 825 016 亿元,比上年增长 7.0%。

2017 年全年居民消费价格比上年上涨 1.6%。工业生产者出厂价格上涨 6.3%。工业生产者购进价格上涨 8.1%。固定资产投资价格上涨 5.8%。农产品生产者价格下降 3.5%。

从本章起,我们将进入宏观经济学的学习。宏观经济研究对象是整个社会经济活动的总量变动,这些总量包括国内生产总值、国内生产净值、国民生产总值、国民生产净值、国民收入、个人收入和个人可支配收入。整个经济社会的运行效果主要通过以上总量指标来表现。研究失业、通货膨胀或通货紧缩以及经济增长等重大宏观经济问题都离不开这些宏观总量概念。因此,学习宏观经济学必须从了解这些宏观总量的含义及其如何对他们进行度量开始。

一、宏观经济总量

1. 国内生产总值(GDP)

国内生产总值(Gross Domestic Product,GDP)是指一个经济社会在某一给定时期内生产的所有最终物品与劳务的市场价值。这个概念包含了以下六个方面的含义。

(1)国内生产总值是一个市场价值概念。各种最终产品的价值都是用货币加以衡量的。产品市场价值就是用最终产品的单位价格乘产量获得的。例如,每件衬衫的售价为50美元,则10件衬衫的市场价值为500美元。由于国内生产总值反映了价格乘产量的关系,因此,产量和价格的变动都会引起国内生产总值变动。但是,人们的物质福利只与所生产的物品和劳务的数量和质量有关,如果物品和劳务的数量和质量不变,而价格提高一倍,按市场价格衡量的国内生产总值增加一倍,但人们的物质福利并未增加。由于不同时期,同一商品会有不同的价格,因此,将两个时期的GDP进行比较时,将无法确定哪个因素在起作用和起多大作用。例如,从1978到1997年,我们的物质产品已经极大地丰富,服务水平有了极大的提高,但商品和服务的价格也发生了很大的变化。因此,我们无法确定这两个不同时期的GDP中有多少成分是由于商品和服务的数量增长引起的,多少是由于价格变化引起的。显然,只有物品和劳务的数量增长才能反映改革开放的成果。因此,需要做必要的技术处理,以便把两个因素的作用分离开。为此,我们还必须区分名义国内生产总值和实际国内生产总值的概念。

经济学家的方法是用不变价格,即以某一年(称为基期)的价格为标准来测算经济指标。用不变价格测算的GDP就称为实际(真实)GDP,而以当期价格测算的GDP就称为名义GDP。实际(真实)GDP的变化已经排除了价格的变化,单纯反映商品和服务所引起的变化。下面用一个简单的例子来加以说明。

假定某国经济只生产粮食和衣服两种商品,20年前后最终产品数量和价格变化情况见表9-1。

表9-1 某国经济20年前后最终产品数量和价格的资料

年 份	最终产品	数 量	价 格	名义GDP(万元)	实际(真实)GDP(万元)
1978(基期)	粮食	60万公斤	0.5元/公斤	30	30
	衣服	40万件	50元/件	2 000	2 000
	合计			2 030	2 030
1997	粮食	80万公斤	2元/公斤	160	40
	衣服	100万件	150元/件	15 000	5 000
	合计			15 160	5 040

表9-1中,某国经济20年前的粮食和衣服的产量分别为60万公斤和40万件,它们当年的市场价格分别为0.5元/公斤和50元/件,得到当年名义GDP为2 030万元。20年后的名义

GDP 为 15 160 万元，20 年间名义 GDP 增长了 647%。但这个变化中不少成分是由价格变化因素引起的，不能反映实际最终产品的变化情况，要真实反映最终产品产量的变化，就必须用基期的不变价格来计算实际（真实）GDP。表 9-1 中按基期价格计算的 20 年后实际（真实）GDP 为 5 040 万元，比 20 年前增长了 148%，它真实地反映了国民经济的变化。

某一时期的名义国民收入和实际国民收入之间的差额，可以反映这一时期和基期的价格变动程度。名义国内生产总值和实际国内生产总值的比率就是价格变动的百分比，这一百分比称为国内生产总值折算指数，它是衡量一国经济在不同时期内（如各个年份）所生产的最终产品价格总水平变化程度的指标。在上例中，1997 年粮食的价格和 1978 年粮食的价格相比为 2/0.5＝4（400%），这说明从 1978 年到 1997 年该国的价格水平上升了 300%。

$$GDP\text{折算指数} = \frac{\text{名义}GDP}{\text{真实}GDP}$$

根据 GDP 折算数计算公式，如果已知名义 GDP，同时也知道 GDP 折算指数，那么我们可得实际（真实）GDP。

$$\text{实际国内生产总值} = \frac{\text{名义国内生产总值}}{\text{国内生产总值折算指数}}$$

表 9-2　某国 1978—1997 年名义 GDP、实际（真实）GDP 和 GDP 折算指数

年份	名义 GDP（亿元）	实际（真实）GDP（亿元）	GDP 折算指数（%）	年份	名义 GDP（亿元）	实际（真实）GDP（亿元）	GDP 折算指数（%）
1978	3 605.6	3 605.6	100	1988	14 704.0	9 399.8	156.4
1979	4 073.9	3 879.6	105.0	1989	16 466.0	9 782.0	168.3
1980	4 551.3	4 182.5	108.8	1990	18 319.5	10 157.0	180.4
1981	4 901.4	4 370.7	112.1	1991	21 280.4	11 090.8	191.9
1982	5 489.2	4 742.1	115.8	1992	25 863.6	12 670.1	204.1
1983	6 076.3	5 224.5	116.3	1993	34 500.6	14 379.1	239.9
1984	7 164.4	5 985.3	119.7	1994	47 110.9	16 200.0	290.8
1985	8 792.1	6 955.2	126.4	1995	59 404.9	17 901.8	331.8
1986	10 132.8	7 330.2	138.2	1996	69 366	19 620	353.5
1987	11 784.0	8 180.48	144.05	1997	76 077.2	21 345.1	356.4

（2）国内生产总值衡量的是最终产品的价值，中间产品的价值不计入国内生产总值，否则就会造成重复计算。所谓中间产品是在核算期内生产出来，又在核算期内被消耗或加工，形成其他新产品的那些生产资料。它通常包括生产过程中消耗掉的各种原材料、辅助材料、燃料、动力、低值易耗品和有关的生产性服务。相对地，最终产品则是指在本期生产出来而不被消耗加工，可供最终使用的那些产品。它具体包括各种消费品、固定资产投资品、出口产品及库存的增加。

我们可以通过生产衣服的例子加深对中间产品和最终产品的理解。农民把收获的棉花提供给纺纱厂，纺纱厂纺出的纱供应织布厂织布，织出的布供服装厂制衣，衣服制成并进入流通领域后再到消费领域。在这个过程中，棉花作为纺纱的原料被消耗掉了，纱作为织布原料

被消耗掉了，布作为衣服的原材料被消耗掉了，所以，在制衣的过程中，它们都是中间产品，它们的价值都最终转移到最终产品服装中。而服装作为制衣过程的最终成果，最后被消费者消费，所以是最终产品，它的价值包含了作为它的中间产品棉花、纱、布和流通部门提供的服务的价值。因此，GDP 只能包括最终产品和劳务的价值，以避免重复核算。

在实际经济中，许多产品既可以作为最终产品使用，又可以作为中间产品使用。一种产品究竟属于中间产品还是最终产品，不能根据产品的自然形态来划分，而应根据产品的实际用途来划分。在上例中，如果织布厂生产的布直接在市场上销售，让居民消费掉，那么布在这时就是最终产品。显然，要知道有多少布作为中间产品、有多少用作最终产品是非常困难的。因此，实践中采用计算各个生产阶段的增加值来代替计算最终产品和劳务的价值。它们在量上是相等的，并且解决了区分中间产品和最终产品的困难。

（3）计入国内生产总值的是在一定时期内（一般为一年）所生产而不是销售的最终产品价值。如果企业生产 100 万元产品，只卖掉 80 万元，所剩的 20 万元产品可以看作存货投资，同样应计入国内生产总值。相反，如果生产 100 万元产品，却卖掉 120 万元产品，库存减少了 20 万元，这 20 万元不是本期生产的产品的价值，应从销售的 120 万元中减去，计入国内生产总值的仍然应该是 100 万元。

（4）国内生产总值仅仅是一定时期生产的价值，是一个包含实践因素的概念，是一个流量而不是存量概念。

（5）国内生产总值是一个地域概念，它是指在一国范围内生产的最终产品和劳务的价值，包括在本国的外国公民提供生产要素生产的最终产品和劳务的价值，但不包括本国公民在国外提供生产要素生产的最终产品和劳务的价值。

（6）一般地，国内生产总值计入的最终产品和劳务的价值应该是市场活动导致的价值，非市场活动提供的最终产品和劳务没有计入国内生产总值。例如，家务劳动如果是由家庭成员自己完成的，就没有计入国内生产总值，而如果通过家政服务机构雇人来进行的，这些服务就有价值，就应被计入国内生产总值。

2．**国民生产总值（GNP）**

与国内生产总值不同，国民生产总值（Gross National Product，GNP）是按照国民原则来计算的，即凡是本国国民（包括境内公民及境外具有本国国籍公民）所生产的最终产品价值，不管是否发生在国内，都应计入国民生产总值。

国民生产总值与国内生产总值的关系可表述为 GDP＝GNP−NFP，其中 NFP（Net Factor Income and Transfer Payments from Abroad）称为国外要素收入与转移支付净额，定义为本国生产要素在其他国家获得的收入减去外国生产要素在本国获得的收入。某国 1997 年的国内生产总值为 74 772.4 亿人民币，而国民生产总值为 73 452.5 亿人民币，国内生产总值＞国民生产总值，表明外国生产要素在该国生产中的贡献要大于该国生产要素在国外生产中的贡献。在一个开放经济中，国内生产总值比国民生产总值使用得更为普遍。

3．**国民生产净值（NNP）**

国民生产净值（Net National Product，NNP）是指经济社会新创造的价值。NNP 等于 GNP 减去资本（包括厂房、设备）折旧（Depreciation，D），即

$$NNP = GNP - D$$

4．国民收入（NI）

国民收入（National Income，NI）定义为一国生产要素（指劳动、资本、土地、企业家才能）所获收入的总和，即工资、利息、租金和利润之和。NI 等于 NNP 减去企业间接税（Indirect Business Tax，IBT）：NI＝NNP－IBT。

上述国民收入定义是一个狭义的概念。通常，在西方经济学中所讲的国民收入乃是衡量整个经济社会活动水平的一个更为广泛的概念，它实际上是一个包括国内生产总值、国民生产总值、国民生产净值等在内的所有宏观经济总量。

5．个人收入（PI）

个人收入（Personal Income，PI）是指个人从经济活动中获得的收入。PI 等于 NI 减去非个人接受的部分（包括公司利润、社会保险费），再加上并非由于提供生产性劳务而获得的其他个人收入，包括政府转移支付、利息调整、红利和股息。

$$PI=NI-企业利润-社会保险费+转移支付+利息调整+红利和股息$$

6．个人可支配收入（DPI）

个人可支配收入（Disposable Personal Income，DPI）等于个人收入个人所得税（Income Taxes，T），即 DPI＝PI－T。可以把以上讨论的内容用图 9-1 所示出来。

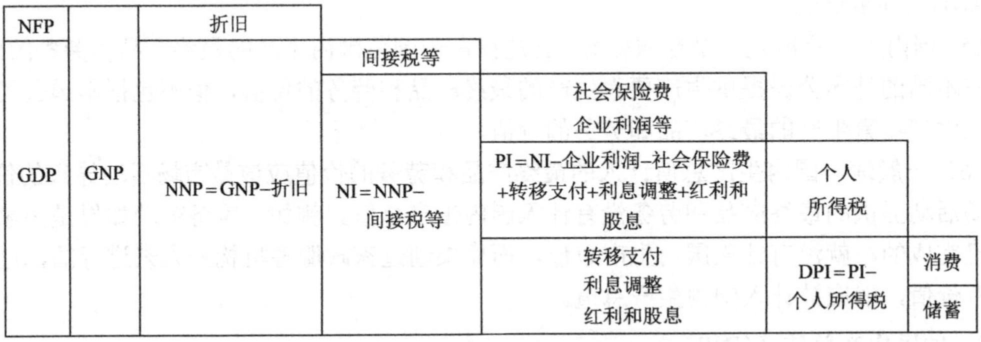

图 9-1　国内生产总值与个人可支配收入之间的关系

二、国内生产总值的核算方法

在衡量一个经济社会的各种总量指标中，最基本的指标是国内生产总值。同时由于其他总量指标都可以从国民生产总值中推导出来，因此，下面以国内生产总值说明国民收入的核算方法。

前面提到，国内生产总值可以通过将所有的最终产品分别乘以各自的价格，然后加总得到。一个经济社会在一定时期内所生产的最终产品成万上亿，每种产品又有不同规格，不同的规格又有不同的市场价格，所以这种方法没有实际操作意义。国内生产总值一般是通过它的形成、形成以后的使用，以及所产生的收入分配的统计来测定的，分别称为生产法、支出法和收入法。下面分别予以介绍。

（一）生产法

生产法测定国内生产总值的基本原理是：首先计算国民经济部门的总产出，再从总产出中扣除相应部门的中间消耗，求得各部门的增加值，最后汇总所有部门的增加值得出国内生

产总值，即

$$国内生产总值=\Sigma（各部门总产出-该部门中间消耗）=\Sigma 各部门增加值$$

（二）支出法

支出法测定国内生产总值，就是通过核算在一定时期内整个社会购买产品的总支出来测定国内生产总值。谁是最终产品的购买者呢？只要看谁是产品和服务的最后使用者即可判断，所以支出法也称使用法。产品和服务的最后使用者有居民消费、企业投资、政府购买和出口国外购买。因此，用支出法测定国内生产总值，就是计算经济社会（一个国家与地区）在一定时期内消费、投资、政府购买和国外购买四个方面支出的总和。

1．消费支出（C）

消费支出指的是本国居民对最终产品（包括服务）的购买，它构成一个国家或地区总需求中最主要的部分，包括对耐用消费品（小汽车、彩电）的支出、对非耐用品（衣服、食物、燃料）的支出和对服务（医疗、旅游、教育）的支出三方面。建造住宅的支出不包括在内，它是投资支出的一部分。

2．投资支出（I）

投资支出包括固定资产的投资和库存投资两大类。库存投资是指企业存货价值的变动额（增加或减少），即存货的净变动额，等于一定时期期末存货减期初存货（如年末存货减年初存货）。企业的存货是指厂商正常的原材料储存和产品储存。存货投资是指由于原材料市场和产品市场发生了未预料的突然变化而引起的库存的变动量，即存货的变动称为存货投资。因此，存货有正常存货和非意愿存货之分。从核算的平衡原则出发，卖不出去的产品只能作为企业的存货投资处理。所以存货投资记入支出法核算的国内生产总值中。

固定资产投资是指新增厂房、设备、商业用房及新建住宅的投资。住宅之所以是投资而不是消费，是因为它像固定资产一样长期使用，慢慢地被消耗。固定资产投资是指一定时期内增加到资本存量中的资本流量，而资本存量则是经济社会在某一时点上的资本总量，它包括一个经济社会的厂房、设备、商业用房等固定资本的价值总和。资本流量是指经济社会在一定时期内新增加的固定资本的价值总和。新增加的固定资本的价值用来补偿这一时期资产消耗（折旧）的部分被称为重置投资，其余被称为净投资，净投资与重置投资之和称为总投资。计入国内生产总值的是总投资。

3．政府购买（G）

政府购买是指各级政府部门购买商品和服务的支出，包括政府在国防、法制建设、基础设施建设等方面的支出。值得注意的是，政府支出包括政府购买和转移支付两部分，转移支付是指政府在失业救济、社会福利等方面的支出。由于转移支付是把收入从政府转移到一些人或组织，构成这些个人或组织收入的一部分，没有相应的物品或劳务的交换，不能反映政府用于购买最终产品的支出，所以不能计入国内生产总值。

4．国外购买（NX）

出口（X）是指国外居民、企业或政府对本国产品和服务的购买；进口（M）是指本国居民、企业、政府对外国产品和服务的购买；净出口（NX）是指出口额减去进口额的差额（$X-M$）。当一个国家的出口大于进口时，净出口为正；当一个国家的出口小于进口时，净出口为负。测定国内生产总值时之所以要减去进口额，是因为进口的物品和服务虽然是本国支付的，但却是国外生产的，而国内生产总值必须是本国生产的产品和服务。

$$NX = 出口额 - 进口额$$

其中，NX>0，顺差；NX<0，逆差。

把上述四类项目加总，用支出法测定国内生产总值的项目合计可写成

$$GDP = C+I+G+(X-M) = C+I+G+NX$$

（三）收入法

收入法是指通过把生产要素所有者的收入相加来得到国内生产总值的方法。这些收入换个角度可以看作国内生产总值生产出来以后分配给各生产要素所有者的收入，所以也称为分配法。

（1）劳动者收入，包括工资、津贴、福利费，也包括企业向社会保障机构交纳的社会保险费。

（2）个人的租金收入，指个人出租土地、房屋等的租赁收入。

（3）公司利润，是指所有企业在一定时期内所获得的税前利润，包括公司所得税、社会保险费、股东红利及分配利润。

（4）利息净额，是指贷款还息，以及储蓄所得利息在本期的净额。

（5）企业间接税，是指企业交纳的营业税、增值税、消费税等税项。

（6）资本折旧。折旧是指对一定时期内因经济活动而引起的固定资产消耗的补偿，它虽然不是要素收入，但包括在总投资中，所以也应计入国内生产总值。

（7）非企业业主的收入，是指不受人雇佣的独立生产者，如私人诊所的医生、律师、农民和小店铺主等。

这样，按收入法测定的国内生产总值=劳动者收入+租金+利润+利息+间接税+折旧+非企业业主收入。

以上介绍的三种方法，测定的对象都是国内生产总值，所以最终的结果应当一致。

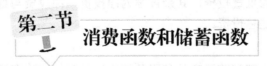

第二节　消费函数和储蓄函数

导入案例 9-2　2017年北京市城乡居民收支情况分析

2017年，北京市城乡居民收入呈稳步增长态势，实现与GDP的同步增长。农村居民收入增速略低于城镇居民，低收入群体收入增速继续高于全市平均水平。与此同时，全市居民人均消费支出37 425元，同比增长5.7%，其中，服务性消费、互联网消费持续增长，医疗保健支出领衔消费增长。

一、居民收入变动总体特点

1. 居民收入增长与经济发展实现同步

城乡居民收入增长与经济增长的同步性逐步增强，城镇居民收入实际增速于 2015 年开始高于 GDP 增速，扭转了过去收入增长滞后于经济增长的局面；农村居民收入实际增速于 2014 年开始高于 GDP 增速，2017 年与 GDP 增速持平，实现同步。

2. 城乡居民收入增速高于全国平均水平

"十三五"以来，北京主动适应经济发展新常态，稳定就业，保障居民收入平稳增长，城乡居民收入增速扭转"十二五"期间低于全国平均水平的情况。

3. 农村居民收入增速略低于城镇居民

北京市农村居民人均可支配收入增速自 2011 年起连续 7 年放缓，相对城镇居民收入增速的领先幅度逐年收窄。城乡居民收入差距较上年略有扩大。但从 2017 年各季度来看，年内实施的提高城乡居民基础养老金和福利养老金标准、提高山区生态林管护标准等政策，对农村居民收入起到一定的拉动作用。

4. 低收入群体收入增速继续高于全市平均水平

全市劳动工资和社会保障各项政策措施继续向低收入群体倾斜。2017 年，低收入群体收入继续保持"十二五"以来增速高于全市平均水平的趋势，进一步推动居民收入群体分布逐渐向国际公认的较为合理的"橄榄型"格局转变。

二、城乡居民消费支出特点

1. 服务性消费水平持续提升

随着生活水平的提高，居民消费形态从单一物质生活需求向多样化服务需求转变，信息、旅游、娱乐等满足精神生活需求的服务性消费成为新的消费增长点。

2. 互联网消费延续快速增长态势

电子商务快速发展，网购人群不断增加，互联网消费规模继续扩张，成为居民消费的持续热点。2017 年，全市居民人均通过互联网购买的商品或服务支出（以下简称人均网购消费）952 元，同比增长 16.7%，比上年提高 9.5 个百分点。智能移动终端技术升级和互联网产业的迅速发展进一步助推互联网消费。

3. 领衔消费增长的是医疗保健支出

北京市 2017 年 4 月正式启动医药分开、医疗服务项目价格调整以及药品阳光采购三项改革，调查数据对此有所体现。2017 年，全市居民人均医疗保健支出 2 900 元，同比增长 18.1%，领衔八大类消费增长。医疗保健支出的增长主要由医疗服务支出增加带动。

国民收入核算向我们提供了任何一个时期国内生产总值的估算数，却不能告诉我们这个估算数是什么因素决定的，即一个时期的国内生产总值到另一个时期的国内生产总值的变化是由什么力量决定的，即经济社会的生产或收入水平是怎样决定的，现代西方宏观经济学的奠基人凯恩斯的学说的中心内容就是国民收入决定理论。

国民收入核算为研究国民收入决定理论提供了一个起点，在那里，我们已经知道，消费、储蓄、投资、政府购买、税收、进出口是影响国民收入的基本因素。国民收入决定理论就从对消费和储蓄的分析开始。

一、消费函数

消费函数讨论居民的消费支出与影响消费支出的因素之间的依存关系。影响一国居民消费的因素很多。假定一国经济制度、环境等因素不变，那么，就单个家庭而言，消费者的可支配收入、商品的价格、预期收入、偏好、利率水平、消费习惯等一系列因素，都制约着消费者的消费数量，从而决定着消费者的消费支出水平。进一步假定整个经济中的价格总水平和利率水平保持不变，那么，家庭的消费支出主要由经济中的总收入即国民收入决定。

以 C 表示居民消费支出水平，Y 为国民收入，则消费与收入之间的函数关系可用函数形式表示为

$$C = C(Y)$$

凯恩斯主义把消费与收入的一般关系表述为消费水平的高低会随着收入的变化而变化。一般地说，收入越高，人们的消费水平就越高，但是，随着人们收入的提高，消费增加的比例小于收入增加的比例。

例如，当一个家庭的收入为 8 000 元时，家庭消费 9 000 元，这就从过去的储蓄中拿出 1 000 元维持 9 000 元的消费水平，这时家庭的储蓄减少了 1 000 元；当收入增加到 10 000 元时，这个家庭的消费水平是 10 000 元；如果这个家庭的收入增加到 20 000 元时，则该家庭的消费水平上升到 14 000 元，这时，这个家庭可以增加储蓄 6 000 元。显然，这个家庭消费增加的比例小于收入增加的比例。

消费和收入的上述关系也可以用平均消费倾向（APC）和边际消费倾向（MPC）进一步加以说明。

平均消费倾向（Average Propensity to Consume，APC）是指消费占收入的比重，或平均每单位收入的消费量，用公式表示为

$$\text{APC} = C/Y$$

平均消费倾向说明了家庭收入在消费和储蓄之间量的分配状况。如在上例中，当一个家庭的收入为 8 000 元，家庭消费 9 000 元时，平均消费倾向是 1.125；当收入增加到 10 000 元时，这个家庭的消费水平是 10 000 元时，平均消费倾向是 1；如果这个家庭的收入增加到 20 000 元时，则该家庭的消费水平上升到 14 000 元，平均消费倾向是 0.7。由于消费水平总大于零，因而平均消费倾向为正数。按照定义，平均消费倾向随着收入的增加而递减。

边际消费倾向（Marginal Propensity to Consume，MPC）。表示增加单位收入所增加的消费所占的比重。用公式表示为

$$\text{MPC} = \Delta C / \Delta Y$$

式中，ΔY 表示家庭收入的增加量；ΔC 是增加的收入中用于增加的消费量。

当收入变化 ΔY 很小时，有导数形式 $\text{MPC} = dC/dY$。如果用横轴表示国民收入 Y，纵轴表示消费 C，那么消费函数 $C = C(Y)$ 就是一条消费曲线，而边际消费倾向为曲线的斜率。边际消费倾向说明了家庭收入的变动量在消费变动和储蓄变动之间量的分配状况。例如，当家庭的收入从 8 000 增加到 10 000，增加了 2 000 时，消费支出则从 9 000 增加到 10 000，增加了 1 000，这时家庭的边际消费倾向是 50%。当家庭的收入从 10 000 增加到 20 000，增加了 10 000，消费支出则从 10 000 增加到 14 000，增加了 4 000，这时家庭的边际消费倾向是 40%。边际消费倾向总是大于 0 小于 1 的，即 0<MPC<1。按照定义，MPC 随着收入的增加而递减，

且 MPC<APC。

消费与收入之间的关系还可以用消费曲线来表示，只要把家庭的每一收入水平对应的消费支出描绘在由收入和消费支出构成的坐标平面图中，就得到消费者的消费曲线，如图 9-2 所示。

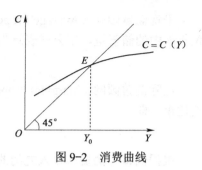

图 9-2 消费曲线

根据定义，消费曲线是一条向右上方倾斜的曲线，同时在边际消费倾向递减规律的作用下，这条曲线随着收入的增加越来越趋于平缓。图中 45°辅助线表示居民的每一收入全部用于消费。消费曲线与 45°线的交点 E 表示当居民的收入为 Y_0 时，居民的消费水平也是 Y_0；在 E 点的左边，居民的消费支出大于收入；在 E 点的右边，消费支出小于收入。

最简单的函数形式是线性函数形式。经济学家在做经济理论分析时往往假定消费与收入之间存在线性关系，也就是假定 MPC 为一常数，这时的消费函数可表达为

$$C = a + bY$$

式中，$a>0$；$0<b<1$。

线性消费函数在几何图形中表现为一条向右上方倾斜的直线，如图 9-3 所示。消费 C 由两部分构成：①常数 a 表示不随收入变化而变化的那一部分消费，可以理解为一个社会必需的基本消费。短期看即使在没有收入的条件下，借贷也要维持这部分生存的基本需要。不同收入水平的人对 a 的理解是不同的。对大部分发展中国家来说，基本消费可能仅指为了维持生存所必需的谷物，可饮用水和御寒衣服。但对一些发达国家，牛奶、肉类、水果等都会被算作基本消费。显然对后者，其 a 值比前者大得多。另外，对于一个国家来说，随着经济的发展，a 值也会随之而变化。②bY，称为引致消费。b 是边际消费倾向，$0<b<1$，是一个常数。不同的经济状况，其边际消费倾向通常是不一样的。

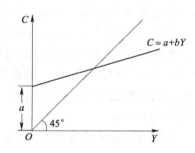

图 9-3 线性消费函数

利用 1978—1997 年某国国内生产总值数据，得到该国消费函数

$$C = 412.839 + 0.453\,8Y$$

二、储蓄函数

在经济学上，储蓄（S）被定义为居民收入中未被用于消费的部分。也就是说，居民的收入只有两种用途：消费和储蓄。因此，有恒等式：$Y=C+S$。我们可以直接从消费函数中得出储蓄函数：

$$S = Y - C = S(Y)$$

由于增加的收入中用于增加的消费越来越少，因而增加的收入中储蓄增加的数量越来越大。储蓄与收入之间的关系还可用平均储蓄倾向（APS）和边际储蓄倾向（MPS）进一步加以说明。

平均储蓄倾向（Average Propensity to Save，APS）表示收入中储蓄所占的比重，或每单位收入中的储蓄量，用公式表示为

$$APS = S/Y$$

边际储蓄倾向（Marginal Propensity to Save，MPS）表示增加单位收入所增加的储蓄所占的比重，即

$$MPS = \Delta S/\Delta Y$$

根据储蓄、消费与收入之间的关系可知，平均储蓄倾向和边际储蓄倾向随着收入的增加而递增，且 APS<MPS，0<MPS<1。

把储蓄与收入的关系描绘在以收入和储蓄构成的几何图形中，可以得到一条储蓄曲线，为了便于比较，把消费曲线和储蓄曲线置于同一坐标图中，如图9-4所示。首先，随着收入的增加，消费曲线越来越平缓，储蓄曲线越来越陡峭；其次，由于消费与储蓄是互为补充的，因此，消费曲线与 45°线之间的距离正好等于横轴与储蓄曲线的距离。例如，在收入为 Y_1 时，消费曲线与 45°线相交与 E 点，表明收入全部用于消费，因此，储蓄为0，表现为储蓄曲线与横轴相交；当收入小于 Y_1 时，消费曲线在 45°线的上方，表示消费大于收入，因此，储蓄为负，表现为储蓄曲线在横轴的下方；反之，当收入大于 Y_1 时，消费曲线在 45°线的下方，表示消费小于收入，因此，储蓄为正，表现为储蓄曲线在横轴的上方。

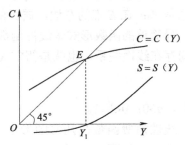

图9-4 消费曲线与储蓄曲线

利用线性消费函数形式，可以得到线性的储蓄函数形式，即

$$S = Y - C = -a + (1-b)Y$$

式中，$(-a)$是与自发消费对应的自发储蓄，它不受收入的影响；$(1-b)$是边际储蓄倾向；$(1-b)Y$是与引致消费对应的引致储蓄，它随着收入的变化而变化。

三、消费函数和储蓄函数的关系

根据以上分析，消费函数和储蓄函数之间的关系可以概括为三个方面：
（1）消费和储蓄之和等于总收入，即

$$C(Y) + S(Y) = Y$$

（2）平均消费倾向和平均储蓄倾向之和恒等于1；边际消费倾向和边际储蓄倾向之和恒等于1。即

$$APC + APS = 1$$

$$MPC + MPS = 1$$

（3）平均消费倾向和边际消费倾向随着收入的增加而递减，且 MPC<APC；平均储蓄倾向和边际储蓄倾向随着收入的增加而递增，且 APS<MPS。

第三节 投资函数

导入案例 9-3 >>> 利率变动对投资规模乃至整个经济活动的影响

在投资收益不变的条件下,因利率上升而导致的投资成本增加,必然使那些投资收益较低的投资者退出投资领域,从而使投资需求减少。相反,利率下跌则意味着投资成本下降,从而刺激投资,使社会总投资增加。正是由于利率具有这一作用,西方经济理论界与货币管理部门都把利率视为衡量经济运行状况的一个重要指标和调节经济运行的重要手段。

因此,自20世纪30年代大萧条以来,控制利率水平在西方货币政策体系中曾一度占有举足轻重的地位。例如,在整个20世纪50年代和60年代,美国政府采取低利率政策刺激投资,扩大生产规模,使美国经济在战后的20多年里,对经济的发展确实起到了积极的促进作用。实际年均国民生产总值(GNP)增长率都在4%左右。日本从低利率政策中获得的好处更大,企业大量利用低利贷款,减少了利息负担,降低了企业产品成本,增加了企业利润,促进了企业投资,加速了工业发展。日本的低利率政策对日本投资的迅速增长、工业的高速发展和进出口贸易的开展都发挥了重大作用。

从20世纪70年代起,西方各国国际收支极度不平衡,并发生了普遍性的通货膨胀。与此同时,国内经济逐渐停滞,形成了可怕的"滞胀"局面。为了缓和经济危机,西方各国相继转向推行高利率政策,以压缩投资,抑制通货膨胀,结果取得了极大的成效。英国的通货膨胀率从1975年的24.2%下降到1982年的8.6%,再继续下降到1988年的3.8%。日本的通货膨胀率也从1974年的24.3%逐渐下降到1988年的0.5%。

由此可见,利率的变动对投资规模乃至整个经济活动的影响是巨大的。这一点,不但为西方经济学理论一再强调,而且也从实践中反复得到了证实。

一、投资的概念

通常,我们把个人购买股票、房产等个人投资都看成是一种投资行为。但就整个社会来讲,投资是指一定时期增加到资本存量中的资本流量,即一定时期内增加的新资本,这就是经济学所要考察的资本的概念。个人购买股票等投资往往只是发生财产权的转移,并没有实际增加社会的资本量,因而在考察收入总量时,经济学不考察这些行为。

在第一节中,我们知道计入国内生产总值中的投资包括固定资本投资和存货投资,因此,国民收入核算中的私人投资是事后投资,在这里显然是指实际发生的投资额或实际投资。其中固定资本投资是厂商根据计划愿意实施的投资支出,它取决于厂商对未来利润率的预期和市场利率等因素,厂商的这一投资支出是事前行为,所以又称为意愿投资或计划投资。由于存货投资是由于销售量发生突然变化所引起的存货的变动,因而是一种事后投资,所以又称为事后投资或非意愿投资。实际投资、意愿投资和非意愿投资三者的关系是:实际投资=意愿投资+非意愿投资。

存货投资是一种事后投资,它不是影响国民收入变动的因素;意愿投资或计划投资是事前投资,因而是影响国民收入的因素,在国民收入决定中的投资是指计划投资。因此,这里的投资函数是指计划投资与影响计划投资的因素之间的关系。

二、资本的边际效率

厂商投资目的在于赢利,因而在考虑风险的条件下,决定厂商是否投资的因素取决于投资收益与筹资成本的比较。投资的收益由预期利润率决定,筹资的成本由市场的利息率决定。如果购买一项资本品的预期利润率大于使用资本的利息率,厂商进行投资是有利可图的,投资是可行的;反之,厂商就不会进行投资。因此,投资取决于预期利润率是否大于市场利息率。

一项资本品的预期利润率可以由资本品的净收益与购买资本品的成本所决定。但是,一项资本品往往在一个较长的时期内发挥作用,因而厂商将在较长的时期内获得净收益。因此,厂商一次投入,却会在长期内获得收益,投资一项投资品带来的净收益与在该项资本品的支出发生了时间上的不一致。那么,怎样计算该项资本品的预期利润率?凯恩斯主义提出了资本的边际效率的概念。

资本的边际效率(MEC)是一个贴现率,这一贴现率恰好使得一项资本品带来的各期收益的贴现值之和等于厂商在该项资本品的支出或资本品的价格。如果一项资本品在未来各期内预期获得的收益依次为 R_1、$R_2 \cdots R_n$,若该项资本品的购买价格为 R_0,那么,满足下列等式的 r_e 即是该资本品的边际效率。即

$$R_0 = \frac{R_1}{1+r_e} + \frac{R_2}{(1+r_e)^2} + \cdots + \frac{R_n}{(1+r_e)^n} \tag{9-1}$$

从式(9-1)中可以看出,资本的边际效率取决于资本品的价格和投资者对这项资本品带来的收益的预期。在资本品价格一定的条件下,这项资本品的预期收益越高,资本的边际效率也就越大。投资者购买投资品进行投资的条件是该资本品的边际效率不低于市场利率。

三、投资函数

在整个经济中,存在着若干的投资项目,对应每一特定的投资项目,投资者都会根据资本的价格和预期收益确定一个边际效率,如图9-5所示。在图中,投资 I_1 项目的资本边际效率最高(如为10%),其次是投资 I_2 项目的边际效率(如为6%),如此按边际效率由大到小依次排列。

由于只有当资本的边际效率超过市场利息率时,投资者才会投资。假定市场利息率 $r=8\%$,则只有第一个项目被投资,从而投资量为 $I=I_1$。如果市场利率降至5%,那么第二个投资项目也会被投资,因此,这时整个社会的投资量为 $I=I_1+I_2$。由此可见,就全社会而言,在资本的边际效率既定的条件下,如果利息率越高,资本的边际效率超过利率的项目就越少,投资数量也就越少;反之,利率越低,投资数量就越大。因此,投资取决于市场利息率,并随着市场利率的降低而增加,即投资是市场利率的减函数。以 I 表示经济中的投资,r 表示利息率,则投资函数可表示为

$$I=I(r)$$

在几何图形中，投资曲线表现为一条向右下方倾斜的曲线，如图 9-6 所示。

如果由于某种原因，例如，投资者对资本收益的预期增加导致资本的边际效率增加，那么，在同一利率下投资量会增加，表现为投资曲线向右上方移动，如在图 9-6 中，I_1 移动到 I_2。反之，投资曲线向左下方移动。

一般地，为分析的简便，投资函数以线性形式表示，即

$$I = I_0 - d \times r$$

式中，I_0 成为自主投资，不随利率的变化而变化；$(-d \times r)$ 则是由利率的变动引起的投资的变动，称为引致投资。线性投资函数在几何图形上表现为一条向右下方倾斜的直线。本章是在利率一定的条件下讨论投资对国民收入的影响作用，因此这里的投资只有自主投资，即 $I=I_0$。这样可以使分析更加简便。

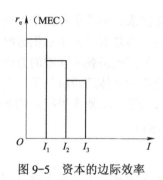

图 9-5　资本的边际效率

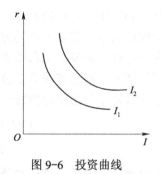

图 9-6　投资曲线

第四节　简单国民收入的决定

导入案例 9-4　GDP 及相关经济数据

某国第一季度 GDP 按年增长率计算的累计总值（总供给）为 10.428 万亿美元，增长 6.1%。从总需求方面看，第一季度国内总消费增长 6.5%，比上年同期提高 5.7%；私人消费支出增长 3.2%，比去年同期提高 0.2%；非居民投资下降 8.2%，比去年同期下降 8 个百分点；居民投资增长 14.6%，比上年同期提高 6.1%；商品和服务出口提高了 5.3%，上年同期则是负增长（-1.2%）；商品和服务进口猛增到 12.9%，上年同期也是负增长（-5.0%）；政府消费和总投资从去年第四季度起大幅度增长达到 10.2% 和当年第一季度的 6.7%，分别提高 4.9 个百分点和 1.4 个百分点。

凯恩斯主义的全部理论涉及四个市场：产品市场、货币市场、劳动市场和国际市场。仅包括产品市场的国民收入决定理论称为简单的国民收入决定理论。

一、总需求与总供给的构成与均衡国民收入

在既定的价格水平下，总需求是指一个经济社会在一定时期内对物品和劳务的需求总

和，包括私人消费需求、私人投资需求、政府需求和来自国外的需求四部分。总需求可以由经济中的总支出来表示。若用 C 表示私人消费支出、I 表示私人投资支出、G 表示政府购买支出、$X-M$ 表示国外对本国产品的净购买支出，以 AD 表示一国的总需求，则一国的总需求的构成可表示为

$$AD = C+I+G+(X-M)$$

在既定的价格水平下，总供给是指一个经济社会在一定时期内所有厂商提供的物品和劳务的总和。按照国民收入核算理论，总供给可以用总收入来表示。以 AS 表示总供给，C、S、T 分别表示私人收入中用于消费的部分、私人收入中用于储蓄的部分和政府的收入（税收），则一国的总供给可表示为

$$AS = C+S+T$$

总需求是计划支出，总供给是计划收入，显然，总需求并不等于总供给，经济社会就是在这两种力量的作用下，朝着一定的方向运行。一般地，当总需求大于总供给时，整体经济朝着扩张的方向运行；相反，当总需求小于总供给时，整体经济朝着紧缩的方向运行；当这两种力量处于均衡时，即总需求等于总供给时，将使得作为总体的经济处于均衡状态。均衡国民收入就是指总需求与总供给恰好一致时的国民收入水平。均衡国民收入的条件是

$$C+I+G+(X-M) = C+S+T$$

或者：

$$I+G+X = S+T+M$$

在一个没有对外贸易的三部门经济中，总需求由私人消费需求、私人投资需求和政府需求构成。即 $AD = C+I+G$。

总供给由用于消费、储蓄和税收的收入构成，即 $AS = C+S+T$。因此，三部门经济的均衡国民收入的条件是 $I+G = S+T$。而在一个两部门经济中，经济处于均衡的条件是 $I=S$。

下面的分析将在假定总供给既定的条件下，说明国民收入的决定。这时均衡国民收入是指与总需求相一致的产出水平，如图9-7所示，假定总支出（即总需求量）为100亿美元，则总产出（总收入）为100亿美元时就是均衡产出，E 点为均衡点。同 E 点相对应的支出和收入都为100亿美元，说明生产数额正好等于需要支出（消费加投资）的数额。若产出大于100亿美元，非意愿存货投资（IU）就大于零，企业要削减生产。反之，企业会扩大生产。因此，经济总要趋于100亿美元产出水平。

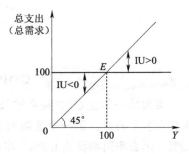

图9-7 总需求决定国民收入

二、两部门经济中的国民收入决定

1. 计划支出等于计划收入决定均衡国民收入

在两部门经济中，计划总支出由私人消费支出和私人投资支出组成。消费是收入的函数，即 $C=C(Y)$，投资是利率的函数，但在这里假定投资为自主投资，即投资为既定的常数。当国民经济处于均衡状态时，决定的均衡国民收入与私人消费支出加私人投资支出相一致。因此，均衡国民收入决定模型是

$$\begin{cases} 消费函数：C=C(Y)=a+bY \\ 投资函数：I=I_0 \\ 均衡条件：Y=C+I \end{cases}$$

从均衡条件可以得到两部门均衡国民收入为

$$Y=\frac{a+I_0}{1-b}$$

若以横轴表示总收入，纵轴表示总支出，则在坐标图中的45°线上，总收入等于总支出，经济处于均衡状态，从而决定均衡国民收入 Y_0。在图9-8中，消费随着收入的增加而增加，投资为自主投资与收入无关，是常数。因而，($C+I$) 曲线即总支出曲线是与 C 曲线平行的曲线。总支出曲线与45°的交点 E 决定均衡国民收入 Y_0。这时，家庭想要有的消费支出和企业想要有的投资支出的总和正好等于总产出即总收入。如果经济离开了这个均衡点，企业部门的销售量就会大于或小于它们的产量，从而被迫进行存货负投资或存货正投资。即出现意外存货的减少或增加，从而引起生产的扩大或收缩，直到回到均衡点为止。

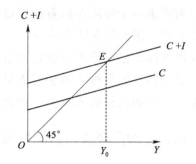

图9-8　总支出等于总收入决定国民收入

可见，如果知道了消费函数和投资量，就可以得到均衡国民收入水平。例如，假定一个两部门经济的消费函数 $C=1\,000+0.8Y$，企业计划投资为600亿美元，则两部门的均衡国民收入是

$$Y=\frac{1\,000+600}{1-0.8}=8\,000（亿美元）$$

很显然，如果消费和投资增加，经济中的总支出增加，从而均衡国民收入增加；反之，消费和投资减少，均衡国民收入减少。由此可见，消费和投资是刺激经济增长的主要因素。

2．投资等于储蓄决定均衡国民收入

均衡国民收入的决定还可以由投资等于储蓄的均衡条件加以说明。这时均衡国民收入可以由下列模型决定：

$$\begin{cases} 储蓄函数：S=S(Y)=-a+(1-b)Y \\ 投资函数：I=I_0 \\ 均衡条件：I=S \end{cases}$$

从均衡条件再次得到两部门均衡国民收入为

$$Y=\frac{a+I_0}{1-b}$$

在图9-9中以横轴表示总收入，纵轴表示储蓄和投资。当投资曲线与储蓄曲线相交时，经济处于均衡状态。均衡国民收入依然是 Y_0。在上例中，由消费函数 $C=1\,000+0.8Y$ 可知，储蓄函数为 $S=-1\,000+(1-0.8)Y$，又由于企业计划投资为600亿美元，按照投资等于储蓄的均衡条件得到均衡国民收入仍然是 8 000 亿美元。

在图 9-9 中，当国民收入为 Y_1 小于均衡国民收入 Y_0 时，这时经济中就会出现储蓄（S_1）小于投资（I_0），这表明经济中对投资品的需求大于经济中储蓄的投资品，从而促使厂商增加生产，国民收入随之增加，即 Y_1 会逐渐增加直至均衡国民收入 Y_0；反之，如果最初的国民收入为 Y_2 大于均衡国民收入 Y_0，这时经济中就会出现储蓄（S_2）大于投资（I_0），这表明经济中对投资品的需求小于经济中储蓄的投资品，从而促使厂商

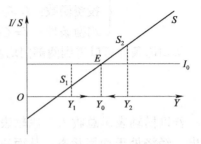

图 9-9　投资等于储蓄决定国民收入

缩减生产，国民收入随之减少，即 Y_2 会逐渐减少直至均衡国民收入 Y_0。因此，均衡国民收入也可以由投资等于储蓄的 E 点来决定。

很显然，如果投资增加或者储蓄减少，均衡国民收入增加；反之，投资减少或者储蓄增加，均衡国民收入减少。因此，储蓄是抑制国民收入增长的因素。

三、三部门经济中的国民收入决定

两部门经济的均衡国民收入决定可以很容易推广到包含政府的三部门经济和包含对外贸易的四部门经济的均衡国民收入决定情况。下面以三部门为例说明这种推广。

在三部门经济体系中，经济活动的主体是家庭、厂商和政府。在这里，构成总支出的项目不仅包括私人消费和投资，还包括政府的购买支出（G）。总收入项目中，除了私人用于消费和储蓄的收入外，还包括政府的净税收（T）。为了简便起见，假定税收为定量税，即 $T=T_0$。

引入政府部门对私人部门所产生的最重要的影响是通过税收对私人收入的影响。当存在政府税收时，决定家庭部门消费和储蓄的收入不再是总收入 Y，而是可支配收入 Y_d，$Y_d=Y-T_0$。仍以线性关系说明三部门均衡国民收入的决定。在加入政府部门后，政府税收对消费的影响可以表示为

$$C=a+bY_d=a+b（Y-T_0）=a-bT_0+bY$$

相应地，储蓄函数表示为

$$S=Y_d-C=-a+（b-1）T_0+（1-b）Y$$

于是，三部门均衡国民收入取决于下面的条件：

消费函数：$C=a-bT_0+bY$　　　　　储蓄函数：$S=-a+（b-1）T_0+（1-b）Y$
投资函数：$I=I_0$　　　　或者　　　投资函数：$I=I_0$
政府购买：$G=G_0$　　　　　　　　政府购买：$G=G_0$
均衡条件：$Y=C+I+G$　　　　　　税收函数：$T=T_0$
　　　　　　　　　　　　　　　　均衡条件：$S+T=I+G$

从中得到均衡国民收入为

$$Y = \frac{a - bT_0 + I_0 + G_0}{1-b}$$

很显然，均衡国民收入随着政府购买增加而增加，随着税收的增加而减少。即政府购买增加使得国民收入增加，而政府税收增加则国民收入减少。同理，可以推出在四部门经济中，出口增加使得一国国民收入增加；反之，进口增加使得一国国民收入减少。

第五节 乘数原理

导入案例 9-5 旅游业乘数效应预测

经济学家于 2011 年第一季度末估计 2011 年中国旅游业的总收入将下降 2 成到 3 成。按照旅游界人士一般认为旅游乘数效应为 1～4.7，经济学家在估计我国旅游的乘数效应时，采取的乘数通常为 2～3。根据研究，考虑到 2011 年已过了 1/3 的事实，建议采用 1.5 作为乘数来估计旅游的乘数效应。按此计算，则影响约为 1 595 亿～2 430 亿元。

2010 年我国 GDP 的总量是 102 398 亿元，2011 年预期的增长目标是 8%。由于世界经济危机的影响，要达到这目标将有很大困难。经济不景气造成旅游等消费活动的低迷，将对 GDP 的潜在影响估计约为 1.4～2.2 个百分点，考虑到政府可能采取的应对措施，估计 2011 年经济的增长率在 6.8%～7.5% 之间，比预期低 0.5～1.2 个百分点。

在简单国民收入决定理论中，指出了影响一国均衡国民收入的因素。乘数原理是说明影响国民收入的因素发生变动时所引起的国民收入变动的程度。由于国民收入的变动量是引起其变动的初始量的若干倍，因此，对国民收入的变动与影响国民收入变动的因素的分析称为乘数原理。若用 K 表示乘数，则

$$\Delta Y = K \times \Delta 初始量$$

由于引起国民收入变动的初始量可能是投资、政府购买、税收等，因此，相应地，乘数有投资乘数、政府支出乘数、税收乘数等。

一、投资乘数

在其他条件不变的情况下，某一部门增加一笔投资（ΔI），会在国民经济各部门之间引起连锁反应，当国民收入重新达到均衡时，由此引起的国民收入的增加量将是这笔投资的若干倍。以 K_I 表示投资乘数，则 K_I 等于 1 减边际消费倾向的差的倒数或边际储蓄倾向的倒数。用公式表示为

$$K_I = \frac{1}{1 - \text{MPC}} = \frac{1}{\text{MPS}}$$

投资具有乘数效应是因为国民经济各部门是相互联系的，当某一部门增加一笔投资时，

将引起经济中增加等量的投资需求,从而使投资品供给增加相同的数额;投资品的增加又使得经济中的总收入增加相同的数额;收入的增加又导致居民增加消费;消费增加又在各部门之间引起连锁反应,直到经济再次处于均衡状态。

如某部门增加投资 100 万元,就会引起投资品部门的生产增加 100 万元,相应人们的收入增加 100 万元。在边际消费倾向为 0.8 时,居民增加消费 80 万元,这又会引起消费品部门增加消费品生产 80 万元,相应地,人们的收入又增加 80 万元,如果边际消费倾向依然是 0.8,则又引起生产增加 64 万元……

当国民收入达到新的均衡时,国民收入的增加量是

$$\Delta Y = 100 + 100 \times 0.8 + 100 \times 0.8^2 + \cdots + 100 \times 0.8^{n-1} = 100 \times \frac{1}{1-0.8} = 500$$

一般地,假定投资变动 ΔI,国民收入将随之变动 ΔY,如果经济中各家庭的边际消费倾向为 b,则投资增加引起的均衡国民收入增加量是

$$\Delta Y = \Delta I (1+b+b^2+b^3+\cdots+b^{n-1})$$

最终国民收入的增加量是

$$\Delta Y = \frac{1}{1-b} \Delta I$$

由此可见,乘数的大小取决于边际消费倾向或边际储蓄倾向的大小,边际消费倾向越大或边际储蓄倾向越小,乘数就越大;反之,边际消费倾向越小或边际储蓄倾向越大,乘数就越小。

同理,当投资减少时,国民收入将成倍地减少。

在实践中,乘数效应要充分地发挥作用还受到若干条件的限制。首先,如果经济中没有可利用的资源(劳动力和投资存货),那么,投资增加并不能使产量和收入增加;其次,如果增加的收入用来购买进口产品,则乘数将降低;最后,乘数效应要求经济中有比较稳定的消费倾向。一般地,投资乘数作用在经济萧条时的效果最佳。

二、其他乘数

1. 政府购买乘数

政府购买乘数是指政府购买的变动所引起的国民收入增加或减少的程度。如果政府购买增加 ΔG,那么总产出或总需求将增加 ΔY,政府购买增加所引起的总产出增加的乘数是

$$K_G = \frac{\Delta Y}{\Delta G} = \frac{1}{1-b}$$

由此可见,在其他条件不变情况下,政府购买增加与私人投资增加对经济的影响效果是一样的。因为政府购买增加同样引起经济中需求增加,并使得均衡国民收入增加。假定经济中的边际消费倾向为 b,那么,政府购买增加引起的国民收入增加量是

$$\Delta Y = \Delta G (1+b+b^2+\cdots+b^{n-1})$$

最终国民收入的增加量是

$$\Delta Y = \frac{1}{1-b} \Delta G \tag{9-2}$$

式（9-2）表明，当政府购买增加时，国民收入会以 1 减边际消费倾向的倒数倍增加；反之，当政府购买减少时，国民收入会以 1 减边际消费倾向的倒数倍减少。

2．税收乘数

税收乘数是指税收的变动所引起的国民收入或总产出的变动倍数。在其他条件不变情况下，税收增加引起总需求减少，并使得均衡国民收入减少。假定经济中的边际消费倾向为 b，那么，政府税收增加引起的国民收入的减少量是

$$\Delta Y = -b\Delta T(1+b+b^2+\cdots+b^{n-1})$$

最终国民收入的减少量是

$$\Delta Y = \frac{-b}{1-b}\Delta T$$

税收乘数是

$$K_T = \frac{\Delta Y}{\Delta T} = \frac{-b}{1-b}$$

税收乘数是负值，表示总产出随税收增加而减少，随税收减少而增加。其原因是税收增加会引起可支配收入的减少，从而消费会相应减少。消费减少，生产就会紧缩，总产出就会减少。因而税收变动与总产出变动方向相反。即如果政府增税，则总产出将减少；如果政府减税，则总产出将增加。

3．平衡预算乘数

平衡预算是指政府收入和支出同时以相等数量变化时引起的国民收入变动的程度。在固定税或定量税条件下，平衡预算乘数等于1。

设政府税收收入增加 ΔT 的同时政府购买支出增加 ΔG，根据平衡预算的要求，有 $\Delta T = \Delta G$，$\Delta Y = K_G \Delta G + K_T \Delta T$，根据以上 1 和 2 的分析，有

$$\Delta Y = \frac{1}{1-b}\Delta G + \frac{-b}{1-b}\Delta T$$

在 $\Delta T = \Delta G$ 的情况下，$\Delta Y = \Delta T = \Delta G$。这表明，平衡预算乘数等于1。

第六节 利息率的决定

导入案例 9-6 >>> 央行回笼流动性

2011 年 5 月 17 日，中国央行决定，从次日起，再度上调存款类金融机构人民币存款准备金率 0.5 个百分点。此次上调之后，大中型金融机构存款准备金率达 21%的高位。

2011 年 1—5 月，监管层以每月一次的频率动用这一数量型工具，此次上调已经是当年

的第 5 次、2010 年以来的第 11 次。

据估算，此次上调后，可一次性冻结银行资金 3 700 多亿元。分析人士表示，这显示出央行大力回笼流动性、控制通货膨胀、管理通货膨胀预期的努力。

此外，海关公布的数据显示，2011 年 4 月我国出现 141 亿美元的贸易顺差，预示着外汇占款的增长仍然较快。

"5月份到期资金量比较大，外汇占款比较多，加上通货膨胀超预期，再调准备金率非常正常。"申银万国证券研究所首席宏观分析师分析道。

但央行仍面临较大的回笼压力。于是央行发行 3 年期央票 400 亿元，发行利率为 3.8%，央行该周也从银行间市场净回笼资金 120 亿元，扭转了此前连续三周的净投放格局。显示出加大公开市场操作回笼力度的意图。

凯恩斯主义认为，利息率是一种纯粹的货币现象，完全取决于货币市场上人们对货币的需求和货币的供给。

一、货币的需求

货币的需求是指人们偏好以货币形式保存一定数量资产的愿望和动机。它是人们对货币的流动性偏好引起的，因此，货币需求又被称为流动性偏好。产生流动性偏好的动机主要有三种：交易动机、预防动机和投机动机。

交易动机是指人们为了应付日常交易而在手边留有货币的动机。由此产生的对货币的需求被称为货币的交易需求。无论家庭或企业都要应付日常开支，而交易发生的时间和取得收入的时间不同步，因此，就产生了出于交易动机而产生的货币需求。在绝大多数经济活动中，人们在一定的时期内（如一个月）的报酬是一次性取得的（如月初），而通常交易则可能发生在一个月之中的每一天。为此，人们必须留有一定的货币以应付日常的交易。一般来说，货币的交易需求主要由交易数量所决定：交易量越大，货币的交易需求越大。从整个经济系统来看，交易量由国民收入所决定。因此，货币的交易需求由国民收入决定，并且随着国民收入的增加而增加。

预防动机又称谨慎动机，是指人们为了防止意外情况发生而在手边留有货币的动机。由此产生的货币需求被称为货币的预防需求。例如，家庭和企业为了应付意外事故、失业、疾病等都必须事先持有一定数量的货币。很显然，预防动机引起的货币需求与个人对待风险的态度有直接的关系。一般来说，在人们对待风险的态度既定的条件下，收入越多，为了预防的目的而在手边留有的货币数量就越多。因此，从整个经济系统来看，货币的预防需求也随着国民收入的增加而递增。

上述两种动机引起的货币需求都取决于国民收入，为了简化分析，把这两种类型的货币需求归于一类，并以 L_1 表示，简称交易需求。并且 L_1 是收入 Y 的增函数，即货币的交易需求随着国民收入的增加而增加。货币的交易需求与收入之间的关系表示为

$$L_1=L_1（Y）\tag{9-3}$$

或者
$$L_1=kY\tag{9-4}$$

式（9-4）中，k 为生产上述两种动机所需的货币量同实际收入的比例关系。例如，实际收入 $Y=5\,000$（万美元），交易和预防需要的货币量占实际收入的 20%，那么，$L_1=kY=0.2\times5\,000=1\,000$

（万美元）。

根据式（9-4）可以得到表示收入与货币交易需求之间关系的曲线，如图9-10所示。

投机动机是指人们为抓住有利的购买有价证券的机会而在手边留有一定数量货币的愿望和动机。由此产生的对货币的需求被称为货币的投机需求。人们为了投机的目的持有一定数量的货币，是因为有价证券市场上价格变动可以使购买有价证券者获利。从理论上讲，债券等有价证券的价格一般会随着利息率的变化而变化，利率提高，有价证券的市场价格下降；利率下降，有价证券的价格上升。有下列计算公式

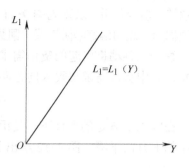

图9-10 货币的交易和预防需求

$$债券价格 = \frac{债券收益}{利息率}$$

有价证券的价格与预期收益大小成正比，与利息率高低成反比。例如，小张以20美元每股的价格购买了某公司的股票，每股股票一年可获得股利收入10美元，假定市场利息率为10%，则这张20美元的股票的市场价格就为100美元，因为100美元货币存入银行可以获得10美元的股利收益。同样，若市场利息率下调为5%，则这张股票的市场价格就为200美元。可见，在其他条件不变的情况下，股票价格一般随利息率的下降而提高。

有价证券的投资者就是利用利息率水平和有价证券的价格水平的变化进行投资。现在假定利率在提高而有价证券的价格在下降，人们认为有价证券的市场价格已经降到正常水平以下，预料很快就会回升，或者说，利率已经提高到正常水平以上，预料很快会回调。这时，投资者将抓住机会买进证券，人们手中出于投机动机而持有的货币量就会减少；相反，利率降低而有价证券价格上升，人们就会认为有价证券的市场价格已经上升到正常水平以上，预料很快就会下降，或者说，利率已经降低到正常水平以下，预料很快会回升。这时，投资者将抓住机会卖出证券，人们手中出于投机动机而持有的货币量就会增加。由此可见，为满足投机动机而持有的货币量取决于人们对未来价格水平，特别是有价证券价格水平的预期。因此，出于投机动机对货币需求的数量是利率的函数。以L_2表示投机动机的货币需求量，r表示市场利息率，则这一货币需求量和利息率的关系的函数形式为

$$L_2 = L_2(r) \tag{9-5}$$

或者

$$L_2 = -hr \tag{9-6}$$

式（9-6）中h是货币投机需求的利率系数，负号表示货币投机需求与利率呈反向关系。

图9-11表示了人们对货币的投机需求与利息率之间的关系。随着利息率r的下降，人们对货币的需求增大，即货币的投机需求曲线是一条向右下方倾斜的曲线。图中，当利率极高时，投机动机引起的货币需求量等于0，也就是说，人们认为利率非常高以至于不可能再上升，或者说，有价证券的市场价格低得不可能再下降，这时，人们会将所有出于投机动机持有的货币量全部换成有价证券；反之，当利率极低时，投机动机引起的货币需求量为无穷大，也就是说，人们认为利率非常低以至于不可能再下降，或者说，有价证券的市场价格高得不可能再上升，这时，人们会将持有的有价证券全部换成货币。原因是：利率极低时，有价证券的市场价格一旦下降可能遭

受的损失很大，持有有价证券的风险极高。因此，这时，人们不再购买证券，而是有多少货币就愿意持有多少货币。表现为图 9-11 中的投机动机对货币的需求曲线接近于一条水平线，这种情况被称为"流动偏好陷阱"或"凯恩斯陷阱"。

综合三种动机引起的货币需求可以知道，货币需求主要取决于国民收入和货币市场的利息率，其中货币需求与收入同方向变动，与利息率反方向变动。以 L 表示货币需求，则

$$L=L_1(Y)+L_2(r)=kY-hr$$

在收入 Y 既定的条件下，货币的交易需求和预防需求既定。这时，货币的需求 L 随着利息率的上升而下降，图 9-12 给出了货币的需求曲线。

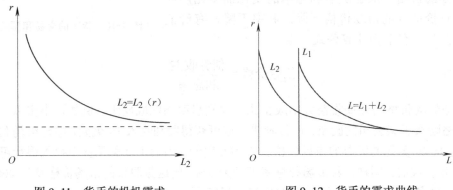

图 9-11　货币的投机需求　　　　图 9-12　货币的需求曲线

图 9-12 中的垂直线为满足交易动机的货币需求曲线 L_1，它与利率无关，因而垂直于横轴。L_2 是满足投机动机的货币需求曲线，起初向右下方倾斜，然后趋于水平，说明利率越低，人们持有的货币量越多，当利率极低时，人们将不再购买证券，而是有多少货币就愿意持有多少货币，因而为水平线。图中 L 曲线是包括 L_1 和 L_2 在内的全部货币需求曲线。

二、货币的供给

货币供给量是一个存量概念，是指一个国家在某一特定时点上所保持的不属于政府和银行所有的硬币、纸币和银行存款的总和，即由家庭和厂商持有的政府和银行系统以外的硬币、纸币和银行存款的总和。其中，硬币和纸币是指除银行之外的硬币和纸币，等于硬币和纸币的发行总额减银行库存现金，即货币发行净额；同样，银行存款等于银行存款总额减政府存款和银行同业存款，即银行存款净额。如果不扣除银行库存现金和政府存款，那么，无论政府怎样控制货币，货币总量不变。所以，货币供给量是指市场流通的货币数量。货币供给量有狭义和广义之分。狭义的货币供给量只包括硬币、纸币和银行的活期存款。广义的货币还包括定期存款。如果将个人和厂商持有的政府债券也包括在内，则形成较广泛意义的货币供给量。通常用 M_1、M_2、M_3 来表示这三种含义的货币供给数量。

$$M_1=通货+活期存款$$

$$M_2=M_1+定期存款$$

$$M_3=M_2+非银行金融机构的存款$$

需要说明的是，政府发行的货币是名义货币，即按照货币的面值计量。但经济学讨论货

币市场所涉及的货币是指实际货币。因此，需要将名义货币折算为实际货币量。假定政府发行的名义货币量为 M，而经济中的价格总水平为 P，那么实际发挥作用的货币是

$$m=M/P \tag{9-7}$$

式（9-7）给出了经济中的实际货币供给量。

一般来说，货币供给量取决于国家的经济政策，国家可以使用经济政策来改变货币供给量的大小。因而货币的供给量认为是一个政府可控制的常量，与利息率的高低无关。货币供给曲线是一条垂直于横轴的直线，如图 9-13 所示。

货币供给曲线为垂直线表明：无论 r 怎样变化，货币供给均可处在一定的水平。

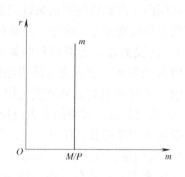

图 9-13 货币供给曲线

三、利息率的决定

在货币市场上，货币需求与货币供给的相互作用决定市场利息率水平，如图 9-14 所示。

在图 9-14 中，L 表示货币的需求曲线，在既定的收入条件下，它随着利息率的降低而增加；m 表示货币的供给，它不随利息率的变动而变动。货币的需求曲线与供给曲线的交点 E 使得货币市场处于均衡，并决定均衡的利息率 $\bar{r}$。当市场利息率高于均衡利息率 $\bar{r}$ 时，如位于 r_1，此时货币的需求小于货币的供给。这意味着，人们想持有货币的数量小于实际持有的货币数量，因而人们就会将手中不想要的货币转化为有价证券。结果有

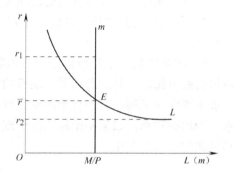

图 9-14 均衡利息率的决定

价证券价格提高，利息率下跌，从而 r_1 趋于 $\bar{r}$。反之，当利息率低于均衡利率 $\bar{r}$ 时，如位于 r_2，则货币的需求大于货币的供给。这意味着，人们想持有货币的数量超过实际水平的货币量，因而人们会把手中持有的有价证券转化为货币，即出售有价证券，结果导致有价证券价格下降，从而使得利息率上升，r_2 趋于 $\bar{r}$。由此可见，只有货币需求等于货币供给时，利息率才处于均衡。

这一均衡利息率由下列条件所决定

$$m=L_1(Y)+L_2(r)$$

既然市场均衡利息率由货币的需求和货币的供给所决定，那么当货币的需求或供给变动时，均衡的利息率水平也会相应地改变。由图 9-14 可以看出，如果货币需求增加，货币需求曲线向右上方移动，从而均衡利息率升高；反之，货币需求减少，均衡利息率降低。如果货币供给增加，货币供给曲线向右移动，从而使得均衡利息率下降；反之，货币供给减少，均衡利息率上升。

本章小结

1. GDP 是宏观经济指标体系的核心指标。国内生产总值（GDP）是依据国土原则来

测定生产总值的指标，国民生产总值（GNP）是依据国民原则来测定生产总值的指标，国内生产总值与国民生产总值之差称为国外要素收入与转移支付净额（NFP）。

2. 国内生产总值有三种测定方法。生产法是从如何形成的角度测定国内生产总值；支出法是从国内生产总值生产出来以后怎样使用来测定的；收入法是从参与生产的生产要素所得的相应收入角度来测定国内生产总值的。三种方法测定的是同一个对象，应该保持其一致性。

3. 居民的收入由消费和储蓄两种用途组成。消费函数和储蓄函数分别描述了消费、储蓄与收入的关系。收入变化所引起的消费变化用边际消费倾向来测度，边际消费倾向是递减的；收入变化所引起的储蓄变化用边际储蓄倾向来测度，边际储蓄倾向是递增的。

4. 国民收入核算中的私人投资支出是实际投资，决定国民收入的投资是计划投资。计划投资是利率的减函数。在没有引进利率因素的条件下，假定投资是自主投资，它是一个常数。

5. 均衡国民收入是一国的总需求和总供给恰好一致时的国民收入水平。总需求由一国的总支出来表示；总供给由一国的总收入来表示。

6. 在简单的均衡模型中，乘数效应是通过消费函数的作用来传导的。乘数效应对于分析国民收入变动的程度具有重要的现实意义。

7. 利息率是影响投资从而是影响国民收入的主要因素，因此，利率是经济学的一个主要变量。

8. 利息率取决于货币供给与货币需求的均衡，其中货币需求由交易动机、预防动机和投机动机引起。交易动机和预防动机的货币需求主要取决于国民收入水平，投机动机的货币需求主要取决于利率。当货币需求和货币供给相等时，货币市场达到均衡状态，这时的利率水平为均衡利率。如果初始利率高于或低于均衡利率，会出现需求和供给缺口，市场会迫使利率向均衡水平变化。

思考与练习

一、重要概念

国内生产总值　国民生产总值　最终产品　中间产品　总需求　总供给
消费函数　　　储蓄函数　　　投资函数　乘数原理　货币需求
交易动机　　　预防动机　　　投机动机

二、单项选择题

1. 某地区年人均 GDP 大于人均 GNP 这表明该地区公民从外国取得的收入（　　）外国公民从该地区取得的收入。

　　A. 大于　　　　　　　　　　　　B. 小于
　　C. 等于　　　　　　　　　　　　D. 可能大于可能小于

2. 已知某个国家的资本品存量在年初时为 2 000 亿美元，它在本年度生产了 500 亿美元的资本品，资本消耗折扣是 300 亿美元。这样，这个国家在本年度的总投资和净投资分别是（　　）。

　　A. 500 亿美元和 200 亿美元　　　B. 2 500 亿美元和 2 200 亿美元
　　C. 500 亿美元和 300 亿美元　　　D. 2 500 亿美元和 2 300 亿美元

3. 在国民收入核算体系里，下面（ ）属于私人投资？
   A. 政府修建公路　　　　　　　　B. 私人购买股票
   C. 厂商年终的存货大于年初　　　D. 私人购买债券
4. 在边际储蓄倾向等于20%的时候，边际消费倾向等于（ ）。
   A. 20%　　　　B. 80%　　　　C. 30%　　　　D. 60%
5. 在四部门经济中，如果用支出法衡量，国民生产净值等于（ ）。
   A. $C+I+G+X$　　　　　　　　B. $C+I+G+M-X$
   C. $C+I+G+M$　　　　　　　　D. $C+I+G+X-M$
6. 今年的名义国内生产总值大于去年的名义国内生产总值说明（ ）。
   A. 今年的物价水平一定比去年高了
   B. 今年生产的物品和劳务总量一定比去年增加了
   C. 今年的物价水平和实物产量水平一定都比去年提高了
   D. 以上三种说法都不一定正确
7. 在计算国民生产总值的过程中（ ）不能简单相加？
   A. 政府支出和工资与薪金　　　　B. 个人消费和个人储蓄
   C. 消费支出和净投资　　　　　　D. 政府购买和政府转移支付
8. 已知某种商品的价格在2016年是20美元，在2018年是24美元，如果以2016年为100，2018年这种商品的价格指数是（ ）。
   A. 20%　　　　B. 120%　　　　C. 104%　　　　D. 124%
9. 下列（ ）不是公司间接税？
   A. 销售税　　　　　　　　　　　B. 货物税
   C. 公司所得税　　　　　　　　　D. 公司财产税
10. 在短期内居民的（ ）有可能大于居民的可支配收入。
    A. 储蓄　　　　B. 消费　　　　C. 所得税　　　　D. 投资
11. 家庭消费—收入图中的收入均衡点是（ ）。
    A. 储蓄等于消费　　　　　　　　B. 消费等于投资
    C. 收入等于消费　　　　　　　　D. 储蓄等于收入
12. 狭义货币供给量（M_1）等于（ ）。
    A. 硬币加纸币　　　　　　　　　B. 通货加活期存款
    C. 纸币加活期存款　　　　　　　D. 纸币
13. 下面不影响货币需求的是（ ）。
    A. 公众支付习惯　　　　　　　　B. 银行利率水平
    C. 一般物价水平　　　　　　　　D. 物品和劳务的相对价格
14. 消费倾向在下述（ ）情况较高。
    A. 教育程度低　　　　　　　　　B. 收入水平低
    C. 拥有较多流动资产　　　　　　D. 周围人群消费水平较高
15. 乘数发生作用的条件是（ ）。
    A. 社会上的各种资源已充分利用　B. 社会上资源未得到充分利用
    C. 边际消费倾向小于0　　　　　 D. 边际消费倾向大于1

16. 引致消费取决于（　　）。
    A．自发消费 B．平均储蓄倾向
    C．收入和边际消费倾向 D．收入
17. 下列（　　）情况不会使收入水平增加？
    A．自发性支出增加 B．自发性税收下降
    C．自发性转移支付增加 D．净税收增加
18. 根据储蓄函数引起储蓄增加的因素是（　　）。
    A．收入增加 B．利率提高
    C．人们预期未来的价格水平上升 D．政府支出增加
19. 假定边际消费倾向等于 60%，政府同时增加 20 万美元的支出和税收，将使国民收入（　　）。
    A．减少 20 万美元 B．保持不变
    C．增加 20 万美元 D．增加 12 万美元

三、判断题

（　　）1．政府的转移支付是国民生产总值构成中的一部分。
（　　）2．总投资不可能是负数，而净投资可能是负数。
（　　）3．间接税是厂商支出的成本之一，它将构成产品价格的一部分。
（　　）4．个人收入等于消费与储蓄之和。
（　　）5．居民拿到的收入不一定都是他们挣得的。
（　　）6．花 4 万美元建造一所房子的行为是一种消费行为。
（　　）7．对退伍军人支付的津贴，应当算入国民生产总值。
（　　）8．家庭主妇提供劳务应得的收入，构成国民生产总值的一部分。
（　　）9．假如居民在不同的可支配收入水平上都减少储蓄，消费曲线将向上方移动。
（　　）10．均衡的国民收入必然是充分就业的国民收入。
（　　）11．假如某厂商用自有资金投资，由于他不必支付利息，投资的成本等于零。
（　　）12．某居民把节省下来的收入用于买股票，这种行为是投资。
（　　）13．减税对国民收入的影响一般来说小于投资。
（　　）14．在国民收入决定理论中，当投资大于储蓄时，一国的国民收入减少。
（　　）15．三部门国民收入核算恒等式是 $I+G=S+T$，即 $I=S$ 和 $G=T$。
（　　）16．在均衡的国民收入水平上，意愿存货和非意愿存货都必然为零。
（　　）17．乘数效应与边际支出倾向密切相关，边际支出倾向越大，乘数也就越小，两者负相关。

四、计算题

1．某经济社会在某时期发生了以下活动：①一银矿公司支付 7.5 万美元工资给矿工开采了 50 万磅银卖给一银器制造商，售价 10 万美元；②银器制造商支付 5 万美元工资给工人造一批项链卖给消费者，售价 40 万美元。

请依此经济活动为背景：

（1）用最终产品生产法计算 GDP；

（2）每个生产阶段生产了多少价值？用增加值法计算 GDP；
（3）在生产活动中赚得的工资、利润共计分别为多少？用收入法计算 GDP。
（4）比较最终产品生产法、增加值法和收入法的结果。

2．假设某国有如下的国民收入统计资料：（单位：10亿美元）

国民生产总值	4 800
总投资	800
净投资	300
消费	3 000
政府购买	960
政府预算盈余	30
转移支付	100

试计算：
（1）国民生产净值；
（2）净出口；
（3）净税收；
（4）税收；
（5）个人可支配收入；
（6）个人储蓄。

3．假设某经济社会的消费函数为 $C=1\,000+0.75Y$，投资为 300（单位：10亿美元）。
（1）求均衡国民收入、消费、储蓄；
（2）若投资增加至 500，试求增加的收入及投资乘数；
（3）若消费函数变为 $C=1\,000+0.9Y$，投资仍为 300，求消费函数变化后的均衡国民收入及乘数。

4．假定一国有下列国民收入统计资料（单位：亿美元）：国内生产总值为 5 000，个人可支配收入为 4 100，政府预算赤字为 200，消费为 3 800，贸易赤字是 100。

试计算：①储蓄；②投资；③政府支出。

5．假设某经济社会的消费函数为 $C=100+0.8Y$，投资为 50（单位：10亿美元）。
（1）求均衡收入、消费和储蓄；
（2）如果当时实际产出（即收入）为 800，试求企业非意愿存货投资积累为多少？

五、思考题

1．说明国民生产总值与其他四个总量的相互关系。
2．如何理解国内生产总值的含义？说明国民生产总值与国内生产总值的关系。
3．在计算国民生产总值时，为什么要把中间产品剔除在外？
4．为什么用"收入法"与"支出法"计算的国民生产总值是一样的？
5．怎样理解产出等于收入以及产出等于支出？
6．能否说边际消费倾向和边际储蓄倾向都是递减的？为什么？
7．假定国民收入原来的均衡被投资的增加所打破，在国民收入形成新的均衡的时候，国民收入将发生怎样的变化？为什么？
8．什么是交易的货币需求？什么是投机的货币需求？影响它们的基本因素是什么？

第十章 宏观经济政策

■ 学习目标 ■

1. 熟悉宏观经济政策的四大目标。
2. 理解财政政策的含义、特征、手段及其效应。
3. 了解财政制度。
4. 了解货币银行制度。
5. 理解货币政策的含义、特征、工具及其效应。

第一节 宏观经济政策目标

导入案例 10-1 >>> 我国经济社会发展取得辉煌成就

国内生产总值年均增长 7.2%，高于同期世界 2.6% 和发展中经济体 4% 的平均增长水平，平均每年增量 44 413 亿元（按 2015 年不变价计算）。

就业持续扩大。城镇新增就业连续四年保持在 1 300 万人以上，31 个大城市城镇调查失业率基本稳定在 5% 左右，农民工总量年均增长 1.8%。

价格形势稳定。居民消费价格年均上涨 2.0%。

2013—2016 年，7.2% 的年均经济增长速度、2% 的通胀率、5% 左右的调查失业率，较高增速、较多就业、较低物价搭配的运行格局难能可贵，在世界范围内一枝独秀。

综合实力不断增强。2016 年，国内生产总值达到 74 万亿元，按不变价计算为 2012 年的 1.32 倍；一般公共预算收入接近 16 万亿元，为 2012 年的 1.36 倍；谷物、肉类、花生、钢铁、汽车等多种工农业产品产量居世界首位；高速铁路里程 2.3 万公里，位居世界第一；2016 年年末国家外汇储备超过 3 万亿美元，今年 8 月末达 3.09 万亿美元，继续保持世界首位。2016 年，人均国民总收入（GNI）达到 8 260 美元，在世界银行公布的 216 个国家（地区）人均 GNI 排名中，我国由 2012 年的第 112 位上升到 2016 年的第 93 位。

国际影响力大幅提升。2016年，我国国内生产总值折合11.2万亿美元，占世界经济总量的14.8%，比2012年提高3.4个百分点，稳居世界第二位。2013—2016年，我国对世界经济增长的平均贡献率达到30%左右，超过美国、欧元区和日本贡献率的总和，居世界第一位。

经济政策是指作为政策主体的政府及其代理机构为了实现增进社会经济福利的目标而制定的解决经济问题的指导原则和措施。这是政府在经济事务中有意识的活动。一切经济政策的制定都以一定的经济目标的实现为出发点和归宿点。宏观经济政策的目标被认为主要包括四个方面：充分就业、价格稳定、经济持续均衡增长和国际收支平衡。宏观经济政策就是为了达到上述目标而制定的措施和手段。在每一特定时期，宏观经济政策在顾及整体目标实现的同时有所侧重，政府将围绕着特定目标制定一系列的政策措施。

一、关于充分就业

充分就业是宏观经济政策的第一个目标。在广泛的意义上，充分就业是指一切生产要素（包含劳动）都有机会以自己愿意的报酬参加生产的状态。为了简便起见，西方经济学家通常以失业率作为衡量充分就业与否的尺度。失业率是指失业者人数与劳动力人数的比率。劳动力是指一定年龄范围内有劳动能力愿意工作的人。老人、孩子以及由于这样那样原因放弃了找工作念头的人，都不能算作劳动力。因此，劳动力和人口是两个概念，劳动力与人口的比率可称为劳动力参与率。

失业者是劳动力中那些想工作但尚未找到工作的人。如果一个人停止寻找工作，就被认为退出了劳动力队伍，就不再被看作失业者。为什么会有失业？按照凯恩斯的解释，失业一般分为三类：摩擦失业、自愿失业和非自愿失业。摩擦失业是指在生产过程中由于难以避免的摩擦造成的短期、局部性失业，如劳动力流动性不足、工种转换的困难等导致的失业。自愿失业是指工人不愿意接受现行工资水平而形成的失业。非自愿失业是指愿意接受现行工资但仍找不到工作的失业。除了上述这几类失业外，西方学者还有所谓结构性失业、周期性失业等说法。结构性失业是指由经济结构变化等原因造成的失业，特点是社会上既有失业，又有职位空缺，原因是失业者或是由于没有适当技术，或是居住地点不当，因而无法填补现有的职位空缺。结构性失业也可看作摩擦性失业的较极端的形式。周期性失业是指在经济周期中的衰退或萧条时因需求下降而造成的失业。

失业总被认为会给社会及失业者本人和家庭带来损失。失业给失业者本人及其家庭在物质生活和精神生活上带来了莫大痛苦，也使社会损失了本来应当可以得到的产出量。因此，降低失业率，实现充分就业，就成为宏观经济政策的重要目标。

什么是充分就业？凯恩斯主义认为，一个经济社会如果已经消除了非自愿失业，失业仅限于摩擦失业和自愿失业，就是实现了充分就业。另外一些经济学家则认为，如果空缺职位总额恰好等于寻找工作的人数，就是充分就业。充分就业并不排除像摩擦失业这样的失业情况存在。目前，大多数西方经济学家认为存在4%~6%的失业率是正常而自然的，此时社会经济处于充分就业状态。

二、关于价格稳定

价格稳定是指价格总水平的稳定,它是宏观经济政策所要实现的第二个目标。一般用价格指数来表示一般价格水平的变化状况。价格指数是表示若干种商品价格的平均水平的指数,也称综合商品价格指数,是以一定时期为基期表示的若干种商品价格水平的变化方向和变化程度。依照统计中选取的商品种类不同,价格指数包括消费价格指数、批发价格指数和国内生产总值折算指数等。

价格稳定成为宏观经济政策的重要目标,是为了控制通货膨胀对经济造成的不良影响。自 20 世纪 60 年代以来,伴随着经济增长速度的放缓,西方经济中出现了较严重的通货膨胀问题,从而大大激发了有关通货膨胀的成因及其传导机制的理论研究,需要说明的是,价格稳定不是指每种商品的价格固定不变,而是指价格指数的相对稳定,不出现较为严重的通货膨胀。在经济增长过程中,价格稳定目标允许轻微的通货膨胀存在。

三、关于经济增长

经济增长是指一定时期内经济的持续均衡增长,即在一个时期内经济社会所生产的人均产量或人均收入的增长。通常用一定时期内实际国内生产总值年均增长来衡量。

通常认为,经济增长与就业目标是相互一致的。国民经济的产出水平是由这个经济中的就业水平决定的,就业水平的变化将引起产出水平的变化。曾在 1968—1969 年担任美国总统经济顾问委员会主席的阿瑟·奥肯根据美国的经验数据发现,如果失业率下降一个百分点,总是伴随着 GDP 增长 2 个百分点。这就是著名的奥肯定律,所揭示的经济增长与就业的关系对宏观经济政策的制定有着重要的意义。如何维持较高的经济增长率以实现充分就业,是宏观经济政策追求的主要目标之一。

四、关于国际收支平衡

国际收支是指一国在一定时期内从国外收入的全部货币资金和向国外支付的全部货币资金的对比关系。随着国际经济交往的密切,如何平衡国际收支也成为一国宏观经济政策的重要目标之一。国际收支对开放型经济是至关重要的。一国的国际收支状况不仅反映了这个国家的对外经济交往情况,还反映出该国经济的稳定程度。当一国国际收支处于失衡状态时,就必然会对国内经济形成冲击,从而影响该国内就业水平、价格水平及经济增长。

以上宏观经济政策实现的四大目标是宏观经济的理想状态。由于四大目标并不是相互一致的,因此,政府并不总能同时实现以上所有的目标。这就要求政府在制定经济政策时综合考虑。因为经济政策目标之间不但可能存在互补性,也可能存在一定的冲击,如价格稳定和经济增长就往往存在两难选择。其次,政府运用的各种政策手段必须相互配合,协调一致。如果政府的政策手段和目标发生冲突,就达不到理想的经济效果,甚至可能偏离政策目标。

第二节　宏观财政政策

导入案例 10-2 　　改革开放以来，中国在不同时期曾经实施了六种不同的财政政策

改革开放以来，根据各个历史阶段的特点，我国曾经依次采取了促进国民经济调整的财政政策、紧缩的财政政策、适度从紧的财政政策、积极的财政政策、稳健的财政政策，以及积极的财政政策。

1979 年

背景：经济出现过热现象及引发的财政赤字严重、投资需求和消费需求双膨胀、物价持续上涨、外贸逆差增加等问题。

内容：中央提出对国民经济进行"调整、改革、整顿、提高"的八字方针。

效果：通过宏观调控，基本实现了财政收支平衡、物价稳定和信贷平衡的预期目标。但由于经济调整中紧缩的政策力度过大，经济增长率从 1980 年的 7.8%降到 1981 年的 5.2%。

1982 年

内容：1982 年开始实行宽松的财政政策和货币政策，主要是通过放松银根，对企业实行利改税，调动企业和地方的生产积极性，增加有效供给，缩小总供给与总需求之间的差距。

效果：从 1982 年开始，国内生产总值增长速度逐步回升，当年增长 9.1%，增幅较上年提高 3.9 个百分点，1983 年加快到 10.9%。

1988 年

背景：从 1984 年后期开始，国民经济过热的迹象又逐步显现，投资消费高速增长，价格总水平大幅攀升。为满足社会固定资产投资增长的要求和解决企业流动资金短缺的问题，国家不断扩大财政赤字，为弥补赤字，银行超量发行货币，又加剧了物价指数上升。

内容：十三届三中全会提出"治理经济环境、整顿经济秩序、全面深化改革"的方针。实行了紧缩财政、紧缩信贷的"双紧"政策。

效果："双紧"的财政货币政策实施后，经济过快增长得到了控制，物价迅速回落到正常水平，需求膨胀得到化解，固定资产投资的结构有所调整，产业结构不合理状态有所改变。

1993 年

背景：1992 年，在邓小平南方谈话和党的十四大精神鼓舞下，全国排除干扰，解放思想，又掀起了新一轮的经济建设高潮。投资增长过猛，基础产业和基础设施的"瓶颈"制约进一步加剧，市场物价水平迅速上升，经济形势严峻。

内容：为了保持国民经济的平稳发展，中央果断做出深化改革、加强和改善宏观调控的重大决策，1993 年提出了加强调控的 16 条措施，其中财政政策发挥了重要作用。

效果：实践证明，适度从紧的财政与货币政策取得了良好的效果。1996 年，国民经济较为平稳地回落到适度增长的区间，成功地实现了"软着陆"，既有效地抑制了通货膨胀，挤压了过热经济的泡沫成分，又保持了经济的快速增长，形成了"高增长、低通货膨胀"的良好

局面，成为我国宏观调控的成功典范。

1998 年

背景：1997 年 7 月 2 日，亚洲金融风暴在泰国爆发，迅速席卷东南亚诸国，我国对外贸易受到了严重冲击。面对国内外经济和市场形势，在货币政策效应呈递减之势和坚持人民币汇率稳定政策的情况下，财政政策成为宏观调控的重要工具。

内容：为了扩大需求，从 1998 年 7 月开始，国家实施了积极的财政政策。

效果：1998～2002 年的财政宏观调控，以实施积极的财政政策为主，在扩大投资、刺激消费、鼓励出口、拉动经济增长、优化经济结构等方面取得了显著的成效。通货紧缩的趋势得到了有效遏制，社会需求全面回升，经济结构调整稳步推进，经济持续快速增长。

2004 年

背景：扩大内需取得显著效果后，经济运行中又出现了投资需求进一步膨胀，贷款规模偏大，电力、煤炭和运输紧张状况加剧，通货膨胀压力加大，农业、交通、能源等薄弱环节以及中小企业、服务业投入严重不足等新问题。

内容：中央提出进一步加强宏观调控。财政政策作为重要的调控手段，顺应宏观经济形势的要求，适时实施稳健的财政政策。

效果：稳健财政政策的实施，使我国经济运行呈现出"增长速度较快、经济效益较好、群众受惠较多"的良好格局。

2008 年

背景：2008 年下半年全球金融海啸爆发后，中国经济增长明显减速，经济下行压力加大。

内容：中央决定实施积极的财政政策。2008 年 11 月 9 日，国务院常务会议公布扩大内需、加快基建投资等十项措施，决定投资 4 万亿元人民币。十大保经济措施，包括：加大营房屋、农村基建、交通、环境卫生及环保等投资，改善医疗教育，加大农业及低收入人士补贴等。

效果：总体上，4 万亿投资在提升市场信心，扩大内需，减少失业以及加强经济社会薄弱环节（包括关注低收入群体）方面都发挥了很大作用。但也留下了中国省、市、县三级地方债务余额过多的后遗症。

2017 年、2018 年

我国继续实施积极的财政政策。

财政政策是指政府通过增减政府支出或者调整税收的手段以达到实现宏观经济政策目标的目的。财政政策的直接结果是改变总产出或价格总水平。财政政策是国家干预经济活动的重要手段之一，不仅中央政府可以使用，地方政府也可以有其相应的财政政策。

一、财政制度

财政是一种分配制度，是国家为了实现其职能而采取的手段。财政包括政府收入和支出两个方面，其中政府收入包括税收和公债两部分。一国的财政制度就是对财政收入和财政支出两个方面的有关规定。

税收在政府收入中占有非常重要的地位。由于税收的复杂性，一般按不同的标准对税收进行分类。根据征收对象，税收可以分为财产税、所得税和流转税。财产税是对不动产或房地产等征收的税；所得税是对个人和公司的所得征税，在西方政府税收中，所得税占有很大比重；流转税是对流通中商品和劳务买卖的总额征税，增值税是流转税的主要税种之一。根据税率的变动，税收可分为累进税和比例税。累进税是指税率随征收客体总量增加而递增的税收，多适用于所得税；比例税是指税率不随征税客体总量变动而变动的税收，多适用于流转税和财产税。根据纳税的方式，税收可分为直接税和间接税。直接税是指初始的纳税人不能转嫁给第三者的税收；间接税是指初始纳税人可以将其中一部分税收转嫁给第三者的税收。所得税和财产税属于直接税，营业税、消费税等属于间接税。

公债是政府的债务，包括中央政府的债务和地方政府的债务，其中，中央政府的债务被称为国债。

公债是国家政府取得资金的来源之一，政府借债的方式一般有短期借款、中期借款和长期借款。短期借款是政府通过出售国库券取得的。在美国，国库券是期限在 1 年以内的联邦政府的债券，它最初是西方政府用来弥补政府支出和税收之间差额的一种权宜之计，后来发展为政府短期借债的主要方式。现在，政府发行短期债券不仅为了应付政府支出，而主要是为了调节货币供给。短期债券主要进入短期资本市场（货币市场）。中期借款是政府通过发行中期债券取得的，期限一般为 1~5 年。5 年以上的公债券为长期债券。中长期债券是西方国家资本市场上最主要的交易手段。因此，政府公债的发行，一方面能增加财政收入，影响财政支出，另一方面又能对包括货币市场和资本市场在内的金融市场的扩张和紧缩起重要的作用。

政府支出是指各级政府的支出。在美国，政府支出包括联邦政府支出和地方政府支出。一般来说，在政府支出的项目中，占首要地位的是防务和安全支出。其次是社会福利支出。政府支出的其他项目还有公债利息、公共卫生和保健、职业训练和教育、自然资源和环境保护、公路和住宅、农业和空间研究等。政府支出按支付性质可以分为政府购买和转移支付。政府购买是指政府对商品和劳务的购买，如购买军需品、机关办公用品等。政府购买是一种实质性支出，有着商品和劳务的实际交易，直接形成社会需求和购买力，因而是国民收入的组成部分。政府转移支付则不同，它是指政府在社会福利保险、贫困救济和补助等方面的支出，这是一种货币性支出，并无相应的商品和劳务的交换发生，因而是一种不以取得本年生产出来的商品和劳务作为报酬的支出。因此，转移支出不构成国民收入的组成部分。

二、财政制度的自动稳定器

自动稳定器又称内在稳定器，是指经济系统中能够自动稳定经济的因素。它对需求管理起着自动配合的作用，即在经济膨胀时能自动消除膨胀，当经济萧条时能够自动减缓萧条。现代财政制度本身就具有自动稳定经济的功能。当经济发生波动时，财政制度的内在稳定器就会自动发挥作用，调节社会总需求水平，减轻以致消除经济波动。财政制度的自动稳定器主要有：

（1）政府税收的自动稳定作用。当经济处于繁荣阶段时，失业率下降，收入增加，在累进税制下，政府税收自动增加，从而使人们的消费和投资增长得以抑制；反之，当经济处于萧条阶段时，失业率增加，收入减少，政府税收自动减少，从而抑制了人们收入的下降。因此，无论经济是繁荣还是萧条，税收制度都使得经济朝着相反的方向运行。税收这种因经济变动而自动发生变动的内在机动性和伸缩性，是一种有助于减轻经济波动的自动稳定因素。

（2）财政支出的自动稳定作用。当经济繁荣时，失业人数减少，失业救济和其他福利支出也会相应减少，从而抑制居民可支配收入和消费的增长；当经济萧条时，失业人数增加，失业救济和其他社会福利开支就会相应增加，从而抑制人们收入特别是可支配收入的下降，进而抑制消费需求的下降。

（3）农产品价格维持制度。当经济萧条时，国民收入下降，农产品价格和消费维持在一定水平上；当经济繁荣时，国民收入水平上升，农产品价格上升，这时政府减少对农产品的收购并抛售库存，抑制农产品价格的上升，就抑制了农民收入的增长，从而也就减少了总需求的增量。

以上各种自动稳定器自动地、反经济周期地起着作用，但它们对经济的调节作用是很有限的，特别是在经济剧烈波动时，单靠自动稳定器是难以扭转的。因此，要确保经济稳定，政府还必须审时度势，采取更为经济的财政政策，即相机抉择的财政政策。

三、相机抉择的财政政策

相机抉择的财政政策就是政府根据既定的目标主动变动财政收入和支出以影响宏观经济活动水平的经济政策，或为了影响经济活动水平而对政府支出、税收和借债水平进行的选择和决策。具体地说，当认为总需求水平过低，即经济出现衰退时，政府应通过削减税收，增加支出或双管齐下来刺激经济；反之，当认为总需求水平过高，出现严重通货膨胀时，政府应增加税收或减少支出，以抑制过热的经济势头。前者称膨胀性财政政策，后者称紧缩性财政政策。政府根据经济发展形势交替使用膨胀性财政政策和紧缩性财政政策的基本特征是"逆经济风向行事"。政府调节财政收支的手段主要有改变政府购买水平、改变政府转移支付和调整税率。

（1）改变政府购买水平是政府相机抉择财政政策采取的主要手段。在经济萧条、总支出不足时，政府将扩大对商品和劳务的购买，如增加军费开支，加快公共工程建设和重点项目的开发等，以便创造更多的就业机会，刺激社会消费和投资；相反，在经济繁荣、总支出过度时，政府则减少对商品和劳务的购买数量，如压缩军费开支，缓建一批公共工程等以压缩总需求，缓和通货膨胀的压力。

（2）改变政府转移支付是政府财政政策的又一主要手段。在总支出不足，失业增加时，政府应增加社会福利费用，如退伍军人补贴、失业人员救济金、退休人员的补助等各类转移支付水平，从而增加居民的可支配收入和消费水平；反之，在经济繁荣时，政府则压缩用于福利、补贴等方面的转移支付，以便减少总需求，降低通货膨胀率。

（3）调整税率是政府相机抉择财政政策的第三大手段。税收，特别是所得税，在西方政府税收中占有很大的比重。所得税的变动通过影响个人可支配收入直接影响消费，因此，所得税税率的变动对经济活动会产生重大影响。在经济萧条时期，政府应减少税种或降低税率，以刺激总需求；反之，当经济过热时，则可以暂时提高税率或增加临时税种以抑制总需求的过度增长。

此外，改变公债水平也是财政政策手段之一。公债的发行，既可以筹集财政资金弥补财政赤字，又可以通过公债发行与流通影响货币的供求，从而调节社会的总需求水平，对经济产生扩张或抑制效应。因此，公债也是实现财政政策目标的工具之一。

第三节 宏观货币政策

导入案例 10-3 美联储正式宣布"缩表"

据报道,次贷危机爆发后的第 10 个年头,美联储于北京时间 2017 年 9 月 21 日凌晨宣布,从 2017 年 10 月开始缩减总额高达 4.5 万亿美元的资产负债表(即缩表)。这意味着,美联储正式告别了因危机而生的量化宽松(QE)时代,转而迎接量化紧缩(QT)时代。

所谓"缩表",是指美联储缩减自身资产负债表规模,这将推高长期利率,提高企业融资成本,从而令美国金融环境收紧。"缩表"的决定并未给金融市场带来太大波动。但 QT 的长期影响受到关注,机构认为,QT 被视为经济实力的象征,将支持股市。不过,"缩表"进程的细节表明,2019 年仍潜藏着重大政策拐点。根据美联储的政策决定,当前 1%~1.25%的联邦基金利率目标区间被维持不变。

自次贷危机爆发以来,美联储先后通过数轮 QE 来支持经济,资产负债表的规模从危机前的不到 1 万亿美元膨胀至 4.5 万亿美元。

货币政策是指中央政府通过中央银行以改变货币供应量的手段来达到特定的经济目的的经济政策。改变货币供应量的直接结果是变动利率,通过利率的变动来改变总产出或通货膨胀率水平。货币政策的作用过程是中央政府通过银行体系来实现的。

一、银行体系

在货币市场上,货币的供应是由一个国家的中央银行所控制的,其控制的过程与该经济中的银行体系密切相关。银行体系由中央银行及其所管理的商业银行组成。货币政策就是通过中央银行作用于商业银行,商业银行作用于"大众"的过程来调节货币供应量,以影响整个国民经济活动水平。

所谓"大众"就是指所有的家庭和厂商。从货币市场看,大众所要做出的选择是如何安排自己的钱财,即多少拿在手里作为通货,多少放在银行作为存款。如果用 CU 表示通货,用 D 表示存款,那么整个经济中的全部货币量 M 就是

$$M = CU + D$$

通货与存款之比称作"现金存款率",表达公式是

$$c = CU/D \quad 0 < c < 1$$

现金存款比率是由大众的行为决定的。

商业银行是一个国家银行体系的主体。商业银行同其他任何厂商一样,其经营目的是盈利。商业银行盈利的主要手段是通过其存贷款业务获得利息差额。我们知道,银行资金的来源分为两种:自有资金和吸收存款。由于银行自有资金有限,所以商业银行的贷款来源主要是吸收存款。银行贷款越多,盈利就会越多,但商业银行不能把吸收来的存款都放出去,必

须留一部分以应对存款人随时提取。商业银行所保留的供存款人提取的那部分资金称为存款准备金。存款准备金 R 占存款总额 D 的比重称为存款准备金率（r），即

$$r=R/D \quad 0<r<1$$

现代各国的银行制度，无一例外地实行了准备金制度。各国的银行法都规定了一个最低的银行准备率，按规定，各商业银行应将其准备金存入中央银行，商业银行的活动是在这一法定准备率所限定的范围内从事存贷款业务。

中央银行是一国金融体系的主导，它位于一般银行之上，发挥管理金融和调节经济的作用。中央银行的业务包括对内和对外两个部分。对内，中央银行负责发行该国的货币，同时接受各商业银行的存款。这是因为每个商业银行都在中央银行中开有账户，就像一个家庭或一个厂商在商业银行开账户一样。此外，中央银行的服务对象是政府和银行，不接受其他任何个人或企业作为客户。对外，中央银行掌握一个国家的外汇储备，因为外汇储备代表国与国之间的债权债务状况。各国都有这样的中央银行，如英国的"英格兰银行"、法国的"法兰西银行"、美国的"联邦储备银行"和加拿大的"加拿大银行"等。

一般认为，中央银行的主要职能有以下三个方面。

（1）中央银行是发行的银行。所谓发行的银行，是指拥有垄断货币发行权的银行。中央银行独占货币发行权，一方面有利于防止因分散发行造成信用膨胀，货币紊乱；另一方面也有利于调节和控制货币流通，有政府做后盾，更利于货币的稳定。

（2）中央银行是银行的银行。所谓银行的银行，是指中央银行以商业银行及其他金融机构为交易对象，而不与工商企业及私人发生直接关系。主要表现在以下几个方面：

1）充当全国银行的最后贷款者。当商业银行和其他金融机构发生资金短缺，而在同业或金融市场中难以拆借融通时，可将持有的票据向中央银行进行再贴现或以再抵押方式取得所需资金。中央银行成为商业银行和其他金融机构资金上的后盾。

2）中央银行是银行存款准备金的唯一管理者。各商业银行及其他金融机构不能将吸收的存款全部贷放出去，必须按法定准备率提取一定的存款准备金交中央银行统一管理。存款准备金的提取，一方面可以加强商业银行的清偿能力，以备客户提现，从而保证了商业银行的信誉；另一方面有利于中央银行通过对存款准备金的调整与控制以影响商业银行的投资和贷款，从而调节货币流通量。

3）组织全国的票据清算。商业银行和其他金融机构一般都在中央银行开立账户，对各自的票据进行清算，这样，中央银行便成为全国票据清算的中心。

4）监督、管理银行和其他金融机构的业务活动。中央银行自己或与有关的金融管理机构一道对银行和其他金融机构的经营管理是否遵守银行法规等进行监督和检查。

（3）中央银行是国家的银行。所谓国家的银行，并不是指银行的资本属于国家所有，而是指中央银行本身是政府的一个部门，与政府有密切的关系。主要表现在：

1）代理国库。经办政府的财政收支，不付利息。

2）中央银行是政府的财政顾问。因为中央银行与世界各地金融机构建立了广泛的联系，对货币、证券和外汇市场方面的情况非常熟悉，所以财政部在发行公债和进行外币交易时，经常要求中央银行提供情报和建议。

3）代理政府发行债券。中央银行向政府提供的贷款主要是短期贷款，并用立法加以严

格限制。如 1967 年联邦德国政府规定联邦银行向联邦政府贷款的最高限额为 60 亿马克。

4）制定和执行国家的金融政策。

二、商业银行活期存款的创造与货币供应的关系

商业银行是唯一办理活期存款的银行。不仅如此，商业银行还有"创造"与"收缩"存款的能力。我们已经知道，货币供应量中绝大部分由银行活期存款组成。因此，商业银行的活动对整个经济的货币量有直接影响，从而对整个经济的活动水平产生影响。

下面举例说明商业银行的货币创造。假定法定存款准备金比率是 20%，同时企业与个人的支付都使用支票进行，即银行客户将其一切来源的收入都存入银行。现有甲客户将 100 万美元存入自己有账户的 A 银行，银行系统就因此增加了 100 万美元的准备金。A 银行按法定存款准备率将其中的 20 万美元留作准备金，存入自己在中央银行的账户上，其余 80 万美元全部贷给乙客户，乙客户将这 80 万美元全部存入自己开有账户的 B 银行，B 银行得到这 80 万美元后，依然将其中的 20%（即 16 万美元）作为准备金存入自己在中央银行的账户上，然后再贷出 64 万美元，得到这笔款的丙客户又会把它存入自己在 C 银行的账户，C 银行又留下其中的 20%（即 12.8 万美元）作为准备金存入自己在中央银行的账户上，然后再贷出其余的 51.2 万美元。由此不断地存贷下去，整个商业银行体系的存款总和将是

$$100+80+64+51.2+\cdots\cdots$$
$$=100（1+0.8+0.8^2+0.8^3+\cdots\cdots）$$
$$=100/（1-0.8）=500$$

从以上例子可见，整个银行体系创造的存款总和 500 万美元是原始存款 100 万美元的 5 倍。若用 D 表示银行存款总和，用 d 表示原始存款，用 r 表示法定存款准备率，则银行存款总和与这笔原始存款之间的关系式为 $D=d/r$。这就是说，若这笔原始存款来自中央银行，则中央银行增加一笔原始货币供给，整个银行体系将使活期存款总和扩大为这笔新增原始货币供给量的 $1/r$ 倍。其中 $1/r$ 成为货币创造乘数，即法定存款准备率的倒数。在上例中，$r=20\%$，因此，货币创造乘数为 5。准备率越小，货币创造乘数越大；准备率越大，货币创造乘数就越小。这是因为，准备率越大，说明商业银行吸收的每一轮存款中可用于贷款的数量就越小，使得下一轮存款数量就越小。由此可见，货币的供给不能只看中央银行起初投放了多少货币，而必须重视由此派生的存款或派生的货币。

和投资乘数一样，货币乘数也从两方面起作用。它既可以使银行存款多倍扩大，也可使银行存款多倍收缩。假定借款人归还 100 万美元，这样活期存款就减少 100 万美元。当该商业银行用消除活期存款缩小放款时，整个社会的货币供给就多倍收缩，假定上例中条件不变，则整个社会的货币供给量将收缩 500 万美元。由于银行系统存款的创造规模取决于银行存款准备金率，因此中央银行主要通过控制银行存款准备金率来控制和影响商业银行的存款来达到控制货币供应量的目的。

三、货币政策及其手段

货币政策是一个国家的政府根据既定目标，通过中央银行对货币供给的管理来调节信贷

供给和利率，最终影响宏观经济活动水平的经济政策。

和财政政策一样，货币政策也是"逆经济风向行事"。当总支出不足，失业持续增加时，中央银行就应采取扩大货币供应的扩张性货币政策，降低利率，刺激总需求，以解决经济衰退和失业问题；相反，当总支出过度，价格水平持续上涨时，中央银行就应采取减少货币供应的紧缩性货币政策，提高利率，抑制总需求，以解决通货膨胀问题。这种交替使用的扩张性货币政策和紧缩性货币政策被称为补偿性货币政策。

中央银行增加或减少货币供应，从而降低或提高利率以影响宏观经济活动总量的主要手段一般被认为有三个：

（1）改变再贴现率。再贴现率是中央银行对商业银行及其他金融机构放款的利率。再贴现率政策是中央银行通过改变对商业银行的贷款再贴现率来增加或减少商业银行的准备金，从而调节货币供给。其作用机制是：若商业银行由于某种原因准备金不足，可向中央银行申请借款（中央银行是最后贷款者），中央银行同意后，在商业银行的准备金账户上增加其准备金（商业银行必须用政府债券或合格票据作为抵押），当商业银行准备金增加时，进而引起货币供应多倍增加。若政府要减少流通中的货币量，则提高贴现率，商业银行向中央银行的借款减少，准备金减少从而货币供给减少。

（2）公开市场业务。公开市场业务是中央银行在金融市场上公开买卖政府债券以控制货币供应量和利率的政策行为。公开市场业务也是中央银行稳定经济最重要、最常见、最灵活的政策手段。其作用机制是，当中央银行在公开市场上购买政府债券时，商业银行的准备金就以下两种方式增加：①中央银行向个人或公司等非银行机构买进债券，则会开出支票，个人或公司将其支票存入自己的银行账户中，该银行则将支票交回中央银行作为自己在中央银行账户上增加的准备金；②中央银行直接从商业银行买进政府债券，直接在其中央银行账户上增加其准备金。反之，中央银行卖出其债券时，情况则相反。例如，在公开市场业务中，中央银行可及时地按照一定的目标来买卖政府债券，从而比较容易准确地控制银行体系的准备金。如果中央银行希望大量地变动货币供给，就可以根据改变量的规模来决定买进或卖出政府债券的数量；如果中央银行希望少量地变动货币供给，就可以用少量的债券买卖来达到目的。中央银行可以连续、灵活地进行公开市场操作，自由地决定债券的数量、时间和方向。

（3）改变法定准备率。法定准备金的高低与银行类型、存款种类、存款期限和数额的不同而有所区别，城市银行的准备率高于农村、活期高于定期。准备金制度规定了法定准备率的最高线和最低线。商业银行为获取最大利润，一般愿意尽可能按最低准备率留作兑现之用。中央银行可以在法定的范围内，改变商业银行的活期存款的准备率来调节货币供给；也可以向立法机构申请突破法定准备率的最高线和最低线。其作用机制是，假如银行体系根据 $r=20\%$ 以 5:1 的比例扩大了存款，现在假定中央银行收缩货币，将法定存款准备率提高到 25%，这时各商业银行都会感到准备金不足，它们必须卖掉一些债券或收回一些贷款。

上述再贴现率、公开市场业务和法定存款准备率政策是中央银行执行货币政策的主要手段。它们既可以单独使用，也可以配合使用。一般来说，由于调整法定准备率对整个经济的影响程度十分猛烈，一旦准备率变动，所有银行的信用都必须扩张或收缩，因此，实践中这一手段需谨慎使用。变更再贴现率是间接地控制商业银行的准备金，因而实践中较为常用。公开市场业务不仅便于操作，而且很容易进行数量控制，因而在实践中较为常用。

除上述三大手段之外，中央银行还经常使用一些选择性货币政策工具。所谓选择性货币政策工具是指中央银行用于管理和影响某些特殊种类信用市场的政策工具。主要有以下几种：

（1）消费者信用控制。消费者信用控制是指中央银行对消费者分期购买耐用品贷款的管理措施。其主要内容包括规定分期付款购买耐用消费品时，第一次付款的最低金额；规定用于消费者信贷购买商品的最长期限；规定可用于消费者信贷购买的耐用消费品种类，对不同消费者规定不同的信贷条件。

（2）不动产信用控制。不动产信用控制是中央银行对商业银行办理不动产抵押贷款的管理措施。主要内容是规定贷款的最高限额，即对一笔不动产贷款的最高额度给予限制；规定商业银行不动产贷款到期的最长期限；规定第一次付款的最低金额；规定分期还款的最低金额。对不动产信用实施控制，实际上就是中央银行就商业银行对不动产贷款的额度和分期付款的期限等进行规定的限制性措施。

（3）直接信用控制。直接信用控制是指中央银行对商业银行创造信用业务加以直接干预的各项管理措施。其中，比较重要的有信用分配、直接干涉、利率最高限额等。直接信用控制具有很大的强制性。

（4）道义劝告。道义劝告是指中央银行对商业银行发出口头或书面谈话或声明来劝说商业银行自动放款或紧缩信用，以配合中央银行的货币政策。道义上的劝告不同于强制性的行政命令，其优点是较为灵活，在一定情况下很有效。其缺点是无法律约束力，不具备强制性。

第四节　宏观经济政策的影响

导入案例 10-4 >>> 财政政策和货币政策的有效使用

1998 以来，我国 GDP 平均增长 7.6% 以上，走出了一条自新中国成立以来从未有过的既稳定又较快的经济增长新轨迹。中国社会科学院一位著名经济学家认为，我国经济增长之所以走出一条平稳的新轨迹，一个重要原因是宏观调控着眼于保持国民经济的稳定较快增长，把宏观调控的重点从实行适度从紧的财政政策和适度从紧的货币政策，转向实行扩大内需的方针，实施积极的财政政策和稳健的货币政策。对于积极的财政政策和稳健的货币政策，在各国宏观调控的具体实践中，财政政策和货币政策可有不同的搭配。我国从 1993 年 6 月开始，果断地采取适度从紧的财政政策和适度从紧的货币政策，使我国经济在 1996 年成功地实现了"软着陆"。面对 1997 年爆发的亚洲金融危机，我国又果断地转换宏观调控的方向，实施了积极的财政政策和稳健的货币政策。

2008 年爆发的全球性金融危机给世界经济造成重创，为抵御国际经济环境对我国的不利影响，我国采取了灵活审慎的宏观经济政策，实行了积极的财政政策和适度宽松的货币政策，推出了 4 万亿投资计划以及一系列扩大内需的刺激措施，加快民生工程、基础设施、生态环境建设和灾后重建，提高城乡居民特别是低收入群体的收入水平，以促进经济平稳较快增长。

实践证明，这些政策是有成效的。

尽管财政政策和货币政策的最终效果都是通过变动总需求来达到影响总产出和价格总水平的目的,然而,财政政策和货币政策的作用机制及其对经济运行产生的影响是不同的。

一、财政政策的影响

财政政策对经济活动的影响是直接的和有效的,是各国政府运用较为广泛的政策手段。首先,财政政策对国民收入产生直接影响。扩张性的财政政策增加国民收入,紧缩性的财政政策减少国民收入。其次,财政政策对财政收支平衡产生直接影响,扩张性财政政策造成预算赤字,紧缩性财政政策可能造成预算盈余。财政政策的力度越大,财政政策不平衡的程度就越大。最后,财政政策对经济的影响效果受到各种因素的制约。

制约财政政策发挥作用的因素主要来自以下三个方面:

(1)挤出效应。挤出效应是指由于政府支出增加引起的私人投资的减少。导致挤出效应的原因可能是①由于增加政府投资可能导致财政赤字,如果用发行公债的方法弥补赤字,结果可能因公众将投资转向公债而减少私人投资,结果增加政府投资所增加的国民收入可能被私人投资的减少全部或部分抵消;②如果政府购买增加引起国民收入增加的同时,利息率随之提高,则私人投资减少,结果政府投资增加对国民收入的乘数作用将大大降低。

(2)政策滞后。政策滞后是指从政策的出台到这些政策对经济运行状态发挥作用存在一个滞后期。其原因是对经济形势的判断需要时间,研究和制定对策需要时间,政策实施需要时间,政策发挥作用更需要时间。由于时滞的存在,针对某一经济形势制定的财政政策可能因为其发挥作用的时机不当而限制财政政策的效果。

(3)政治上的阻力。政府既要实现经济目标,又要顾及政治目标,而政治目标有时与经济目标相矛盾。例如,政府转移支付的减少会引起选民的反对,政府增加税收更会遭到社会的不满。这些阻力使政府在采取财政政策时有所顾忌,制约了财政政策作用的发挥。

二、货币政策的影响

货币政策是政府宏观经济调控的重要手段之一,它通过控制货币供应量影响利息率,进而影响投资,最终影响国民经济运行。和财政政策相比,货币政策是影响宏观经济运行的间接手段。普遍认为,货币政策对通货膨胀的影响程度大于对国民收入的影响。

在实践中,货币政策作用的发挥受到以下因素的影响:

(1)流动偏好陷阱。凯恩斯认为,当利息率降低到一定程度时,流动偏好引起的货币需求趋于无穷,即人们处于流动偏好陷阱。此时,无论货币供给量增加多少,其降低利息率的作用都非常小。这表明,当经济处于流动偏好陷阱状态时,货币政策通过降低利率来刺激投资的作用是有限的。

(2)时滞问题。与财政政策一样,货币政策的效果也受到政策时滞的影响。从中央银行对经济形势的判断、分析、制定到政策的实施,都会存在滞后。这种时滞的存在制约着货币政策准确有效地发挥作用。

(3)货币政策手段本身的局限性。货币政策的三个主要手段各有特点,对经济的影响效果各不相同。调整法定存款准备率对整个经济的影响程度较大,很难进行数量控制;变更再贴现率是中央银行控制商业银行准备金的重要手段,但这种手段的效果受到商业银行行为的制约；公开市场业务比较灵活，便于操作，很容易进行数量控制，因而在实践中最为常用。

三、两种政策的混合使用

在各国的政策实践中，财政政策和货币政策常常混合使用。财政政策和货币政策可有多种组合，政府和中央银行可以根据具体情况和不同目标，选择不同的政策组合。例如，当经济萧条但又不很严重时，可采用扩张性财政政策与紧缩性货币政策的组合，用扩张性财政政策刺激总需求，同时用紧缩性货币政策控制通货膨胀；当经济发生严重的通货膨胀时，可采用紧缩性财政政策与紧缩性货币政策的组合，用紧缩货币政策来提高利率，降低过度的总需求，同时又紧缩财政，以防止利率过分提高；当经济出现通货膨胀又不很严重时，可采用紧缩性财政政策和扩张性货币政策，用紧缩性财政政策抑制总需求，又用扩张货币政策降低利率，以免财政过度紧缩而引起衰退；当经济严重萧条时，政府可采用扩张性财政政策和扩张性货币政策，其中扩张性财政政策发挥刺激需求的作用，扩张的货币政策降低利率以克服财政政策可能带来的"挤出效应"。由于扩张性财政政策和扩张性货币政策都可以增加总需求，但不同政策的后果可以对不同的群体产生不同的影响，从而使 GDP 的组成比例发生变化。例如，实行扩张性货币政策会使利率下降，投资增加，因而对投资部门尤其是房地产建设部门十分有利；然而实行减税的扩张性财政政策，则是从增加个人可支配收入的角度通过增加居民消费支出来刺激国民收入的增长；如若实行增加政府支出的扩张性财政政策，例如，增加对落后地区的开发投入、增加军费开支、兴办教育等，这又会产生不同的受益群体。因此，政府在使用各种政策时，应考虑各种政策对各个阶层群体利益的影响。表10-1 给出了各种政策混合使用的效应。

表 10-1 财政政策和货币政策混合使用的政策效应

	政策混合	产出	利率
1	扩张性财政政策和紧缩性货币政策	不确定	上升
2	紧缩性财政政策和紧缩性货币政策	减少	不确定
3	紧缩性财政政策和扩张性货币政策	不确定	下降
4	扩张性财政政策和扩张性货币政策	增加	不确定

本章小结

1．宏观经济政策的目标被认为主要包括四个方面：充分就业、价格水平稳定、经济快速增长和国际收支平衡。宏观经济政策就是为了达到上述目标而制定的措施和手段，主要是财政政策和货币政策。

2．财政政策是指政府通过增减政府支出或者调整税收的手段以达到实现宏观经济政策目标的目的。财政政策的直接结果是改变总产出或价格总水平。财政政策是国家干预经济活动的重要手段之一。财政政策的手段主要有改变政府购买水平、改变税收水平和改变转移支付水平。

3．财政制度本身具有稳定经济的作用，称为自动稳定器，又称内在稳定器，它对需求管理起着自动配合的作用。即在经济膨胀时能自动消除膨胀，当经济萧条时能够自动减缓萧

条。财政制度的自动稳定器主要有政府税收制度的自动稳定作用和财政支出制度的自动稳定作用。

4．货币政策是指中央政府通过中央银行以改变货币供应量的手段来达到特定的经济目的。改变货币供应量的直接结果是变动利率，通过利率的变动来改变总产出或通货膨胀率水平。货币政策的作用过程是中央政府通过银行体系来实现的。货币政策的手段有改变再贴现率、改变法定存款准备率和公开市场业务等。

5．商业银行是唯一办理活期存款的银行，不仅如此，商业银行还有"创造"与"收缩"存款的能力，因此，商业银行的活动对整个经济的货币量有直接影响，从而对整个经济的活动水平产生影响。

6．尽管财政政策和货币政策的最终效果都是通过变动总需求来达到影响总产出和价格总水平的目的，然而，财政政策和货币政策的作用机制及其对经济运行产生的影响是不同的。财政政策对经济活动的影响是直接的和有效的；货币政策对经济活动的影响是间接的。经济实践中，有很多因素影响财政政策和货币政策的有效发挥。

思考与练习

一、重要概念

充分就业　　　自动稳定器　　　财政政策　　　货币政策
公开市场业务　　贴现率　　　　法定存款准备率

二、单项选择题

1．中国人民银行提高存款准备金率 1 个百分点，这属于（　　）。
　　A．扩张性的财政政策　　　　　B．紧缩性的货币政策
　　C．紧缩性的财政政策　　　　　D．扩张性的货币政策
2．市场利率提高，银行准备金会（　　）。
　　A．增加　　　　　　　　　　　B．减少
　　C．不变　　　　　　　　　　　D．以上几种情况都可能
3．政府提出拟增发 1 500 亿国债，主要用于在建的国债建设项目、重点企业技术改造等。这属于（　　）。
　　A．扩张性的财政政策　　　　　B．紧缩性的货币政策
　　C．紧缩性的财政政策　　　　　D．扩张性的货币政策
4．货币供给的变动如果对均衡收入有更大的影响，是因为（　　）。
　　A．私人部门的支出对利率更敏感　B．私人部门的支出对利率不敏感
　　C．支出乘数较小　　　　　　　D．货币需求对利率更敏感
5．属于紧缩性财政政策工具的是（　　）。
　　A．减少政府支出和减少税收　　B．减少政府支出和增加税收
　　C．增加政府支出和减少税收　　D．增加政府支出和增加税收
6．在下述情况下，会产生挤出效应的是（　　）。
　　A．货币供给的下降提高利率，从而挤出了对利率敏感的私人支出

B. 对私人部门税收的增加引起私人部门可支配收入和支出的下降

C. 政府支出增加使利率提高，从而挤出了私人部门的支出

D. 政府支出的下降导致消费支出的下降

7. 下列是商业银行负债的是（　　）。
   A. 库存现金　　B. 贷款　　C. 证券投资　　D. 活期存款

8. 中央银行有多种职能，只有（　　）不是其职能。
   A. 制定货币政策　　　　　　B. 为成员银行保存储备
   C. 发行货币　　　　　　　　D. 为政府赚钱

9. 银行向中央银行申请贴现的贴现率提高，则（　　）。
   A. 银行要留的准备金会增加　　B. 银行要留的准备金会减少
   C. 银行要留的准备金仍不变　　D. 以上几种情况都有可能

10. 商业银行的储备如低于法定储备，它将（　　）。
    A. 发行股票以筹措资金　　B. 增加贷款以增加资产
    C. 提高利率以吸引存款　　D. 收回部分贷款

11. 商业银行之所以会有超额储备，是因为（　　）。
    A. 吸收的存款太多　　　　　B. 未找到那么多合适的贷款对象
    C. 向中央银行申请的贴现太多　D. 以上几种情况都有可能

12. 中央银行在公开市场上卖出政府债券是企图（　　）。
    A. 收集一笔资金帮助政府弥补财政赤字
    B. 减少商业银行在中央银行的存款
    C. 减少流通中基础货币以紧缩货币供给，提高利率
    D. 通过买卖债券获取差价利益

13. 中央银行在公开市场上买进政府债券的结果将是（　　）。
    A. 银行存款减少　　　　B. 市场利率上升
    C. 公众手里的货币增加　D. 以上都不是

14. 财政部向（　　）出售政府债券时，基础货币会增加。
    A. 居民　　B. 企业　　C. 商业银行　　D. 中央银行

15. 中央银行最常用的政策工具是（　　）。
    A. 法定准备率　　B. 公开市场业务
    C. 再贴现率　　　D. 道义劝告

16. 中央银行变动货币供给可通过（　　）。
    A. 变动法定准备率以变动货币乘数　B. 变动再贴现率以变动基础货币
    C. 公开市场业务以变动基础货币　　D. 以上都是

三、判断题

（　）1. 假如挤出效应等于100%，财政支出政策十分有效。

（　）2. 只要挤出效应小于100%，政府支出的增加就能刺激国民收入的增加。

（　）3. 不管各国政府是否制定财政政策，它们实际上都在实行某种财政政策。

（　）4. 在达到充分就业以前，扩张性的财政政策对经济有百利而无一害。

（　　）5．中央银行发行国库券意味着它的债务增加。

（　　）6．在中央银行降低法定储备率的时候，商业银行所以能增加贷款，是因为它们的实际储备超过了法定储备。

（　　）7．假如中央银行要增加货币供给量，它可以命令成员银行来增加贴现。

（　　）8．在中央银行降低贴现率的时候，商业银行所以到中央银行借款，是因为它们的储备不足了。

（　　）9．降低法定储备率和贴现率，都有助于刺激经济的发展。

（　　）10．中央银行大量出售政府债券会导致债券价格的下降。

（　　）11．中央银行购买政府债券将引起货币供给量的减少。

（　　）12．中央银行最常用的扩大货币供给量的方法是增发钞票。

（　　）13．在宏观货币政策中，改变法定储备率是最灵活的政策。

（　　）14．在宏观货币政策中，公开市场业务是威力最大的政策。

（　　）15．扩张性的货币政策不论在什么条件下都会引起货币供给量的增加。

（　　）16．商业银行在法律上独立于中央银行，中央银行在道义上对商业银行进行劝告从来没有收到过什么效果。

（　　）17．凯恩斯主义认为，要对付经济萧条，宏观财政政策比宏观货币政策更有效。

（　　）18．货币学派否认宏观货币政策会对经济造成影响。

四、思考题

1．宏观经济政策的目标是什么？这些目标之间有什么矛盾，如何协调？

2．如何根据经济形势的判断运用财政政策？

3．货币政策的主要工具有哪些？它们是如何调节货币供给量的？

五、案例分析

《新闻晨报》某年某月报道：央行继续通过贴现发行央行票据，回笼货币近 300 亿元，至此央行已通过连续回购以及发行 950 亿元央行票据，回笼资金约 3 000 亿元。专家认为，央行此举主要是为了对冲外汇资金，控制货币增长速度。

近年来我国外汇储备增长较快，有经济学家认为，在银行间外汇市场上，央行不断购进美元，被动放出货币来购买外汇以维持人民币汇率，造成外汇占款大幅增加，影响基础货币投放。这使得在公开市场操作上，央行需进行反向操作回笼人民币。

同时，为保持基础货币的平稳增长和货币市场利率相对稳定，央行通过公开市场操作回笼商业银行富余资金。从 4 月起，央行调整公开市场业务操作，开始连续发行央行票据。对此，央行货币政策司有关人士表示，中央银行向商业银行发行央行票据，目的就是调节商业银行超额准备金水平。

有经济学家认为，尽管央行不断回笼货币，但这并不意味着市场上资金减少。从央行货币政策报告看，当年货币信贷继续稳定增长，调控目标为 M_2 增长控制在 16% 左右，金融贷款增加控制在 16 000 亿元左右，18 000 亿元为高限。

根据上述案例，试问：

问题1．央行采取了哪些回笼货币的手段？

问题2．央行回笼货币是否意味着央行将采取紧缩货币政策？

第十一章　通货膨胀与失业

■ **学习目标** ■
---

1. 理解通货膨胀和失业理论的基本含义。
2. 了解通货膨胀对经济的影响。
3. 了解通货膨胀的原因及治理。
4. 理解什么是就业和失业。
5. 了解菲利普斯曲线的含义。

第一节　通货膨胀及其影响

导入案例 11-1 >>>　CPI 何时见顶

2010 年开始，我国 CPI 涨幅节节攀升，至 2011 年 6 月 CPI 同比涨幅达到 6.4%，创出三年以来新高。其中猪肉上涨 57.1%，"拱高" CPI 涨幅超两成，被舆论称为"疯狂猪"。控制通货膨胀仍是宏观经济调控的首要任务。

7 月的一天早上，家住北京天坛东门的张大妈像往常一样拖着布袋车来到家附近的菜市场，"黄瓜、西红柿 2 元多，生菜 3 元，茼蒿又涨了，都 4 元多一斤了……"

张大妈老家在威海一个小镇，儿子大学毕业后留在北京工作，两年前家里添了个小孙子，老两口便来到北京照顾孩子。张大妈说："现在生个宝宝也很贵，动辄几千甚至上万元，比 30 年前生我儿子的时候贵几十倍呢。"

这就是"通货膨胀"，它正在由生硬的居民消费价格指数（CPI），转化成实实在在的物价，走进人们每天的生活中。用张大妈的话来讲，"通货膨胀就是，一年前鸡蛋 3.3 元一斤，现在 5 元一斤，同样是 100 元钱，但一年间我少买了七八十个鸡蛋。"

一、通货膨胀的定义

通货膨胀是指物价水平持续而普遍地上涨。对通货膨胀的认识不能凭感觉和简单化。如果一部分物价水平上升,另一部分物价水平下降,则可能会使一般物价水平稳定,甚至下降,不能称为通货膨胀;如果这个月物价上升,下个月物价下降,从全年来看,一般物价水平也可能稳定,甚至下降,也不能称为通货膨胀。

通货膨胀并不意味着工资、租金及所有商品和劳务的价格都以同一比例上升。它们之中有的上涨得快,有的上涨得慢,也有一些可能保持不变,但一般价格水平却是上升的。

通货膨胀必须具备两个条件:①物价的上升不是指一种或几种商品的价格上升,而是物价水平的普遍上升,即物价总水平上升;②物价水平不是一时的上升,而是持续一定时期的上升。

二、通货膨胀的衡量

衡量通货膨胀的指标是价格指数。宏观经济学用价格指数来描述整个经济社会中的各种商品和劳务的总体平均数,也就是经济社会中的价格水平。价格指数是衡量商品价格报告期与基期相比综合变动程度的指标。价格指数不是简单的算术平均数。根据计算价格指数时包括的商品范围的不同,价格指数可以分为三类。

(1)消费价格指数(CPI),是指衡量各个时期居民个人消费的商品和劳务零售价格变化的指标,也称零售物价指数或生活费用指数。它是消费者购买各种消费品和劳务价格的平均变动幅度,反映了消费者所支付的价格变动情况。用公式表示为

$$CPI = \frac{一组固定商品按当期价格计算的价值}{一组固定商品按基期价格计算的价值} \times 100$$

例如,以 2013 年为基年,如果某国一般家庭每个月购买一组代表性商品的费用为 857 美元,而 2018 年购买同样一组商品的费用为 1 174 美元,那么该国 2018 年消费价格指数为

$$CPI_{2018} = \frac{1174}{857} \times 100 = 137$$

在美国,列入编制消费物价指数的商品和劳务有 382 种,包括了具有代表性的家庭各种消费品,如食品、服装、娱乐、房租、家用电器、交通运输等。各国由于生活条件、环境各有不同,列入编制消费物价指数的商品稍有差异,但通常主要是以这种物价指数来判断是否发生了通货膨胀。以美国消费价格指数为例,1967 年为 100%,则 1950 年为 72.1%,1958 年为 86.6%,1960 年为 88.7%,1964 年为 92.9%,1965 年为 94.5%,1970 年为 116.3%,这说明,美国在 1950—1970 年已有通货膨胀,但通货膨胀的幅度还不算太大。

(2)生产者价格指数(PPI),是指衡量厂商购买的一篮子物品和劳务的总费用,由于厂商最终要把他们的费用以更高的消费价格的形式转移给消费者,所以通常认为生产者价格指数的变动对预测消费者价格指数的变动是有用的。生产者价格指数包括了原料、半成品和最终产品等(美国约采用 3 000 种东西)三个生产阶段的物价资讯,它是消费者价格指数之先声。

(3)国民生产总值折算数,是衡量各个时期一切商品与劳务价格变化的指标。本书第九章已作说明,这里不再赘述。

物价实际是否上涨,西方各国通常用批发价指数和零售价指数,而主要是用零售价指数

来作为衡量标准的。

这三种物价指数都能反映基本相同的通货膨胀率变动趋势,但由于各种指数所包括的范围不同,以致数值并不相同。例如,美国 1971—1980 年的平均通货膨胀率,消费物价指数是 7.9%,批发价指数是 8.5%,按国民生产总值折算数是 6.9%。虽然具体数字有所差异,但是所反映的物价上涨趋势是一致的。在这三种指数中,消费物价指数与人民生活水平关系最密切,因此,一般都用消费价格指数来衡量通货膨胀。

三、通货膨胀的影响

(一)通货膨胀对收入分配的影响

1. 通货膨胀不利于靠固定收入维持生活的人

靠固定收入维持生活的阶层,其固定的货币收入,落后于物价水平的上升,故其实际收入因通货膨胀而变少。他们收入的购买力将随价格的上升而下降。因而他们的生活水平必然降低。属于固定收入阶层的主要是那些领救济金、退休金的人,那些白领阶层、公共雇员以及靠福利和其他转移支付维持生活的人。他们在相当长的时间内所获得的收入是不变的。特别是那些只获得少量救济金的老人,遇到这种经济灾难,更是苦不堪言。他们是通货膨胀的牺牲品。近年来,西方政府用增加福利的办法来抵消通货膨胀对社会保障接受者的不利的再分配效应。例如,从 1972 年起,美国根据一项自动增长的调整公式,使社会保障利益指数化,工资指数化,即同消费品价格指数挂钩,自动调整,以避免通货膨胀的影响。

而靠变动收入维持生活的人,则会从通货膨胀中受益匪浅,这些人的货币收入会走在价格水平和生活费用上涨之前。例如,在扩张的行业工作并有强大的工会支持的工人就是这样。他们的工资合同中有工资随生活费用的上涨而提高的条款,或是有强有力的工会代表为他们与厂商进行谈判,在每个新合同中都能得到大幅度的工资增长。

2. 通货膨胀有利于雇主而不利于工人

在不可预期的通货膨胀之下,工资不能迅速地根据通货膨胀率来调整,从而在名义工资不变或略有增长的情况下使实际工资下降。实际工资的下降不利于工人。从利润得到收入的雇主却能从通货膨胀中获利,因为,产品价格比资源价格上升得快,厂商的收益将比他的成本增长得快。实际工资下降就会使利润增加,而利润的增加则有利于雇主,能促使厂商扩大生产规模,刺激投资。这正是一些经济学家主张以通货膨胀来刺激经济发展的理由。

3. 通货膨胀对储蓄者不利

随着价格上涨,存款的实际价值或购买力就会降低。那些口袋中有闲置货币和存款在银行的人会受到严重的打击。同样,像保险金、养老金及其他固定价值的证券财产等,它们本来是作为未雨绸缪和蓄资防老的,在通货膨胀中,其实际价值也会下降。

4. 通货膨胀有利于债务人而不利于债权人

债务契约根据签约时的通货膨胀率来确定名义利息率。当发生了未预期到的通货膨胀之后,债务契约无法更改,从而就使实际利息率下降,债务人受益,而债权人受损。假使某人买一套商品房借款 100 万元,每年偿还固定利率的贷款额 10 万元,大规模通货膨胀突然将所有的工资和收入都翻了一番,虽然,偿还贷款名义上还是每年 10 万元,但是他贷款的实际成本却只有原来的一半，只需要付出过去一半的劳动来支付这10万元。这种大规模通货膨胀使他抵押贷款的实际价值减少了一半，从而增加了他的财产。

假如你是个债权人，持有固定利率的抵押贷款或长期债券作为资产，那么你的处境就会完全相反。价格突然上涨会使你变得比以前贫困，因为别人还给你货币的实际价值要比你原先借出时的小。如果借贷的名义利率为10%，而通货膨胀率为20%，则实际利率为-10%。实际利率为名义利率和通货膨胀率的差额，如果名义利率为10%，通货膨胀率为6%，则实际利率仅为4%。只要通货膨胀率大于名义利率，则实际利率就是负值。通货膨胀对贷款，特别是长期贷款带来不利的影响，使债权人不愿意发放贷款。贷款的减少会影响投资，使投资减少。

5．通货膨胀有利于政府而不利于公众

第二次世界大战以来，通货膨胀从居民户手中把大量再分配的财富转移到政府。其原因有以下两条：

（1）政府发行了大量的债券给居民户，也就是说，政府是最大的债务人，而居民户是债权人。于是，战后的通货膨胀就将财富从居民户家中转到政府手中。

（2）在不可预期的通货膨胀之下，名义工资有所增加，尽管并不一定能保持原有的实际工资水平，但是，随着名义工资的提高，达到纳税起征点的人增加了，还有许多人进入了更高的税率等级，这样，政府的税收增加，而公众纳税数额增加，其实际收入却减少。政府由这种通货膨胀中所得到的税收称为"通货膨胀税"。这实际上是政府对公众的掠夺。这种通货膨胀税的存在，不利于储蓄的增加，也影响了私人与厂商投资的积极性。

另外，需要注意的是，由于居民户既是收入获得者、金融证券的持有者，同时又是实际不动产的所有者。因而通货膨胀对他们的实际影响能够互相抵消。例如，某家庭的固定价值货币资产（如储蓄、债券、保险等）会因通货膨胀而减少其实际价值，但同时这一通货膨胀又会使他的房产、土地的价值增加。总之，许多居民同时因通货膨胀得益，又因通货膨胀有所损失。

（二）通货膨胀对产出的影响

1．需求拉动的通货膨胀增加产出

由于需求拉动的通货膨胀的刺激，促使产出水平提高。一些经济学家认为温和的或爬行的需求拉动通货膨胀有利于刺激产出和扩大就业。

总需求增加，经济复苏，造成一定程度的需求拉动的通货膨胀。在这种条件下，产品的价格会超过工资和其他资源价格上升的幅度，从而增加厂商的利润。利润的增加会刺激厂商增加投资，扩大生产，从而减少失业，增加国民产出。这就意味通货膨胀的再分配的不良后果会被增加就业与增加产出抵消。如对一个失业者来说，如果他只能在通货膨胀时才能得到就业机会，这也是受益于通货膨胀。

2．成本推进的通货膨胀增加失业

成本推进的通货膨胀的结果，致使产出和就业下降。在原总需求水平下，经济中已经实现了充分就业和物价稳定。如果发生成本推进的通货膨胀，则原来总需求所能购买的实际产品的数量将会减少。也就是说，当成本推进的压力抬高物价水平时，总需求只能在市场上支持一个较小的实际产出。所以，实际产出下降，导致厂商缩小生产规模，减少雇工，使失业率上升。20世纪70年代的情况就证实了这一点。1973年年末，石油输出国组织把石油价格翻了两番,结果使 1973—1975 年的物价水平迅速上升,与此同时,美国失业率从 1973 年的不到 5%上升到 1975 年的 8.5%。

3．恶性膨胀导致经济崩溃

首先,在通货膨胀时,随着价格持续上升,居民户和厂商会产生通货膨胀预期,即估计物价会再度升高。这样,人们为了不使自己的储蓄和现行的收入贬值,在价格上升前进行支出消费,从而产生过度的消费购买。结果是减少储蓄和投资,使经济增长率下降。

其次,随着通货膨胀而带来的生活费用的上升,劳动者会要求提高工资,不但会要求增加工资以抵消过去价格水平的上升,而且要求补偿下次工资谈判前可以预料到的通货膨胀带来的损失。于是厂商成本上升,利润减少,厂商增加生产和扩大就业的积极性就会降低,使生产萎缩,经济增长率下降。

再次,厂商在通货膨胀率上升时会力求增加存货,以后按高价出售以增加利润。通货膨胀预期除使厂商增加存货外,还会鼓励厂商增加新设备。然而,厂商的这些行为在无法筹措到必需的资金时就会停止,银行也会在适当时机拒绝继续为厂商扩大信贷,加之银行利率上升,厂商会越来越难得到贷款。厂商被迫要减少存货,生产就会收缩。

最后,当出现恶性通货膨胀时,人们完全丧失对货币的信心,货币就不再能执行它作为交换手段和储藏手段的职能。这时,任何一个有理智的人都不会再去从事财富的生产和正当的经营,而把精力用在进行种种投机活动或如何尽快把货币用掉。等价交换的正常买卖,经济合同的签订和履行,经营单位的经济核算,以及银行的结算和信贷活动等,都无法再实现,市场经济机制也无法再正常运行,大规模的经济混乱就不可避免了。

(三)通货膨胀对宏观经济的影响

20 世纪 70 年代,较高的通货膨胀率一直伴随着较高的就业和产出增长水平。在美国,当投资形势良好、工作机会很多、充分就业的时候,通货膨胀就趋于上升。而在通货紧缩或通货膨胀水平趋于降低的时期,如 19 世纪 90 年代、20 世纪 30 年代、1954 年、1958 年、1982 年和 1991 年,经济萎缩并呈高失业状态。通过对历史资料的详细分析,就会发现:在短期内,产出和通货膨胀之间是正相关的关系。在长期,通货膨胀与产出的增长之间存在着一种类似倒"U"形的关系,见表 11-1。

表 11-1　通货膨胀和经济增长一览表

年通货膨胀率(%)	人均 GDP 增长(%)	年通货膨胀率(%)	人均 GDP 增长(%)
−20	0.7	20～40	0.4
0～10	2.4	100～200	−1.7
10～20	1.8	1 000	−6.5

表 11-1 是近期的涉及许多国家的一项课题研究。表中的数字来自 127 个国家的通货膨胀率与人均国内生产总值之间的关系统计资料。它反映了这些国家的产出增长与通货膨胀的关系,当通货膨胀率最低,为 0～10%时,GDP 增长率最高,为 2.4%;而恶性通货膨胀率为 1 000%时,GDP 的增长率最低,为−6.5%。结果说明经济高增长与低通货膨胀率相联系。通货紧缩和温和的通货膨胀伴随着缓慢的经济增长;而恶性通货膨胀则与经济大幅度下滑并行。研究结论是,低通货膨胀的国家经济增长最为强劲,而高通货膨胀或通货紧缩国家的经济增长趋

势则较为缓慢。

那么，通货膨胀对经济发展究竟有利还是不利呢？经济学家对这个问题并没有一致的看法。大体上可以分为不利论、有利论和中性论三种观点。

不利论者认为，通货膨胀是不利于经济发展的。他们的理由有以下几点：

（1）在市场经济中，通货膨胀使价格信号扭曲，无法正常反映社会供求状态，从而使价格失去调节经济的作用，经济无法正常发展。

（2）通货膨胀破坏了正常的经济秩序，使投资风险增大，社会动荡，从而经济混乱，经济效率低下。

（3）通货膨胀所引起的紧缩政策会抑制经济的发展。

（4）在固定汇率下通货膨胀所引起的货币贬值不利于对外经济交往。他们强调，也许通货膨胀在某个时期中可以促进经济发展，但其最终结果却是不利于经济发展。采用通货膨胀的方法来刺激经济不是"扬汤止沸"而是"饮鸩止渴"。

"有利论"者认为，通货膨胀，尤其是温和的通货膨胀有利于经济发展，低通货膨胀率与经济高增长紧密相连。"通货膨胀是经济发展必不可缺的润滑剂"。他们的理由如下：

（1）通货膨胀产生的有利于雇主不利于工人的影响可以增加利润，从而刺激投资。

（2）通货膨胀所引起的"通货膨胀税"可以增加政府的税收，从而增加政府的支出，这就刺激了经济发展。

（3）通货膨胀会加剧收入分配的不平等，而富人的储蓄倾向又大于穷人，所以，通货膨胀可以通过加剧收入分配不平等而增加储蓄。

他们强调，对于资金缺乏的发展中国家来说，利用通货膨胀来发展经济尤为重要。降低通货膨胀率要付出代价，如果一个国家利用减少产出和提高失业率来降低惯性通货膨胀率，会造成较大的产出损失。这个代价因开始的通货膨胀率和所采取的政策而异。经济学家对美国通货膨胀代价研究的结论是，采取提高失业率的办法降低通货膨胀率，则通货膨胀率下降1%，失业率上升2%，而使年GDP减少4%，即通货膨胀率每降低1%，GDP损失3 000亿美元，见表11-2。

表 11-2 通货膨胀率对 GDP 影响的统计

通货膨胀率（%）			GDP 减少金额（按 1996 年价格）（亿美元）					
1979 年	1984 年	变化	1980 年	1981 年	1982 年	1983 年	1984 年	合计
9	4	−5	1 500	2 100	4 700	4 700	2 000	15 000

表 11-2 说明将通货膨胀率从 1979 年的 9%降低到 1984 年的 4%时所付出的代价。在这个时期里，通货膨胀率降低 5%，而整个经济产出减少 15 000 亿美元，即 GDP 减少 3 000 亿美元是降低通货膨胀率 1%的代价。美国的许多经济统计资料都证实了这一数字。

中性论者认为，通货膨胀与经济增长并没有什么必然的联系。他们认为，货币在经济中是中性的，从长期来看决定经济发展的实际因素是劳动、资本、自然资源等，而不是价格水平。从长期来看，由于货币量变动引起的通货膨胀，既不会有利于经济的发展，也不会不利于经济的发展。因此，没有必要把经济增长与通货膨胀联系在一起。

以上三种观点各有自己的理论与实际依据，很难说哪种观点绝对正确。应该说，在不同国家的不同历史时期，通货膨胀有不同的作用。只有把通货膨胀与经济增长放在具体的历史条件下进行分析才有意义。

第二节 通货膨胀的经济根源

导入案例 11-2 20世纪80年代初的通货膨胀

20世纪80年代初,中国实行改革开放后,取得了举世瞩目的建设成就,但同时,由于经济过热出现了通货膨胀。1984—1987年,连续4年社会总需求超过社会总供给,供需差率由1983年的4.7%扩大到16.5%(1984年)、11.25%(1985年)、13.45%(1986年)、13.6%(1987年)。为了供应不断膨胀的投资需求和消费需求,货币连年超经济发行,造成严重的通货膨胀。在这4年期间,每年货币量的增长高于经济增长约9~35个百分点。到1987年年底,我国的货币流通量已经达到1 454亿元,比1983年增加174%。货币量的增加较大幅度地超过了经济的增长,必然带动物价的普遍上升。1987年在没有大的改革措施出台的情况下,全国商品零售物价总水平仍比上年平均上升7.3%,12月比上年同月上升9.1%;职工生活费用价格总水平比上年上升8.8%,在一些大城市上升幅度已经突破10%。1987年成为改革开放以来第二个物价上涨高峰年。

一、通货膨胀的原因

(一)总需求过热引起的通货膨胀

这是从总需求的角度来分析通货膨胀的原因。认为通货膨胀的原因是总需求过度增长,总供给不足,即"太多的货币追逐较少的货物",或者是"因为物品与劳务的需求超过按现行价格可得到的供给,所以一般物价水平便上涨"。总之就是总需求大于总供给所引起的通货膨胀。对于引起总需求过度增长的原因又有两种解释:①凯恩斯主义的解释,强调实际因素对总需求的影响;②货币主义的解释,强调货币因素对总需求的影响。与此相应,就有两种需求拉动的通货膨胀理论。

1. 总需求膨胀性缺口的通货膨胀

总需求膨胀性缺口的通货膨胀是由于经济中实际总需求大于充分就业总需求而引起的通货膨胀。

凯恩斯认为,当经济中实现了充分就业时,表明资源已经得到了充分利用。这时如果总需求仍然增加,就会由于过度的总需求而出现膨胀性缺口以至引起通货膨胀。膨胀性缺口是通货膨胀产生的原因。膨胀性缺口是指实际总需求大于充分就业总需求时,实际总需求与充分就业总需求之间的差额,总需求膨胀性缺口如图11-1所示。

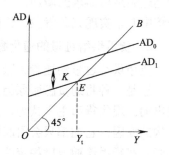

图11-1 总需求膨胀性缺口

在图11-1中,横坐标代表国民收入,纵坐标代表总需求,AD_1为充分就业的总需求,与

45°线 OB 相交于 E 点,决定了 OY_f 为充分就业的国民收入。

但是实际总需求为 AD_0。尽管总需求是 AD_0 大于 AD_1,但因为国民收入已经达到了充分就业的水平,无法再增加,所以,实际总需求 AD_0 与充分就业总需求 AD_1 之间的差额 K 就形成了膨胀性缺口。膨胀性缺口与需求拉动的通货膨胀之间的关系,如图11-2、图11-3所示。

在图11-2中,横坐标代表国民收入,纵坐标代表价格,AS为总供给曲线,与横坐标垂直部分为国民收入实现了充分就业的总供给。总需求曲线为 AD_0,与总供给曲线相交于 E_0 点,国民收入达到了充分就业的水平 Y_0,价格水平为 P_0。当总需求增加到 AD_1 时,与总供给曲线相交于 E_1 点,决定价格水平为 P_1,国民收入已无法增加,仍为 Y_0。而价格水平由 P_0 上升到 P_1,这样就由于总需求过度而引起了通货膨胀。

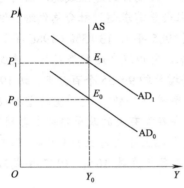
图11-2　需求拉动的通货膨胀

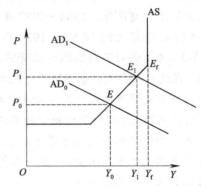
图11-3　经济中未实现充分就业时的通货膨胀

凯恩斯强调通货膨胀与失业不会并存,通货膨胀是在充分就业实现后产生的。但实际上,在经济中未实现充分就业时,也可能产生通货膨胀,这是由于在产量增加的同时总需求增加,也会引起通货膨胀,如图11-3所示。

在图11-3中,横坐标为国民收入,纵坐标为价格水平,总供给曲线为 AS,向右上方倾斜的部分表示还没有达到充分就业水平。总需求曲线 AD_0 与总供给曲线相交于 E 点,决定了国民收入水平为 Y_0,价格水平为 P_0,这时国民收入并没有达到充分就业的水平 OY_f。当总需求增加到 AD_1 时,与总供给曲线相交于 E_1,决定了国民收入增加到了 Y_1,价格水平为 P_1。这时国民收入仍没有达到充分就业的水平 Y_f,但伴随着国民收入的增加,价格水平上升到了 P_1,于是,由于总需求的增加而发生了通货膨胀。这时当总需求增加后,总供给的增加并不能迅速满足总需求的增加,产生暂时的供给短缺,价格水平上升,产生了通货膨胀。但这时经济中并未实现充分就业,价格水平的上升刺激了总供给,使国民收入增加。

2. 货币供给过量的通货膨胀

货币供给过量的通货膨胀是由于货币增加速度超过产量增长速度引起的通货膨胀。

这是一种将通货膨胀原因归之于货币供给过量的通货膨胀理论,主要是由现代货币主义提出的。现代货币主义认为,无论是供给还是需求,或是供给与需求的综合力量,以及经济结构的原因,它们都只会引起局部的、暂时的物价上升,并不足以引起普遍的、持续的通货膨胀。在货币流通速度稳定的假定下,货币量的增加会引起总需求增加,总需求增加会引起通货膨胀。引起总需求过度的根本原因是货币的过量发行,即通货膨胀的根源是货币供给量过多。通货膨胀总是伴随着货币供给量的增加而发生。当货币供给量明显增加,并且其增加速度超过产量的增长速度时，通货膨胀就会发生。所以，现代货币主义的领袖、经济学诺贝尔奖的获得者、美国经济学家米尔顿·弗里德曼说："通货膨胀是发生在货币量增加的速度超过了产量增加速度的情况下，而且每单位产品所配给的货币量增加得越快，通货膨胀的发展就越快。""通货膨胀时时处处是一种货币现象"。

（二）供给推动引起的通货膨胀

这是从总供给的角度来分析通货膨胀的原因。供给就是生产，从总供给的角度看，引起通货膨胀的原因是由于成本的增加。成本的增加表示只有在高于从前的价格水平上，才能达到与以前同样的产量水平，即总供给曲线向左上方移动。在总需求不变的情况下，总供给曲线向左上方移动使国民收入减少，价格水平上升，这种价格上升就是成本推动的通货膨胀，如图11-4所示。

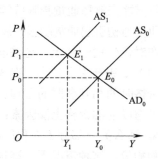

图11-4　成本推动通货膨胀

在图11-4中，横坐标表示国民收入，纵坐标表示价格水平，总供给曲线AS_0。总供给曲线AS_0与总需求曲线AD_0相交于E_0点，决定了国民收入为Y_0，价格水平为P_0。成本增加，总供给曲线向左上方移动为AS_1，这时总需求曲线没变，总供给曲线AS_1与总需求曲线AD_0相交于E_1点，决定了国民收入为Y_1，国民收入由Y_0减少到Y_1；价格水平为P_1，价格水平由P_0上升到P_1。这是由于成本的增加所引起的，即成本推动引起的通货膨胀。

根据引起成本增加的具体原因，通货膨胀可以分为工资成本推动的通货膨胀、利润成本推动的通货膨胀及进口成本推动的通货膨胀。

（三）供求混合推动引起的通货膨胀

这是把总需求与总供给结合起来分析通货膨胀的原因。通货膨胀的根源不是单一的总需求或总供给，而是这两方面共同作用的结果。

如果通货膨胀是由需求拉动开始的，即过度需求的存在引起物价上升，这种物价上升又会使工资增加，而工资的增加又引起了成本推动的通货膨胀。

如果通货膨胀是由成本推动开始的，即由于成本增加引起物价上升。这时如果没有总需求的相应增加，工资上升最终会减少生产，增加失业，从而使成本推动引起的通货膨胀就此停止。只有在成本推动的同时，又有总需求的增加，这种通货膨胀才能持续下去，如图11-5所示。

在图11-5中，横坐标表示国民收入，纵坐标表示价格水平，总供给曲线AS_1与总需求曲线AD_1相交于a点，决定了国民收入为Y_0，价格水平为P_0。成本增加，总供给曲线由AS_1移动到AS_2，与总需求曲线AD_1相交于b点，决定国民收入为Y_1，国民收入由Y_0减少到Y_1，物价水平为P_1，物价水平由P_0上升为P_1。这是成本推动引起的通货膨胀。但如果仅仅是成本推动，由于价格上升为P_1，产量会由Y_0下降为Y_1，最终由于经济衰退而结束通货膨胀。其结果是，这种通货膨胀不会持续下去。

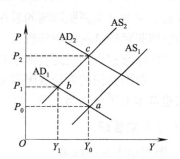

图11-5　供求混合推动引起的通货膨胀

然而，在成本推动之后，总需求也由 AD_1 增加为 AD_2。这样总需求曲线 AD_2 与总供给曲线 AS_2 相交于 c 点，即由于需求拉动的通货膨胀使产量水平恢复到 Y_0，而价格水平却继续上升为 P_2。这种供求混合推动通货膨胀的物价上升的过程是 $a—b—c$。

（四）惯性引起的通货膨胀

这种理论不是分析通货膨胀产生的原因，而是研究通货膨胀一旦形成就持续下去的原因。这是用惯性来解释通货膨胀持续原因的一种理论。根据这种理论，无论何种原因引起了通货膨胀，即使当初引起通货膨胀的原因已经消失，通货膨胀也会由于其本身的惯性而持续下去。

在对惯性的解释上，经济学家提出了不同的看法。主要分为两类：

（1）凯恩斯主义认为，造成这种惯性的是政府的财政政策与货币政策以及人们在决定工资与价格时的相互参照的心理。因为，一方面，政府的计划人员要在制定财政政策和货币政策时考虑以前的价格上涨因素；另一方面，如果由于通货膨胀，一部分人的工资与价格上升了8%，那么另一部分工人和厂商在决定自己的工资与价格时，就会参照这8%而提高自己的工资和物价。这种情况下，谁也不会首先降低自己的工资与物价水平，通货膨胀就会由于这种惯性而持续下去。只有在经济严重衰退时，才会由于工资与物价的被迫下降而使通货膨胀终止。

（2）现代货币主义的经济学家认为，造成这种通货膨胀惯性的原因是人们在心理上对通货膨胀的预期。因为预期对人们的经济行为有着重要的影响作用，而预期又往往是根据过去的经验形成的。在已产生通货膨胀的情况下，人们会根据过去的通货膨胀率来预期未来的通货膨胀率，并以此来指导未来的经济行为。如果2018年的通货膨胀率是5%，人们便会根据这个通货膨胀率而预期2019年的通货膨胀率不会低于5%，并以此作为2019年工资谈判的基础，要求2019年的货币工资增长率不能低于5%。2019年的货币工资增长率为5%，就使2019年的通货膨胀率由于工资的增加而在5%的水平上。于是，由于预期的原因，即使引起2018年通货膨胀率为5%的原因消失了，2019年的通货膨胀率也会在5%以上。

上述不同的通货膨胀理论都从不同的角度对通货膨胀的原因进行了分析。通货膨胀经常是许多因素一起发挥作用的结果，可能某种因素的作用会更重要，但却很难确定每种因素在引起通货膨胀时的重要程度。所以，各种通货膨胀理论是相互补充的。

二、通货膨胀的治理

经济学家对通货膨胀影响的看法，虽然各不相同，但也有一些共同之处，即都认为，严重的通货膨胀对经济的发展和政权稳定是有害的，政府把通货膨胀当做"头号公敌"来加以反对。经济学家提出的反通货膨胀的政策主张，往往与他们对产生通货膨胀原因的分析是密切相关的。前面介绍的对通货膨胀原因的分析，基本是需求拉动与成本推动两种，因此，政策主张也基本上可分为两大类。

（一）需求管理

1．凯恩斯主义的政策

凯恩斯主义提出，在经济高涨时期，总需求大于总供给，出现膨胀性缺口，经济中通货膨胀严重，政府要采取紧缩性的财政政策和货币政策来解决通货膨胀问题。

紧缩性的财政政策，即在财政政策上采取增收、节支的措施，压缩需求，以实现物价稳定。物价稳定并不是通货膨胀率为零，而是指在社会所能接受的通货膨胀率基础上的、政府所需维持的一种低而稳定的通货膨胀率，如美国提出理想的通货膨胀率为 1%~3%。紧缩性的财政政策包括减少政府支出、增加税收。政府支出包括政府公共工程支出、政府的购买及转移支付。减少政府公共工程支出和减少政府的购买，有利于抑制投资。转移支付的减少，能降低个人消费。增加税收，主要是提高税率。增加个人所得税，使个人可支配收入减少，而降低消费水平；增加公司所得税使公司收入降低，结果会减少投资。这样，就能抑制了总需求。美国在 20 世纪 50 年代采用紧缩财政政策，取得较大效果。

在货币政策上，采取紧缩的货币政策，即抽紧银根的措施，主要是提高商业银行的法定准备金率、提高中央银行的贴现率、出售政府债券以实现物价稳定，降低通货膨胀率。中央银行提高法定准备金率，就使商业银行原有的准备金低于法定要求，结果使商业银行不得不收回贷款，从而又通过银行的机制减少货币供给量，提高利息率，借以减少货币流通量，减少投资需求，抑制总需求；中央银行提高贴现率或严格贴现条件，会使商业银行减少资金，这样，就能减少商业银行对客户的放款甚至收回贷款，放款的减少或收回贷款又能通过银行创造货币的机制减少流通中的货币供给量，提高利息率，其结果是抑制了总需求；公开市场业务，卖出有价证券，如国库券、其他政府债券及银行承兑汇票等，其实就是回笼货币，结果必然减少社会中的货币供给量，从而减少了投资，减少了消费，抑制了总需求。美国在 20 世纪 50 年代采取紧缩性的货币政策，控制了货币的供给量，在稳定物价、抑制通货膨胀方面，取得良好的效果。

2．货币主义的政策

货币主义者主张采取降低货币供应量增长率的单一规则，建议把年货币供应增长率固定在 4%~5%的水平上，借以压缩货币供给，抑制通货膨胀。同时坚决反对依靠财政政策来反通货膨胀的主张。因为在货币主义者看来，通货膨胀就是由于货币供应量过多而引起的一个"货币现象"，因而采取财政政策是无济于事的。他们指出，例如，1945—1946 年美国联邦预算是平衡的，但由于货币供应量过多，仍发生了较严重的通货膨胀。再如 1968 年，虽然美国国会通过了征收 10%的所得税附加税，但因货币供应量迅速扩大，结果 1969 年的物价还是急剧上升。

20 世纪 70 年代末、80 年代初，英国撒切尔夫人保守党政府和美国里根共和党政府，先后采取货币主义的紧缩货币政策，控制货币供应量的增长，使通货膨胀率从原来的两位数降到 4%左右。可见，货币主义政策对抑制通货膨胀确实发挥了积极的作用。

（二）供给管理

1．指数化政策

指数化就是以条文规定的形式把工资和某种物价指数联系起来，当物价上升时，工资也随之而上升。指数化政策可以部分地消除通货膨胀对收入分配的影响。

指数化被分为两种：①全部指数化，即工资按物价上升的同比例增长，当物价上升 7%时，工资也提高 7%；②部分指数化，即工资上升的比例仅为物价上升的一部分。例如，物价上升 12%，而工资却仅上升 5%。

不论是全部还是部分指数化，它只能减轻通货膨胀在收入分配上的后果，但却不能消除通货膨胀本身的原因。因此，指数化政策不能逆转通货膨胀。

指数化虽然在一定限度内可以消除通货膨胀在收入分配上的影响，但是，如果运用不当，它也会造成加剧通货膨胀的不良后果。

通货膨胀的原因由货币量的增加所致，那么，工资的指数化可以补偿由于货币增加而导致的物价上涨。这样，它能避免对收入分配的影响。

如果通货膨胀的原因是"供给冲击"，即由于生产原料短缺、劳动生产率下降等原因所造成的价格上涨，例如，进口原料价格由于短缺而上升时，使用进口原料的国内产品的价格也会上升。在这种情况下，实际工资应该随着价格的上升而下降。如果这时实行工资指数化，实际工资不会随着原料价格的上涨而下降，反而会随着原料价格的上升而上升，工资的上升又会导致物价水平进一步上升，其结果是指数化会使通货膨胀迅速恶化。

出于上述的考虑，全部指数化不是理想的政策。因为，一旦制定了指数化政策，不管通货膨胀的原因如何，工资便会相应的增长。所以，西方学者往往偏向于部分指数化。

2．收入政策

收入政策是通过控制工资与物价来制止通货膨胀的政策。控制的重点是工资收入，故而称为收入政策。

这种政策要求国家规定一个被认为是恰当的通货膨胀率，然后，以税收的方式惩罚价格和工资的上涨超过恰当的通货膨胀率的厂商和工会，并且补贴价格和工资的上涨少于恰当的通货膨胀率的厂商和工会。

收入政策是供给管理中的一个最主要的政策内容，由于它是从总供给的角度提出的对付通货膨胀的政策，因而属于供给管理的政策范畴。

根据成本推进的通货膨胀理论，通货膨胀来自供给方面，是由于成本增加，特别是由于工资收入成本的增加而引起的。因此，要制止这种通货膨胀，就必须有效地控制工资增长率，同时还要控制住物价水平。收入政策一般有三种形式：

（1）工资与物价冻结。这是指政府采用法律手段禁止在一定时期内提高工资和物价。这种措施一般在特殊时期（如战争及自然灾害时期）才采用，但在某些通货膨胀严重时期，也会采用这种强制性的措施。它属于一种极端性的收入政策。该措施在短期内可以有效地控制通货膨胀，但它却会破坏市场机制的正常作用。在长期中不仅不能制止通货膨胀，反而会引起资源配置的失调，使经济陷入更大的困境。因而，一般不宜采用这一措施。

（2）工资与物价指导线。这是指政府为了控制通货膨胀，根据劳动生产率的增长率和其他因素，规定工资与物价的上涨限度，而其中又主要是规定货币工资的增长率，故而又称"工资指导线"。政府会要求工会和厂商根据这一指导线来确定工资增长率和物价上涨率，如果工会或厂商违反了这一规定，使工资增长率和物价上涨率超过了指导线的要求，政府便会以税收或法律的形式予以惩罚。由于这一措施比较灵活，在20世纪70年代以后被西方国家广泛采用。

（3）税收政策。这是指政府以税收为手段来控制工资增长的一种措施，其具体做法是，政府规定货币工资增长率，即规定工资指导线，以税收为手段付诸实施。当厂商的工资增长率符合该规定时，予以减税；当厂商的工资增长率超过该规定时，课以重税。但这种计划手段在实施中常会遭到厂商和工会的反对。

收入政策是第二次世界大战后在欧美一些国家首先出现的。荷兰和瑞典起初实行过收入政策，英国在20世纪60年代使用该政策，加拿大和意大利等国也一度采用类似的政策。

第三节 充分就业

导入案例 11-3 失业率保持在9.1%高位，奥巴马拟推出就业创造计划

2011年9月5日，在位于密歇根州底特律市的通用汽车总部的停车场，时任美国总统奥巴马发表美国劳工节演说。奥巴马将于8日晚在国会联席会议上推出有关就业创造和刺激经济的新计划。

高失业是美国经济面临的最大挑战，也是奥巴马争取连任路上的最大拦路虎。劳工部数据显示，8月份美国几乎没有新增就业岗位，失业率依然保持在9.1%的高位。如果这一趋势继续，加上每月新增劳动力人口，失业率无疑将继续走高。失业之虞抑制美国民众的消费意愿，劳工节一向是购物旺季之一，但市场这一年明显要惨淡得多。驱动美国经济增长的消费支出失去动力，企业就不愿扩大投资和雇佣，美国经济有进入一种恶性循环的危险。

就业是指在劳动年龄内想工作而受雇或处于自我雇用的状态。并不是任何人都是劳动力的承担者，只有在一定成熟程度范围内的人，才是劳动力的承担者。这种成熟程度的基本标志，就是年龄。在现代社会中，劳动年龄的上限和下限通常是由国家规定的。由于各国的经济条件不同，具体规定也是不同的。劳动年龄的上限和下限并不是永远不变的，随着经济的发展，文化教育水平的提高和对劳动力质量要求的提高，劳动年龄的下限会向后推迟，随着人的体力劳动的减轻和寿命的延长，劳动年龄的上限也会向后延长。劳动年龄是就业的最基本的前提，在劳动年龄之外，不存在就业与失业问题。

从统计学的角度对就业可以做出各种不同的规定，国际劳工统计会议规定的通用标准是在劳动年龄之内，具有下列情况之一的都列为就业者：

（1）在规定的时期内正在从事有报酬或收入的工作人员。

（2）有职业，但是临时没有工作的人。例如，由于疾病、事故、劳动争议、休假、旷工，或因气候不良、机器损坏、故障等原因而临时停止工作的人。

（3）雇主和自营业人员，或正在协助家庭经营厂商、农场而不领取报酬的家属劳动者，在规定的时间内，从事正常工作时间的1/3以上者。

不同的国家根据各自的情况对就业做出不同的规定。由于各国的经济制度特别是劳动就业制度不同，工业化程度及生活水平存在的差异，对就业的划分标准也不相同。即使同一个国家，在不同的历史时期划分的标准也不尽相同。

美国劳工部规定，就业人口是指劳动力中正在参加工作的那部分人。具体包括：

（1）在指定的调查周内，所有为挣工资或利润而工作1小时或1小时以上的人，以及在家庭工厂或家庭农场中虽不拿工资但工作在15小时以上的人。

（2）工作中，是指在规定的时期内，正在从事有报酬或收入的工作人员。

（3）非工作中，是指虽有职业，但临时没有工作的人员。如在职中由于病、事、休假以及机器设备损坏、故障等原因临时停工的人员，因为恶劣气候和个人原因而没有上班的人。

一、国民经济中就业总量的决定

社会就业总量由总供给价格和总需求价格这两个因素决定。

总供给价格是指全体厂商雇用一定量劳动者时所得到的产品总量的最低卖价。它取决于总成本，而总成本的大小又依据工资率和生产技术水平为转移。在一定的价格水平下，工资率取决于劳动的边际生产力或劳动边际实物产量。

总需求价格是指全体厂商雇用一定量劳动者时预期社会对产品愿意支付的总价格。总需求价格取决于社会对产品的购买数量，也就是取决于消费需求和投资需求的大小。

总需求价格与总供给价格的均衡决定了社会就业量，如图 11-6 所示。

在图 11-6 中，纵坐标表示价格，横坐标表示就业量。DD 表示总需求价格曲线，其向右上方倾斜，是因为就业人数越多，厂商产品销售额越多，总需求价格就越大。ZZ 为总供给价格曲线，其向右上方倾斜，是由于就业人数越多，厂商支付的工资成本就越大，成本越大，厂商得到的售卖价格也就越大。DD 与 ZZ 相交于均衡点 E，决定了这时的就业量为 N_0。

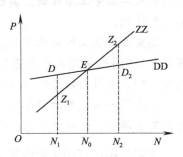

图 11-6 国民经济就业量的决定

当就业量为 N_1 时，总需求价格大于总供给价格，$D_1>Z_1$。社会对商品的需求超过商品的供给，于是价格提高，厂商会增加产量，扩大生产规模，增雇工人，就业量就由 N_1 向右移动。

当就业量为 N_2 时，总供给价格大于总需求价格，$D_2<Z_2$。社会对商品的供给超过商品的需求，厂商不能按自己要求的卖价出售商品，有一部分商品卖不出去，这样价格下跌，厂商只好缩小规模，降低产量，减少工人，就业量就由 N_2 向左移动。

只有在 DD 与 ZZ 相交于点 E 时，总供给价格与总需求价格处于均衡状态，厂商才既不缩小生产，也不扩大生产。这时，厂商雇用 N_0 的工人。

因此，社会就业总量取决于总供给价格与总需求价格的均衡状态。

二、就业的衡量

衡量就业的指标是就业率。就业率是指就业人数占劳动力总数的百分比，其计算公式是

$$就业率=(就业人数\div 劳动力总数)\times 100\%$$

三、充分就业

充分就业是指一切具有劳动能力和劳动愿望的劳动者，在现行工资水平下愿意工作的人都得到了工作。

可以从两个方面分析充分就业：①从劳动力供求的相互关系看。充分就业是劳动力供给与劳动力需求处于均衡，国民经济的发展充分地满足劳动者对就业岗位需求的状态。②从总供给与总需求的相互关系看。充分就业是指总需求增加时，总就业量不再增加的状态。换言之，凡是接受市场工资水平愿意就业的人均能实现就业的状态。

充分就业是一个相对的概念。在动态的市场经济中，连续保持总供给与总需求、劳动力供给与劳动力需求在总量及其结构上的持续均衡是非常困难的。一般来说，充分就业是一种理想的状态，当充分就业实现时，并不意味着失业现象的消失，摩擦性失业及其他类型的自然失业的存在与充分就业并行不悖。

充分就业并不等于所有愿意就业的人都得到工作岗位，即就业率为100%。而是有一定的失业率存在。充分就业时的失业率即自然失业率，充分就业时的国收入即被称为潜在的国民收入。

充分就业率的高低，取决于劳动市场的完善程度、经济状况等各种因素。充分就业率由各国政府根据实际情况确定。各国在各个时期所定的充分就业率都不同。从第二次世界大战后的美国来看，充分就业率：20世纪五六十年代为95.5%～96.5%；70年代为94.5%～95.5%；80年代为93.5%～94.5%。

四、失业的必然性

经济中造成失业的原因是难以克服的，劳动力市场总不是十分完善的。失业的存在不仅是必然的，而且是必要的，还是可能的。一定程度的失业，是现代社会不可避免的正常现象。存在适度的失业人口，对经济会产生以下一些积极的作用。因为这种失业的存在，既能作为劳动后备军随时满足经济对劳动的需求，又能作为一种对就业者的"威胁"，而迫使就业者提高生产效率。此外，失业补助、贫困补助等各种福利支出的存在，也使得一定失业水平的存在不会成为影响社会安定的因素，是社会可以接受的。

五、失业的衡量

失业率是衡量失业的指标。失业率是失业人数占劳动力总数的比率，用公式表示为

$$u = U / L \times 100\%$$

式中，u为失业率；U为失业人数；L为劳动力总数。

失业率的计算并不是失业人数和总人口的比率，而是失业人数和劳动力总人数的比率。

需要注意的是，失业率虽是经过复杂的统计计算出来的，但仍有其局限性：①凡被支付了报酬的劳动者都被统计在就业者之中，而没有明确地区分是全日制工作还是打短工。例如，一个每周工作15小时的劳动者和每周工作40小时的劳动者在计算失业率时是没有区别的。这样，在统计中忽略了实际工作时间少于劳动者愿意提供的劳动时间，低估了实际的失业率。②在统计中还存在着未能充分发挥劳动者技能的问题。例如，一个高级专家，由于经济原因，找不到合适的工作，而只是在做简单的工作，实际上他处在一种半失业状态之中，这样也可能低估失业率。③劳动者可能由于主客观因素而虚报、谎报就业状态谋取好处，骗取失业救济金等，这都可能导致计算的不准确。

第四节 通货膨胀与失业的关系

导入案例 11-4

媒体 2017 年 10 月报道：美国波士顿联储主席罗森格伦称低失业率与通胀展望为美联储收紧政策提供了依据。2018 年潜在通胀率将接近 2%。随着劳动力市场收紧，薪资将会上升。

而于 2017 年 10 月卸任的美联储副主席 Stanley Fischer 则继续预计不断收紧的美国劳动力市场将会拉动工资和物价，尽管这个过程可能比预期的时间更长。

失业与通货膨胀是经济中的两个主要问题，这两者之间的关系是经济学家所关心的问题。不同学派的经济学家对这一问题有不同的观点，做出了不同的解释。

一、凯恩斯的观点：失业与通货膨胀不会并存

根据凯恩斯的有效需求原理，通货膨胀与失业是相互交替的关系。在有效需求不足时，经济中存在着紧缩性缺口，不能实现充分就业，便存在大量失业；当实现充分就业以后，因供给弹性等于零，如果有效需求继续增长，需求过度，在经济中存在着膨胀性缺口，便会出现物价上升和通货膨胀。即在前一种情况下，通货处于紧缩状态。那么，在后一种情况下，通货便处于膨胀状态，就出现所谓通货的紧缩缺口和膨胀缺口，如图 11-7 所示。

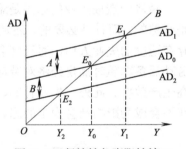

图 11-7 紧缩性与膨胀性缺口

在图 11-7 中，横坐标为国民收入，纵坐标为总需求，OB 为直角坐标的角平分线。总需求曲线 AD_0 与角平分线 OB 相交于 E_0 点，决定实现充分就业的国民收入为 Y_0，而当实际总需求曲线为 AD_1 时，与角平分线 OB 相交于 E_1 点，决定了国民收入为 Y_1，$Y_1>Y_0$，这就必然引起通货膨胀。由于国民收入已经达到充分就业的水平，实际总需求大于充分就业的总需求。实际总需求与充分就业总需求之间的差额，就形成了膨胀性缺口 A。

而当实际总需求曲线 AD_2 与角平分线 OB 相交于 E_2 点时，决定了国民收入为 Y_2，$Y_2<Y_0$，这就引起失业。由于实际总需求小于充分就业的总需求，所以，实际的国民收入就小于充分就业的国民收入。实际总需求与充分就业总需求之间的差额，就形成了紧缩性缺口 B。

二、菲利普斯曲线：失业与通货膨胀之间的交替关系

菲利普斯曲线是表示通货膨胀率同失业率之间关系的曲线。这条曲线因英国经济学家菲利普斯提出而得名。

菲利普斯在 1958 年发表了《1861—1957 年英国失业和货币工资变动之间的关系》的论

文。他在文章中提出，失业率和货币工资变动率之间必然存在某种函数关系："当对劳动的需求很高而失业率很低时，雇主们会非常迅速地提高工资水平，每家厂商和工业部门都会不断地被诱使把工资增加到现行水平之上，以便从其他厂商和部门中吸引最合意的劳动力。另一方面，当劳动的需求很低而失业率很高时，劳动者们显得不情愿在现行工资水平之下提供劳务，这使得工资水平只能很缓和地下降。因此，失业与工资变动率的关系就可能是高度非线性的。"这就是说，当失业率较低时，劳动需求的增加，必将推动工资迅速增长；失业率较高时，劳动需求的减少，本应促使工资成比例地下降，但由于劳动者不愿接受低工资，使工资下降较慢，失业与工资变动率关系的轨迹，便是一条凸向原点的曲线，如图11-8 所示。

在图 11-8 中，横坐标表示失业率，纵坐标表示工资率，GP 为菲利普斯曲线，表明工资变动率和失业率之间的关系。

20 世纪 60 年代以后，"工资推动"通货膨胀论者，把"工资推动通货膨胀"与菲利普斯曲线联系起来，并认为，当失业率下降，工资率上升到超过劳动生产率的增长幅度时，便会引起通货膨胀。这样，上述菲利普斯曲线经过修改，便被用来表示通货膨胀率与失业率之间的关系，如图 11-9 所示。

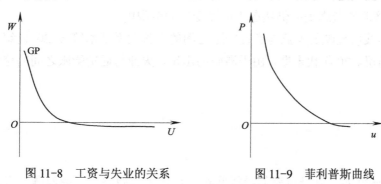

图 11-8　工资与失业的关系　　　图 11-9　菲利普斯曲线

在图 11-9 中，横轴表示失业率，纵轴表示通货膨胀率，向右下方倾斜的曲线就是菲利普斯曲线，表示较低的失业率与较高的通货膨胀率相对应，较高的失业率与较低的通货膨胀率相对应。

菲利普斯曲线提出了这样几个重要的观点：

（1）通货膨胀是由于工资成本推动所引起的，即成本推动通货膨胀理论。正是根据这一理论，把货币工资增长率与通货膨胀率联系了起来。

（2）提出通货膨胀与失业的交替关系。这就否定了凯恩斯关于失业与通货膨胀不会并存的观点。

（3）当失业率为自然失业率时，通货膨胀率为零。因此，也可以把自然失业率定义为通货膨胀率为零的失业率。

（4）可以运用扩张性的宏观经济政策，以较高的通货膨胀率来换取较低的失业率；也可以运用紧缩性的宏观经济政策，以较高的失业率来换取较低的通货膨胀率。菲利普斯曲线为宏观政策选择提供了理论依据。

例如，某个经济社会确定了一个失业与通货膨胀的"可接受"区域，如果实际的失业率和通货膨胀率组合在"可接受"区域内,则经济决策者不采取调节行动。如在区域外,则可根据菲利普斯曲线所表示的关系进行调节,如图 11-10 所示。

在图 11-10 中,假定当失业率和通货膨胀率在 4%以内时,这个经济社会被认为是"可接受"的,这时在图中就得到了一个临界点,即 A 点,由此形成一个四边形的区域,称其为"可接受"区域,如图中的阴影部分所示。如果实际失业率与通货膨胀率组合落在"安全"区域内,则经济决策者不采取任何措施(即政策)调节。

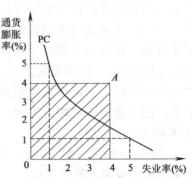

图 11-10　菲利普斯曲线与政策运用

如果实际通货膨胀率高于 4%,如达到了 5%,这时根据菲利普斯曲线,经济决策者可以采取紧缩性政策,以提高失业率为代价降低通货膨胀率。从图 11-10 中可以看到,当通货膨胀率降到 4%以下时,经济的失业率仍然在"可接受"的范围内。

如果经济社会的失业率高于 4%,如 5%,这时根据菲利普斯曲线,经济决策者可以采取扩张性政策,以提高通货膨胀率为代价降低失业率。从图 11-10 中可以看到,当失业率降到 4%以下时,经济的通货膨胀率仍然在"可接受"的范围内。

菲利普斯曲线所反映的失业与通货膨胀之间的交替关系基本符合 20 世纪五六十年代西方国家的实际情况。70 年代末期,由于滞胀的出现,失业与通货膨胀之间的这种交替关系发生了变化。

本章小结

1.通货膨胀问题,既是重要的经济问题,也是十分敏感的社会问题,直接关系经济的发展和社会秩序的稳定,因此它是各国政府密切关注和经济学研究的重要问题。

2.物价水平不断地持续相当程度的上升被称为通货膨胀。通货膨胀必须具备两个条件。

3.衡量通货膨胀的指标是物价指数,主要包括消费物价指数、批发物价指数和国民生产总值折算数。

4.通货膨胀的原因包括总需求过热引起的通货膨胀、供给推动引起的通货膨胀、供求混合推动引起的通货膨胀、惯性引起的通货膨胀。

5.菲利普斯曲线最初反映的是失业率与工资上涨率之间的关系。现代的菲利普斯曲线主要反映失业率与通货膨胀率之间的关系。

6.就业与失业,不仅是一个重要的经济问题,而且是一个十分敏感的社会问题,直接关系人力资源的利用、经济成长和社会秩序的稳定。因此,就业与失业就成为宏观经济学研究的主要问题。

7.充分就业是指一切愿意在现行工资水平下就业的人都得到工作。

8.失业率是失业人数占劳动力总数的百分比。

思考与练习

一、重要概念

通货膨胀　　充分就业　　失业　　失业率　　菲利普斯曲线

二、单项选择题

1. 在充分就业的情况下，下列因素最可能导致通货膨胀的是（　　）。
   A．进口增加　　　　　　　　B．工资不变但劳动生产率提高
   C．出口减少　　　　　　　　D．政府支出不变但税收减少

2. 需求拉上的通货膨胀（　　）。
   A．通常用于描述某种供给因素所引起的价格波动
   B．通常用于描述某种总需求的增长所引起的价格波动
   C．表示经济制度已调整过的预期通货膨胀率
   D．以上均不是

3. 在下列引起通货膨胀的原因中，最可能是成本推动的通货膨胀的原因是（　　）。
   A．银行贷款的扩张　　　　　B．预算赤字
   C．世界性商品价格的上涨　　D．投资增加

4. 充分就业意味着（　　）。
   A．人人都有工作，没有失业者
   B．消灭了自然失业时的就业状态
   C．消灭了周期性失业时的就业状态
   D．消灭了摩擦性失业时的就业状态

5. 通货膨胀会（　　）。
   A．使国民收入提高到超过其正常水平
   B．使国民收入提高或者下降，主要看产生这种通货膨胀的原因
   C．使国民收入下降到超过其正常水平
   D．只有在经济处于潜在的产出水平时，才会促进国民收入的增长

6. 通货膨胀的收入分配效应是指（　　）。
   A．收入结构变化　　　　　　B．收入普遍上升
   C．收入普遍下降　　　　　　D．债权人收入上升

7. 紧缩通货的需求管理政策（　　）。
   A．实现较低通货膨胀率而不会引起产量下降
   B．降低产量，但开始时对通货膨胀没有影响
   C．要求政府支出增加
   D．要求降低名义货币增长率

8. 抑制需求拉动的通货膨胀，应该（　　）。
   A. 控制货币供应量　　　　　　　B. 降低工资
   C. 解除托拉斯组织　　　　　　　D. 减税

9. 应付需求拉动的通货膨胀的方法是（　　）。
   A. 人力政策　　　　　　　　　　B. 收入政策
   C. 财政政策　　　　　　　　　　D. 三种政策都可以

10. 收入政策主要是用来对付（　　）。
    A. 需求拉动的通货膨胀　　　　　B. 成本推动的通货膨胀
    C. 需求结构性通货膨胀　　　　　D. 成本结构性通货膨胀

11. 下列关于自然失业率的描述正确的是（　　）。
    A. 自然失业率是历史上最低限度水平的失业率
    B. 自然失业率与一国的经济效率之间关系密切
    C. 自然失业率恒定不变
    D. 自然失业率包含摩擦性失业

12. 以下情况不可能同时发生的是（　　）。
    A. 结构性失业和成本推进的通货膨胀
    B. 需求不足失业和需求拉上的通货膨胀
    C. 摩擦性失业和需求拉上的通货膨胀
    D. 失业和通货膨胀

13. 菲利普斯曲线说明（　　）。
    A. 通货膨胀导致失业
    B. 通货膨胀是由行业工会引起的
    C. 通货膨胀率与失业率之间呈负相关
    D. 通货膨胀率与失业率之间呈正相关

14. 当一国总需求大于充分就业总需求时，意味该国存在（　　）。
    A. 通货紧缩缺口　　　　　　　　B. 失业
    C. 通货膨胀缺口　　　　　　　　D. 财政赤字

15. 如果某人刚进入劳动力队伍尚未找到工作，这属于（　　）。
    A. 季节性失业　　　　　　　　　B. 结构性失业
    C. 周期性失业　　　　　　　　　D. 摩擦性失业

16. 某一衣衫褴褛的年轻人游手好闲，宁愿吃救济也不愿找工作，这属于（　　）。
    A. 摩擦性失业　　　　　　　　　B. 结构性失业
    C. 周期性失业　　　　　　　　　D. 自愿失业

17. 如果某人由于纺织行业不景气而失去工作，这种失业属于（　　）。
    A. 摩擦性失业　　　　　　　　　B. 结构性失业
    C. 周期性失业　　　　　　　　　D. 自愿失业

18. 引起摩擦性失业的原因是（　　）。
    A. 工资能升不能降的刚性　　　　B. 总需求不足

C．技术进步　　　　　　　　D．经济中劳动力的正常流动
19．失业率是（　　）。
　　A．失业人数占劳动力总数的百分比
　　B．失业人数占整个国家的人数的百分比
　　C．失业人数占就业人数的百分比
　　D．没有工作的人数占整个国家人数的百分比
20．下类不属于失业人员的是（　　）。
　　A．调动工作的间歇在家休养者
　　B．半日工
　　C．季节工
　　D．对薪水不满意而待业在家的大学毕业生

三、判断题

（　）1．因不满工资待遇而不愿就业属于自愿失业。
（　）2．实行适当的经济政策可以消除摩擦性失业。
（　）3．需求不足的失业是一种自愿失业。
（　）4．刺激消费支出和投资支出可以消除结构性失业。
（　）5．充分就业意味着失业率为零。
（　）6．通货膨胀会引起收入的再分配。
（　）7．没有预料到的通货膨胀有利于债务人，不利于债权人。
（　）8．温和的通货膨胀对生产有一定的扩张作用。
（　）9．假如货币供给量不变，通货膨胀不可能长久地持续下去。
（　）10．无论什么人，只要没有找到工作就属于失业。
（　）11．如果经济中通货膨胀率不可预期地下降了，那么债务人就会受益，而债权人遭受损失。
（　）12．通货紧缩时，实际GDP的增长要高于名义GDP的增长。
（　）13．通货膨胀是指物价水平普遍而持续的上升。
（　）14．只要存在失业劳动者，就不可能有工作空位。
（　）15．所有的经济学家都主张用通货膨胀来刺激经济。
（　）16．衡量一个国家经济中失业情况的最基本指标是失业率。
（　）17．在一个国家里，自然失业率是一个固定不变的数。
（　）18．如果通货膨胀相当稳定，且人们完全预期，那么通货膨胀对经济影响很小。
（　）19．充分就业与任何失业的存在都是矛盾的，因此，只要经济中有一个失业者存在，就不能说实现了充分就业。
（　）20．周期性失业就是总需求不足所引起的失业。

四、计算题

1．若某一经济的价格水平2015年为107.9，2016年为111.5，2017年为114.5，问：
（1）2016年和2017年通货膨胀率各是多少？

（2）若人们对 2018 年的通货膨胀率预期是按前两年通货膨胀率的算术平均来形成。设 2018 年的利率为 6%，则该年的实际利率为多少？

2．设某经济某一时间有 1.9 亿成年人，其中 1.2 亿人有工作，0.1 亿人在寻找工作，0.45 亿人没有工作但也没在找工作。试求：①劳动力人数；②劳动参与率；③失业率。

五、思考题

1．什么是通货膨胀？衡量通货膨胀的指标有哪些？

2．如果你的房东说："工资、公用事业以及别的费用都上升了，我只得提高你的房租。"这是属于成本推动的还是需求拉动的通货膨胀？如果店主说："这些汽车可以提价出售，别愁卖不了，店门口排队争购的人多着哩。"这是属于需求拉动还是成本推动的通货膨胀？

3．什么是失业？它是如何衡量的？

4．什么是充分就业？

5．通货膨胀的原因是什么？如何治理通货膨胀？

第十二章 经济增长与经济周期理论

■ 学习目标 ■
---

1. 熟悉经济增长和经济周期的含义。
2. 掌握可持续发展的含义与要求。
3. 了解经济增长和可持续发展的关系。
4. 理解哈罗德-多马经济增长模型的基本思想。
5. 了解新古典增长模型的基本思想。
6. 熟悉经济周期的阶段和类型。
7. 了解凯恩斯主义经济周期理论。

第一节 经济增长与可持续发展

导入案例 12-1 >>> 利益留给自己，污染偷排他处

随着我国光伏产业的迅猛发展，多晶硅作为太阳能电池的主流材料，其生产规模一度呈井喷式增长，但每生产 1 个单位的多晶硅产品就会产生 10 多个单位的强腐蚀性有毒有害的副产品——四氯化硅废液。这一废液本该由生产企业专门处理。然而，起初一些生产和运输企业为赚取不法利润，跨地区运输和排放未经处理的四氯化硅废液，给生态环境造成难以恢复的破坏，严重威胁着人民群众的身体健康。

相关企业可以采取的治理方法有：①雨污分流、清污分流、分质处理。②保证厂房和设备的密闭性，积极发展和使用成熟的成套化的废气处理设备。③建设合理的生产废物临时贮存场。④做好应急预案，防范环境风险事故。

环保部门也加大了监管力度，同时也积极地帮助企业共同解决污染问题。

现代的发展越来越依靠环境的支撑，环境保护可以保证可持续发展目标的最终实现。

一、经济增长的含义

在宏观经济学中,经济增长是指经济社会(一国或某一地区)在一定时期内(通常为一年)国内生产总值或国民收入的增长,即总产出量的增加。经济增长通常用国内生产总值或国民收入的变动率作为衡量指标。若以 Y_t 表示 t 期的总产量,Y_{t-1} 表示 $(t-1)$ 期的总产量,则经济增长可以表示为

$$G_t = \frac{Y_t - Y_{t-1}}{Y_{t-1}}$$

式中,G_t 为总产量意义下的增长率。

在使用经济增长进行地区之间比较时,通常使用人均经济增长率。若以 y_t 表示 t 时期的人均产量,y_{t-1} 表示 $(t-1)$ 期的人均产量,则人均产量下的经济增长率可表示为

$$g_t = \frac{y_t - y_{t-1}}{y_{t-1}}$$

式中,g_t 为人均产量意义下的增长率。

二、经济增长与可持续发展

第二次世界大战后至20世纪60年代,在经济重建动力的推动下,西方国家普遍接受了凯恩斯主义理论,以高速经济增长来摆脱各种社会矛盾,奢侈性地使用能源和经济资源是支撑这种高速增长的基础。同时发展中国家普遍存在着在经济上赶超发达国家的愿望,盲目模仿发达国家的经济增长方式和生活方式,过度开采自然资源。与此同时,20世纪60年代以来,高速经济增长带来的负面影响逐步凸现,人口、资源与环境等方面的压力与危机成为人类进步的障碍。一些学者开始从地球对人类的支持能力的角度出发,考虑未来的发展问题。

可持续发展是20世纪80年代提出的一个概念。1987年世界环境与发展委员会在《我们共同的未来》报告中第一次阐述了可持续发展的概念,得到了国际社会的广泛共识。

可持续发展是指既满足现代人的需求,又不损害后代人满足需求的能力。换句话说,就是指经济、社会、资源和环境保护协调发展,它们是一个密不可分的系统,既要达到发展经济的目的,又要保护好人类赖以生存的大气、淡水、海洋、土地和森林等自然资源和环境,使子孙后代能够永续发展和安居乐业。

经济发展与经济增长是两个相互联系又相互区别的概念,经济增长是指实际国民收入或实际人均国民收入的增长;而经济发展是指由于经济增长而产生的国民的平均生活质量(包括教育水平、健康卫生标准、人均住房面积等指标)的提高,以及社会制度、经济结构等许多方面的优化。所以,经济发展反映一个经济社会总体发展水平的综合性概念。如果说经济增长是一个"量"的概念,经济发展则是一个"质"的概念。

有经济学家认为,经济发展要求经济持续增长,经济发展是经济持续增长的结果,并提出了"转折点"的概念。这个转折点是指一个国家的国民总产出的增长速度稳定地超过该国的人口增长速度时,该国就有可能从发展中国家转变成发达国家。这一概念强调的是"稳定地超过",

这就排除了由于经济过热或其他特殊原因形成的几年经济高速增长的情况。日本在 20 世纪初通过了这个转折点，由一个落后的农业国跻身于工业化国家的行列。自 20 世纪 80 年代以来，亚洲"四小龙"经济也达到了这个转折点的位置，如果它们能将现状持续若干年，也就成为发达国家和地区了。现在中国、墨西哥和东南亚一些国家也在努力向转折点冲击。

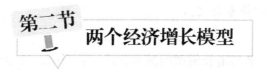

第二节 两个经济增长模型

导入案例 12-2 >>> 经济学家张军对印度经济增长的理解

经济学家张军在其所著的《书里书外的经济学》（2002 年出版）中指出："在过去的十多年，印度的储蓄率只有中国的 1/4，它所吸引的外资也仅为中国的 10%，可是印度的经济增长并不低，平均也有 6%~7%……我的理解大概是，印度储蓄率的下降虽然可能使物质资本的增长放慢，但人力资本的增长加速了。"

作为对经济增长理论的一般了解，在这里简单介绍两个经济增长模型：哈罗德-多马增长模型和新古典增长模型。

一、哈罗德-多马增长模型的基本思想

哈罗德-多马增长模型是由英国经济学家 R.哈罗德和美国经济学家 E.多马在 20 世纪 40 年代分别提出来的，由于两人提出的模型和结论相似，因而被称为哈罗德-多马增长模型。由于哈罗德的模型内容较为丰富，故以哈罗德模型作为代表。

哈罗德-多马增长模型是在一系列严格假定条件下得到的。主要有①全社会只生产一种产品，这种产品既可以作为消费品，也可以作为投资品；②生产过程中只使用两种生产要素，即劳动 L 和资本 K，而且这两种生产要素之间不能相互替代，每单位产量所需要的生产要素的数量保持不变；③生产的规模收益不变；④储蓄在国民收入所占的份额保持不变；⑤劳动力按照一个固定不变的比率增长；⑥不存在技术进步，也不存在资本折旧。

根据上述假设条件可知，一个经济社会的资本存量 K 和总产出之间存在一定的比例，即

$$K = vY$$

式中，v 被称为资本—产出比率。由于生产过程中使用的劳动和资本数量不能相互替代，因而每单位产出所消耗的资本量保持不变，资本—产出比率 v 就是一个常数。

随着社会资本的增长，产出按原有的比例增长，即

$$\Delta K = v\Delta Y$$

式中，ΔK 是资本存量的改变量；ΔY 是产出的改变量。

根据假设条件⑥，由于不存在资本折旧，因而资本存量的改变量就是经济中的投资，即 $\Delta K = I$，这样就有

$$I = v\Delta Y$$

在两部门经济中，当经济处于均衡时的条件是 $I=S$，即 $S=v\Delta Y$。

根据假设条件④，经济中储蓄占收入的比率保持不变，于是经济中的储蓄率 s 为

$$s = S/Y$$

因此，储蓄 $S=sY$。代入 $S=v\Delta Y$ 得到

$$sY = v\Delta Y$$

于是，得到经济增长的基本公式为

$$\Delta Y/Y = G = s/v \tag{12-1}$$

式（12-1）为哈罗德-多马增长模型的基本公式。它表明，当经济处于均衡时，国民收入增长率等于社会的储蓄率除以资本产出比。例如，假定资本产出比 $v=3$，储蓄率 $s=15\%$，则经济增长率 $G=5\%$。

哈罗德-多马模型反映了经济增长率与储蓄率和资本—产出比率之间的关系。在资本—产出比率既定的条件下，如果要获得一定的增长率，就必须维持一定的能被投资吸收的储蓄率；反之，若一定的储蓄率形成的储蓄全部被投资吸收，那么，经济必然保持一定的经济增长率。在资本—产出比率不变的条件下，储蓄率越高，经济增长率越高；反之，储蓄率越低，经济增长率也就越低。

二、新古典增长模型的基本思想

新古典增长模型以美国经济学家索洛等人提出的经济增长模型为代表。该模型的基本假设条件是：①社会只生产一种产品；②生产过程中只使用两种生产要素，即劳动 L 和资本 K，而且这两种生产要素之间可以相互替代，但不能完全替代，因而两种要素都服从边际产量递减规律；③生产的规模收益不变；④储蓄在国民收入所占的份额保持不变；⑤劳动力按照一个固定不变的比率增长；⑥不存在技术进步，也不存在资本折旧。

与哈罗德—多马增长模型的假定相比较，新古典增长模型的关键性假定是生产要素之间的替代性特征。正是这一假定使得新古典增长模型得出与哈罗德-多马增长模型完全不同的结论。

根据上述假定，经济中使用劳动和资本生产一种产品，则这种产品的生产函数可表示为

$$Y = F(L, K)$$

由于生产处于规模收益不变阶段，则人均产出数量取决于人均资本占有量，即

$$\frac{Y}{L} = \frac{1}{L}F(L, K) = F(1, \frac{K}{L}) \tag{12-2}$$

以小写字母表示人均量，即 $y=Y/L$ 表示人均收入，$k=K/L$ 表示人均资本占有量，则公式（12-2）表示的总量生产函数可以按人均数量表示为

$$y = f(k)$$

式中，$f(k) = F(1, K/L)$ 是人均收入，它取决于人均资本的占有量 k。

假定在单位时间内人均资本的改变量为 $\dot{k}$，即 $\dot{k} = \Delta k/\Delta t$，其中，$\Delta t$ 为时间的改变量，那么，新古典增长模型的基本公式可以表示为

$$sf(k) = nk + \dot{k}$$

式中，s 为储蓄率，$f(k)$ 是产出量，$sf(k)$ 即为人均储蓄量；n 表示人口增长率，即新增人口在总人口中所占的比重；k 为人均资本的占有量，则 nk 表示新增人口按原有的人均资本占有量配备所需要的资本量；$\dot{k}$ 表示人均资本的增加量。这样，新古典增长模型基本公式的经济含义就是整个经济按人口平均的储蓄量被用于两个部分。一部分是按原有的人均资本水平装备新增加人口，即资本的广化；另一部分则是增加每个人的人均资本占有量，即资本的深化。也就是说，经济社会所有的储蓄被用于资本的广化和深化。

新古典增长模型中所包含的经济稳定增长的条件是 $\dot{k}=0$ 或者 $sf(k)=nk$。即人均资本改变量等于 0，或者说，当人均储蓄量恰好等于新增人口所需要的资本量时，经济处于稳定增长状态。

新古典增长模型给出的经济稳定增长的条件可以用图 12-1 加以说明。图中横轴表示人均资本量 $k=K/L$，纵轴表示人均国民收入量 $y=Y/L$。人均收入是人均资本量的增函数，即 $y=f(k)$，y 随着 k 的增加而增加，但由于边际产量递减规律的作用，使得增加的速度越来越慢。$sf(k)$ 表示经济中的储蓄，在储蓄率 s 既定且小于 1 的条件下，$sf(k)$ 在 $y=f(k)$ 的下方，其形状与 $y=f(k)$ 相同，也随着 k 的增加而增加。nk 表示人均资本按人口增长率增长，在 n 既定的条件下，它是一条向右上方倾斜的直线。

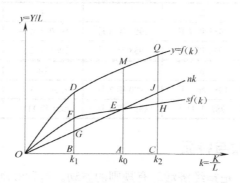

图 12-1　新古典增长模型

在 E 点，nk 线与 $sf(k)$ 线相交，交点对应的人均资本量为横轴上的 A 点，这时人均资本为 k_0，表示经济中的储蓄量恰好等于为新增人口配备资本所需的积累。此时，经济实现的人均国民收入为均衡国民收入，由 $y=f(k)$ 曲线上的 M 点表示。如果选定横轴上的人均资本量为 B 点，即人均资本为 k_1，这时 BD 为人均资本 k_1 下的总产出，对应于这一总产出，BF 为储蓄，FD 为消费，总储蓄 BF 又被分为两部分，其中 BG 用于为新增的工人装备资本，而 GF 则被用于增加每个工人的资本设备。这时，人均装备的资本设备就会增加直至 k_0，随之人均收入增加，表现为 $y=f(k)$ 曲线上的 D 点向 M 点的运动。反之，如果选定横轴上的人均资本量为 C 点，即人均资本为 k_2。这时 CQ 为人均资本 k_2 下的总产出，对应于这一总产出，CH 为储蓄，HQ 为消费，CJ 为按原有资本水平装备新增工人所需要的储蓄量，显然，实际储蓄量小于这一水平，人均装备的资本设备就会减少直至 k_0，随之人均收入减少，表现为 $y=f(k)$ 曲线上的 Q 点向 M 点的运动。

以上分析表明，经济实现稳定增长的条件是

$$\dot{k}=0 \text{ 或者 } sf(k)=nk$$

第三节 经济周期理论概述

导入案例 12-3

美国国民经济研究局（NBER）经济周期决策委员会从1929年开始对经济周期的高峰和低谷进行判定，其对拐点的判定一直以来是经济研究和投资决策的重要依据。为反映诸多经济变量协同变动的特征，分析人员首先调查一系列经济活动时间序列数据（如制造与贸易销售额、非农就业人数、工业产值等）的高峰和低谷，然后对其进行汇总，并使用合成指数和扩散指数为代表的景气指数方法，最终得到总体经济周期拐点的判断。

美国国民经济研究局对美国经济周期的划分如下：

序列	1	2	3	4	5	6
顶峰	1948年11月	1953年7月	1957年8月	1960年4月	1969年12月	1973年11月
低谷	1949年10月	1954年7月	1958年4月	1961年2月	1970年11月	1975年3月
序列	7	8	9	10	11	
顶峰	1980年1月	1981年7月	1990年7月	2001年3月	2007年12月	
低谷	1980年7月	1982年11月	1991年3月	2001年11月	2009年6月	

一、经济周期的阶段与特征

经济周期即商业周期，是指经济活动有规则的波动。这种波动可以通过许多系列的统计数字表示出来，如国内生产总值、国民收入、就业量、消费总量、工业生产指数等，通常用国内生产总值的系列数字来表示，如图12-2所示。

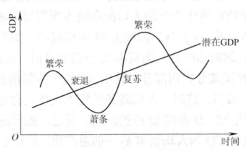

图12-2 经济周期曲线

对于GDP的周期性波动，西方学者认为，可以从其中找到重复出现的形式。虽然重复出现的形式很少是完全相同的，但是，他们都被认为由萧条、复苏、繁荣和衰退四个阶段组成。

萧条阶段是指经济活动水平变化的最低点。其特点是存在大量的失业工人和闲置的生产设备，企业利润很低甚至为负，厂商不愿意增加投资，商业银行和其他金融机构的资金贷不出去。

复苏阶段表示经济活动水平走出萧条而趋于上升。在复苏阶段，闲置的机器设备得到利用，厂商逐渐增加投资，机器设备开始更新，利润及就业量趋于增加。

繁荣阶段是经济活动变化的最高点。在繁荣阶段，现存的生产能力得到充分的利用，劳动力、原材料和银行贷款开始变得短缺，供不应求的现象频繁发生，但是投资仍在不断增加。由于投资转变为生产能力需要一段时间，因而需求的增长超过生产的增长，价格水平趋于上涨。当价格水平的上涨变得持续和普遍时，便会发生通货膨胀。

衰退阶段表示经济活动水平到达最高点后趋于下降。在衰退阶段，生产普遍过剩，就业和产量水平下降，利润减少。这时不但净投资为零，而且连正常的更新投资也不能进行。这样经济活动水平逐渐下降到最低点，又开始新一轮的周期运动。

如果从国内生产总值的下降开始算起，那么，它首先经历被称为衰退的下降阶段，下降的最低点为谷底。然后，它通过复苏的上升阶段而达到峰顶。如此周而复始，不断进行，每四个阶段构成一个经济周期。其特点是各个经济周期在持续时间和变化幅度上可以有很大的差别；每个经济周期的高峰并不一定超过上一个周期的高峰，但从整个趋势来看，经济活动水平是在上升的。

图 12-3 和图 12-4 分别显示了 1978—1999 年我国 GDP 长期增长与短期波动、我国投资长期增长与短期波动的情况。

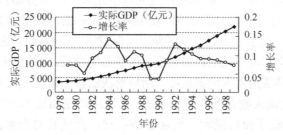

图 12-3　我国 GDP 长期增长与短期波动（1978—1999 年）

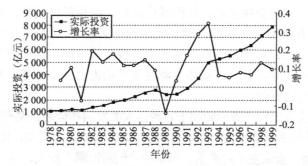

图 12-4　我国投资长期增长与短期波动（1978—1999 年）

经济学家根据一次周期的长短将经济周期分为长周期、中周期和短周期。长周期又称长波，是指一次周期长度平均为 50 年左右。这一划分是由苏联经济学家康德拉季耶夫于 1926 年发表的《经济生活的长波》一文中首先提出的，故又称为康德拉季耶夫周期。中周期又称中波，是指一个周期平均长度为 8~10 年。1860 年，法国经济学家朱格拉在其《论法国、英国和美国的商业危机及其发生周期》一书中系统地分析了这种周期，故又名朱格拉周期。短周期又称短波，是指一个经济周期平均长度约为 40 个月。它由美国经济学家基钦于 1923 年提出，又称基钦周期。

二、凯恩斯主义以前的经济周期理论

从第一次经济危机（1825年）到第二次世界大战以前的长时期中，西方学者曾经提出许多理论对经济周期产生的原因进行解释。这些理论的数量是如此之多，以至联合国（第二次世界大战前为国际联盟）指定当时著名的学者哈勃勒撰写一本名为《繁荣与萧条》的著作来把以往的各种理论进行总结。这本权威性的著作把凯恩斯主义以前的各种经济周期的理论区分为六个大的类别。

（1）纯粹货币论（代表人物是英国的霍特里）。这种理论认为，经济周期纯粹是一种货币现象，货币数量的增减是经济发生波动的唯一原因。如果货币增加过多，就会使银行利息率降低，信贷放宽，从而使投资增加和经济繁荣，即进入扩张阶段。另一方面，经济的繁荣又会使货币短缺，这样又会引起利息率的提高，抑制投资，使经济进入萧条。随着货币的增减，使国民经济处于周期性的波动中。

（2）投资过度理论（代表人物是瑞典的卡塞尔、威克塞尔和德国的斯皮托夫等）。这种理论认为，投资的增加首先引起对投资品需求的增加，以及投资品价格的上升，这样就更加刺激了投资的增加，形成繁荣。另一方面，由于需求与价格的上涨首先表现在资本品上，因此，如果过度地投资，会造成生产资本品产业的过度增长，与消费品资料部门的发展不平衡，造成产业结构的失调。这种生产结构的失调最终会引起萧条而使经济发生波动。

（3）消费不足理论（代表人物是马尔萨斯、西斯蒙第、霍布森）。这种理论认为，经济中出现萧条的原因是因为社会对消费品的需求赶不上消费品的增长，而这种消费不足的根源主要在于国民收入分配不平均所造成的富人储蓄过度。所以解决的办法是实行收入分配均等化的政策。

（4）心理理论（代表人物是凯恩斯、庇古）。这种理论用资本家的心理变化来解释经济变动，认为某种原因刺激了投资活动，引起经济高涨，会使其对未来预期过分乐观。这种乐观心理会导致过多的投资，形成经济的过分繁荣。而在过分繁荣中资本家会发现预期乐观的错误，转过来变成对未来的悲观预期，从而减少投资，结果经济出现萧条。

（5）黑子论或农业收获论（代表人物是英国的杰文斯）。这个理论认为，黑子的出现引起农业减产，又影响工业、商业、工资和购买力、投资等方面，从而引起整个经济的萧条。并且还以太阳黑子每9～10年有一次变动，而经济周期也为9～10年一次波动，从而认为太阳黑子是经济周期波动的原因。

（6）创新论。熊彼特把经济周期归因于各种巨大的发明和创新。某些企业采用了新技术和新发明而获得厚利，其他企业争相效仿，投资急剧增加。需求迅速增加，价格普遍上升，造成经济繁荣。一旦创新中断，繁荣便走向萧条。当新的"创新浪潮"形成，经济再次出现繁荣。

上述六种类型的理论又可以分为外部因素论和内部因素论。外部因素论认为造成经济周期的原因来自经济制度之外，如战争、科技新发明等；内部因素论则强调经济制度的内部原因，如投资的波动、利息率的高低、货币流通速度的快慢等。当然西方学者承认严格区别外部和内部因素是很困难的，例如，投资的波动很难被认为是纯粹外部或纯粹内部因素。

第二次世界大战以后，对经济周期研究的经验已使西方学者放弃了用单一因素去解释经济周期的做法。他们趋向于把外部因素和内部因素结合在一起对经济周期做出综合性的解释。萨缪尔森曾以小孩玩具木马的摆动为例来说明这一新的解释方法。木马的推动可以来自外界的力量，然而，使木马做出周期性的摆动不是别的运动形式却是由内部因素所造成的。

虽然西方学者趋于使用综合性的解释，但他们在凯恩斯主义影响下又在解释中强调投资变动的因素。他们发现，投资不仅会引起国民经济的乘数变动，反过来，收入或消费的变动又会引起投资的变动。前者称为投资乘数，后者称为加速原理，以此作为对凯恩斯乘数理论的补充，并用乘数–加速原理的相互作用说明国民收入周期性波动的原因。

三、凯恩斯主义经济周期理论的基本思想

加速原理是说明收入变化或消费变化同投资变化之间关系的一种理论。凯恩斯的追随者汉森和萨缪尔森用这种理论来补充凯恩斯乘数理论的不足。乘数–加速原理模型也就成为凯恩斯主义经济周期理论的一个有影响的代表性模型。

我们已经知道，乘数理论说明投资的变动如何引起收入的变化，乘数是表示投资增加会引起收入增加到什么程度的系数。与此相反，加速原理说明收入的变化如何引起投资的变化。加速数是表示收入或消费增加会引起投资增加到什么程度的系数。加速原理假定收入的增加必定引起消费的增加，消费的增加必定引起消费品生产的增加，消费品生产的增加必定引起资本品生产的增加，因此收入的增加必定引起投资的增加。

为了更好地理解加速原理，我们再详细地了解资本—产出比率这一概念。资本—产出比率指的是生产 1 单位产量所需要的资本量。一般来说，要生产更多的产量需要有更多的资本，进而需用更多的投资来扩大资本存量。若以 K 代表资本存量，Y 代表产量水平，v 代表资本—产出比率，则有

$$v = K/Y$$

例如，如果生产 100 万元的产品，需要的资本量（机器设备）300 万元，在技术不变的情况下，资本—产出比率不变，那么，资本—产出比率 $v=300/100=3$。即每生产 1 元的产品需要 3 元的资本。注意这里 K 是存量，Y 是流量，因此一般情况下 $v>1$。

加速系数是指增加 1 单位产量所需要增加的资本数量。如果假定增加 1 单位产量所需要增加的资本数量不变，则加速数就等于资本—产出比率。

加速原理只有在没有生产资源闲置的条件下才能起作用。因为如果企业处于开工不足和机器设备闲置的条件下，那么当产量或收入增长后，企业不必增加净投资（新的机器设备），只需动用闲置的即可。

西方学者认为，如果加速原理不起作用，那么国民收入就会在乘数作用下不断地上升到更高的水平。正是由于在乘数原理发生作用的同时，加速原理也在起作用，从而形成了国民收入周而复始的变动。

假定某经济社会正从萧条走向复苏。这时机器设备开始更新（净投资>0），企业生产的产量趋于增加，国民收入水平逐渐提高。随着国民收入的增加，投资以加速的速度增加，投资的增加又通过乘数使国民收入更进一步增长。如此循环往复，国民收入不断增大，于是社会便处于经济周期的繁荣阶段。然而，社会的资源是有限的，国民收入的增长迟早会达到资源所能容许的极限。一旦到达经济周期的峰顶，社会资源变得稀缺，利息率和价格趋于上升，国民收入的增长趋势受到了限制。因此国民收入的增长将放慢并最终停止增长。这时加速原理的作用将使投资趋于下降。而投资的下降又通过乘数的作用引起国民收入进一步下降，国民收入的进一步下降又会引起投资的加速下降，如此循环往复，国民经济便处于经济周期的

衰退阶段。国民收入持续的下降使社会最终到达经济周期的谷底阶段，这时国民收入的下降会受到固定资本更新的限制。由于在衰退阶段的长时期的负投资，即社会的生产设备等逐年的减少，所以一部分厂家会想到有必要更新设备（由于居民还存在必要的消费支出，政府将增加支出，所以厂家为生产居民和政府所需要的物品仍要进行一定量的更新投资）。这样，随着投资的增加，国民收入开始上升，上升的国民收入通过加速原理的作用又一次使社会进入繁荣阶段。一次新的经济周期又重新开始。

乘数-加速原理分析表明收入、消费、投资的关系是相互的。因此只有把乘数原理和加速原理结合起来，才能说明收入、消费、投资之间的关系，才能解释经济周期性波动的原因。

乘数-加速原理模型假定：①边际消费倾向为 b，$b=\Delta c/\Delta y$；②加速系数为 v，$v=I_t/Y_t-Y_{t-1}$；③现期国民收入为 Y_t；④自发性投资为 I_a；⑤自发性消费为 C_a；⑥引致消费为 C_i，现期引致消费由前期收入在边际消费倾向决定：$C_i=b\times Y_{t-1}$；⑦投资为 I_i，投资是由收入的变化或者由收入中消费的变化和加速系数决定的：$I_i=v(Y_t-Y_{t-1})$ 或 $I_i=v(C_t-C_{t-1})$。

根据以上假定，我们可以推出包含现期消费函数、投资函数和国民收入函数的乘数—加速原理模型的基本方程。

1．现期国民消费函数 C_t

$$C_t=C_a+C_i=C_a+bY_{t-1}$$

这一函数表示每一时期的消费取决于同一时期的自发性消费和前一时期的国民收入水平。

2．现期的投资函数 I_t

$$I_t=I_a+I_i=I_a+v(C_t-C_{t-1})$$

即每一时期的投资取决于同期的自发性投资和现期与前期的消费的变化。

3．现期的国民收入函数 Y_t

$$Y_t=C_t+I_t=C_a+bY_{t-1}+I_a+v(C_t-C_{t-1})=C_a+I_a+bY_{t-1}+v(C_t-C_{t-1})$$

下面举例说明模型的经济含义，假定：①$b=\Delta C/\Delta Y=0.6$；②$v=I/\Delta Y=1.5$，即每增加1元收入需增加1.5元投资；③$C_a=10$，$I_a=40$；④在第一个时期以前的时期中 $C_{0i}=60$，$Y_0=100$。

乘数与加速原理结合举例表 （单位：亿元）

时期	自发消费 C_a	自发投资 I_a	引致消费 C_i	引致投资 I_i	国民收入 Y_t	经济变动趋势
1	10	40	60	0	110	—
2	10	40	66	9	125	复苏
3	10	40	75	13.5	138.5	复苏
4	10	40	83.1	12.15	145.25	高涨
5	10	40	87.15	6.075	143.225	衰退
6	10	40	85.9	−1.8	134.1	衰退
7	10	40	80.5	−8.2	122.3	衰退
8	10	40	73.4	−10.7	112.7	衰退
9	10	40	67.6	−8.6	109.0	谷底
10	10	40	65.4	−3.3	112.1	复苏

上表表示在第一年开始的时候，由于上一期的国民收入 $Y_0=100$，$C_{0i}=60$，这样

$$\begin{cases} C_1=C_{1a}+C_{1i}=10+100\times 60\%=70 \\ I_1=I_{1a}+I_{1i}=40+1.5（70-70）=40+0=40 \\ Y_1=C_1+I_1=70+40=110 \end{cases}$$

在第 2 年中，由于 $Y_1=110$，则

$$\begin{cases} C_{2i}=0.6\times 110=66 \quad C_2=10+66=76 \\ I_{2i}=1.5(76-70)=1.5\times 6=9 \quad I_2=40+9=49 \\ Y_2=C_2+I_2=76+49=125 \end{cases}$$

其余时期的国民收入依次类推。国民收入在第 4 年达到高峰，在第 9 年下降到谷底。

由此可见，在加速原理的作用下，当投资或消费增加时，国民收入并不是在乘数作用下简单地上升到一个更高的水平而达到均衡，而是在乘数发生作用的同时，加速作用也开始发生作用，从而形成了国民收入周而复始的变动。现代西方经济学家认为，根据乘数和加速原理的作用，自发消费和自发投资为一固定的量，则经济本身的调整，会自发地形成经济的波动，因此政府有必要对经济进行调节，以维持经济的稳定发展。政府对经济的调节主要包括以下几个环节：

（1）政府通过影响加速系数来减少周期波动。假定不考虑收益，加速系数和资本—产出比率相同，政府可以通过提高劳动生产率，提高投资的经济效果，即同样投资带来更大产量或者同样产量较少投资，即降低加速系数，来减少波动幅度。

（2）政府通过影响边际消费倾向，即政府通过一定的政策影响人们的消费在收入增量中的比例，从而影响下一期的收入。即通过刺激消费来刺激经济增长，如在第 5 年，要使经济增长，可提高边际消费倾向；反之要控制经济增长，就抑制消费。

（3）政府可以通过调节投资来降低经济的周期性波动。上面假定自发性投资不变，如果政府及时变动支出或采取影响投资的政策，就能使经济运行符合政府意图，减少波动幅度。

现代西方经济学家认为，从动态的角度看，单纯的乘数原理或加速原理只有理论意义，而没有实际意义。汉森–萨缪尔森模型把二者结合起来考虑，作为政府调节经济的依据，这被认为是在动态经济学领域内凯恩斯主义的一个重要发展。

四、经济周期原因的其他解释

1．实际经济周期理论

上述乘数—加速原理相结合的传统理论把经济周期波动看作是有规则的，可以预测的。与此相反，实际经济周期理论认为经济波动是随机的、不可预测的。因为波动的原因不是经济内在力量的作用，而是来自实际发生的外生的事件，如石油价格的波动、自然灾害或技术的变革等。例如，石油价格大幅度上升会导致与石油有关的各种商品价格的上升，从而引起成本推动的通货膨胀的发生，并进而引起经济的衰退。这种理论强调经济周期的原因来自供给的冲击，而不是需求的冲击。实际经济周期理论还认为，经济体系会对这种外部的冲击，做出迅速而有效的反应，因而不需要政府干预，市场本身会产生最好的解决办法。例如，只

要失业者降低工资和非货币报酬的要求,就总会找到工作,不会有人失业。

2. 货币主义和新古典主义的观点

货币主义者米尔顿·弗里德曼和新古典经济学家罗伯特·卢卡斯认为,引起经济波动的重大干扰来自政府,尤其是政府的货币政策。其中,新古典主义者强调预期和未预期的货币政策变动对经济的不同影响。例如,当人们预期到政府要增加货币供给时,就会预期物价水平要上升,从而要相应增加工资和提高利率,于是名义货币供给量虽然增加了,实际货币供给并没有变化,因而实际工资、利率和实际产出都没有变化,从而货币政策没有什么效果。相反,如果货币供给增加或减少未被预期到,厂商就不会同比例变动价格水平,因而实际货币供给就会变动,并影响产出水平。

假定政府实行扩张的货币政策使货币供给增加并使一切商品价格上升 5%,在短期内,厂商只看到自己经营的商品价格上升 5%,并把自己产品价格的上升当作市场对自己产品需求的增加,从而增加生产,于是产出和就业在短期内就会增加。但是,在长期内,经营者和劳动者会认识到自己商品的实际价格和实际工资并没有增加,生产和就业又会回到原来的状态。可见,新古典主义者对经济波动的看法不但强调预期的作用,而且还强调时期的长短,即认为未被预期的政策变动虽然能引起经济波动,但经过一定时期,经济总会回到自然率水平,用不着政府干预,相反,政府的干预反而会引起经济波动。

3. 新凯恩斯主义的观点

新凯恩斯主义对经济周期原因的解释与实际经济周期理论和新古典经济周期理论不同,他们认为,市场经济不是总能吸收各种冲击的影响而自动恢复充分就业。恰恰相反,经济中存在一种机制,这种机制在大多数情况下扩大了这些冲击,并使冲击的作用持续。例如,假定外在的冲击使投资需求减少,投资需求减少会使产出的乘数作用下降。经济要自动恢复到原来的状态,或者不可能或者需要较长的过程。在这个过程中,社会会因此而付出沉重的代价。因此,新凯恩斯主义认为,市场不会自动消除经济波动,需要政府的干预。尽管具有理性预期的个人反应可能会部分抵消政府行为的效果,但不可能完全抵消政府行为效果。因此,政府在稳定经济方面应该发挥其不可替代的作用。

本章小结

1. 在宏观经济学中,经济增长是指经济社会在一定时期内国内生产总值或国民收入的增长,即总产出量的增加。

2. 经济增长与经济发展是两个相互联系又相互区别的概念。经济增长是指实际国民收入或实际人均国民收入的增长;而经济发展是指由于经济增长而产生的国民的平均生活质量的提高,以及社会制度、经济结构等许多方面的优化。所以,经济发展反映一个经济社会总体发展水平的综合性概念。经济增长与经济发展的一般关系可概括为,经济增长是手段,经济发展是目的。经济增长是经济发展的物质基础,经济发展是经济增长的结果。

3. 可持续发展是一种注重长远发展的经济增长模式,最初于 1972 年提出,指既满足当代人的需求,又不损害后代人满足其需求的能力。

4. 哈罗德—多马模型反映了经济增长率与储蓄率和资本—产出比率之间的关系。在资本—产出比率既定的条件下，如果要获得一定的增长率，就必须维持一定的能被投资吸收的储蓄率。储蓄率越高，经济增长率越高；反之，储蓄率越低，经济增长率也就越低。

5．新古典增长模型的基本经济含义是整个经济按人口平均的储蓄量被用于两个部分。一部分是按原有的人均资本水平装备新增加人口，即资本的广化；另一部分则是增加每个人的人均资本占有量，即资本的深化。也就是说，经济社会所有的储蓄被用于资本的广化和深化。

6．经济周期即商业周期，是指经济活动有规则的波动。这种波动可以通过国内生产总值的统计数字表示出来。经济周期被认为由萧条、复苏、繁荣和衰退四个阶段组成。

7．乘数-加速数分析表明，收入、消费、投资的关系是相互的。因此只有把乘数原理和加速原理结合起来，才能说明收入、消费、投资之间的关系，才能解释经济周期性波动的原因。

思考与练习

一、重要概念

经济增长　经济发展　可持续发展　经济周期　资本—产出比率　加速数

二、单项选择题

1．根据哈罗德-多马模型，若储蓄率提高，则经济增长率（　　）。
   A．提高　　　　　B．下降　　　　　C．不变　　　　　D．不确定

2．下列各项是新古典经济增长模型所包含的内容的是（　　）。
   A．均衡的增长率取决于有效需求的大小
   B．要实现充分就业的均衡增长，要使 $G=G_w=G_n$
   C．通过调整收入分配，降低储蓄率，可以实现充分就业的均衡增长
   D．从长期看，由于市场的作用，经济总会趋向于充分就业的均衡增长

3．下列各项中不属于生产要素供给增加的是（　　）。
   A．投资的增加　　　　　　　　　B．就业人口的增加
   C．人才的合理流动　　　　　　　D．发展教育事业

4．经济增长的标志是（　　）。
   A．失业率的下降　　　　　　　　B．先进技术的广泛应用
   C．社会生产能力的不断提高　　　D．城市化速度加快

5．经济波动的周期的四个阶段依次为（　　）。
   A．复苏、繁荣、衰退、萧条　　　B．繁荣、衰退、萧条、复苏
   C．萧条、复苏、繁荣、衰退　　　D．以上各项均对

6．从谷底扩张至经济增长的正常水平称为（　　）。
   A．繁荣　　　　　B．衰退　　　　　C．萧条　　　　　D．复苏

7．繁荣阶段的主要特征是（　　）。
   A．工资、价格不断上涨　　　　　B．投资减少、产品积压
   C．大量工厂倒闭　　　　　　　　D．大量机器更新

8. 解释经济周期的消费不足理论把繁荣的逐渐衰退归因于（　　）。
   A. 消费的支出跟不上生产的发展而导致普遍的供过于求
   B. 投资比消费增长快，所以没有足够的物品供消费者购买
   C. 储蓄和投资减少
   D. 政府税收太高，以至于消费者没有足够的资金购买商品和劳务
9. 企业总投资支出的特点是（　　）。
   A. 受利润的预期和利率的影响　　B. 似乎是完全自由的
   C. 对经济影响甚少　　D. 是相当稳定的，并可预测
10. 根据凯恩斯分析，总产量变动的主要原因是（　　）。
    A. MPC 的变动　　B. 投资需求的变动
    C. 消费支出的变动　　D. MPS 的变动
11. 当我们对以往的经济周期中的商品变化进行统计和研究时，将会发现波动最大的是（　　）。
    A. 消费商品，因为消费支出的乘数效应
    B. 政府购买的商品，因为政府的错误决策而支持了经济波动
    C. 耐用或资本商品，由于投资支出的变动以及可以推迟消费的缘故
    D. 以上都不对，周期性的经济波动是典型的价格波动而非商品的波动
12. 国民收入引起波动最大的因素是（　　）。
    A. 转移支付数量的波动　　B. 进口需求
    C. 消费需求　　D. 投资需求
13. 根据加速原理，净投资支出发生于（　　）。
    A. GDP 在高水平时　　B. GDP 或消费在低水平时
    C. GDP 或消费增加时　　D. GDP 或消费下降时

三、判断题

（　）1. 资本与劳动在生产上是可以相互代替的，是哈罗德经济增长模型的假设条件。
（　）2. 经济增长是指在一段较短时期内一国国民经济总值增加的现象。
（　）3. 经济周期是可以预期的，因为它的发生常常是很有规律的。
（　）4. 如果潜在的实际 GNP 是 9 500 亿，而实际产出是 100 000 亿，则经济处于萧条阶段。
（　）5. 经济周期的繁荣阶段完全可由充分就业的到来而判定。
（　）6. 个人储蓄水平与企业投资水平相等时，经济达到均衡。
（　）7. 在高失业时期，储蓄总水平的上升将导致总需求和产出的增加，因为储蓄将完全用于投资支出。
（　）8. 经济周期是经济活动总水平的长期的、波浪式的运动。
（　）9. 确切地说，当实际 GDP 的增长率低于 2%时，表明发生了经济衰退。
（　）10. 经济周期的四个阶段在波动范围和延续时间上是相等的。
（　）11. 在繁荣时期，经济向着生产力容量的极限扩张。
（　）12. 在经济繁荣和萧条时期，大多数重要的经济指标将同方向运动。

（　　）13．政府的预算是通货膨胀和经济衰退的一个重要原因。
（　　）14．在经济衰退时期，人们的可支配收入中消费的比率将减小。

四、计算题

1．已知经济社会的平均储蓄倾向为0.16，资本—产出比率为4，求国民经济的增长率。
2．已知经济增长速度为8%，资本—产出比率为4，求经济社会的平均储蓄倾向。

五、思考题

1．试述经济增长与经济发展的关系。
2．什么是可持续发展，如何理解？
3．什么是经济周期？经济周期各阶段有什么特点？
4．"乘数的作用导致国民收入增加，加速数导致国民收入减少，因此，乘数和加速数的相互作用造成经济的周期性波动。"这一说法对吗？

六、案例分析

新时代的中国看雄安

河北雄安新区是继深圳经济特区和上海浦东新区之后又一个具有全国意义的新区。雄安新区的设立，不仅成为中国疏解北京非首都功能、缓解"大城市病"的有力举措，更为落实"创新、协调、绿色、开放、共享"的发展理念开创了新局、谱写了新篇。

相比于中国长三角和珠三角地区，位于华北的京津冀地区虽然同样属于经济重镇，但在区域发展的协调性上却一直滞后，存在"北京吃不了，天津吃不饱，河北吃不着"的问题：一边是人口不断涌入造成北京城市生活体验下降及管理难度提升，另一边则是河北省很多地区与京津之间存在显著的发展落差。

功能疏解精准落子

由于中国经济的崛起，在北京的世界500强公司总部的数量一直在上升，让北京经济中心的功能在不断提升。多重功能的不断叠加，使得北京市的"大城市病"日益凸显。在这样的情况下，设立雄安新区有利于北京非首都功能的定向疏解或集中承接，是破解京津冀协同发展困局的一个非常重要的新路径。

目前，聚集在北京的非首都功能主要包括：一般性的制造业，区域性的物流基地和批发市场，中心城区过于密集的教育、医疗资源，部分行政、事业、服务单位等。这些非首都功能的聚集，严重超出北京的承载能力，致使北京出现了严重拥堵、人口急剧膨胀、空气严重污染等"症状"。此时，积极推动北京非首都功能有计划、分步骤地向中心城区外转移和疏解十分必要。北京周边的保定、廊坊等地本身规模已经比较大，如果再成立新区，处理老城和新区的关系难度更大。而从国际经验看，"跳出去建新城"模式也较为适宜治理日益严重的"大城市病"。

中国工程院一位院士在解读雄安新区未来发展前景时说："雄安新区在承接北京非首都功能疏解的基础上，还要以建设绿色生态宜居新城区、创新驱动发展引领区、协调发展示范区、开放发展先行区为目标，通过长期不懈努力，建成高端高新产业集群地、创新要素资源集聚地、扩大开放新高地和对外合作新平台，激发经济社会发展的新动能，打造京津冀创新驱动发展的新引擎，支撑京津冀成为中国经济发展的新增长极"。

区域协调开创新局

从深圳特区、浦东新区,再到雄安新区,如果纵观中国新区发展历程就不难发现,其有着"从南到北、从沿海到内陆、从先发优势到后发优势"转变的发展路径。这种变化恰恰体现了中国经济发展不同阶段对应的有效"药方"。

例如,高端产业、新兴产业、创新型要素等在北京聚集度非常高,而河北省及周边地区通常难以吸引这些资源集中流入。设立雄安新区之后,原本聚集在北京的创新及科技成果,将更快地向周边地区分散,从而实现要素价值自我实现与区域空间发展均衡的有机统一。大数据、物联网、云计算、无人技术、航空航天、机器人等走在国际前沿的新产业,可能会在雄安新区落地。而聚集在北京的教育、医疗、科研等资源也可能疏解到雄安新区。

科学理念影响深远

无论是交通规划,还是区域发展对接,抑或是企业设点入驻……雄安新区各项建设工作正在燕赵大地上有序开展。

北京市全力支持河北雄安新区规划建设,推动非首都功能和人口向河北雄安新区疏解集聚:①建立与雄安新区便捷高效的交通联系,实现与北京本地轨道交通网络的有效衔接。加强北京新机场、北京首都国际机场等国际航空枢纽与河北雄安新区的快速连接。②支持部分在京行政事业单位、总部企业、金融机构、高等学校、科研院所等向河北雄安新区有序转移,为转移搬迁提供便利。③支持北京市属学校、医院到河北雄安新区合作办学、办医联体,推动在京部分优质公共服务资源向河北雄安新区转移。

未来建设雄安新区要突出七个方面的重点任务:①建成国际一流、绿色、现代、智慧城市。②打造优美生态环境,构建蓝绿交织、清新明亮、水城共融的生态城市。③发展高端高新产业,积极吸纳和集聚创新要素资源。④提供优质公共服务,建设优质公共设施,创建城市管理新样板。⑤构建快捷高效的交通网,打造绿色交通体系。⑥发挥市场在资源配置中的决定性作用,更好地发挥政府作用,激发市场活力。⑦扩大全方位对外开放,打造扩大开放新高地和对外合作新平台。

请根据此案例,说说全国各地各行各业的建设者们是如何立足新时代、开启新征程,谱写跨越发展新篇章的中国故事的。

第十三章 国际经济

■ 学习目标 ■

1. 了解国际贸易的基本理论和当代国际贸易的发展。
2. 熟悉世界贸易组织的宗旨、职能和基本原则。
3. 了解国际金融体系的发展、特征、缺陷和改革设想。
4. 熟悉国际收支的概念、国际收支平衡表的主要内容和编制原理及国际收支失衡的调节政策。

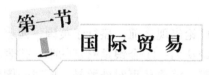

第一节 国际贸易

导入案例 13-1 >>> 想想你日常生活中的一天

早上你在美国斯林百兰公司舒达床垫上伸了伸懒腰,然后起来,给自己冲了杯"荷兰乳牛"。早餐时,你从日本产的"松下"电视机上看"早新闻"。你穿上美国品牌而在泰国工厂缝制的衣服,蹬上"阿迪达斯"运动鞋,骑上"土拨鼠"自行车去上学。

每天,你都领先全世界的许多人享用物品与劳务,那些为你提供物品与劳务的人并不是出于仁慈或对你的福利的关心,而是因为人们相互交易,甚至是国与国之间的商品与劳务的交易。

国际贸易是指商品、劳务、技术等在国家之间的流通。国际贸易能使参加贸易的国家从贸易中获取利益。

一、国际贸易理论

1. **比较优势原理**

(1) 绝对利益原理。亚当·斯密认为一个国家应该出口具有绝对利益(绝对利益即以单位产量所消耗的资源为标准,在同一种商品的生产方面,某一生产者对其他生产者所具有的明显的优势)的产品而进口其他国家具有绝对利益的产品,他在《国富论》中指出,如果外国能以比我们自己制造还便宜的商品供应我们,那么,我们最好就用我们具有某些优势的行业中生产出来的部分产品来向他们购买。这一理论称为绝对利益原理。

(2) 比较优势原理。大卫·李嘉图认为一个国家是否从贸易中获益,在于它们是否具有某种比较优势而不是绝对优势。即使一个国家生产每种产品都具有最高的生产率,而另一个国家生产每一种产品都具有最低的生产率,只要这些优势或劣势在不同的产品生产中大小不同,则他们都可以通过生产各国有相对优势的产品相互之间的贸易中得益。

(3) 机会成本理论。约翰·斯图亚特·穆勒认为一国在某种产品生产上具有比较优势就是指生产该产品的机会成本比其他国家低。也就是说,他把比较优势具体化为机会成本而不再是劳动小时。他的其余分析同李嘉图。

2. 资源禀赋原理

资源禀赋原理是指由瑞典经济学家赫克歇尔和俄林提出的用生产要素的禀赋程度来解释国际分工和国际贸易产生的原因和商品流向的理论。

资源禀赋原理的自然资源禀赋论是指由于各国的地理位置、气候条件、自然资源蕴藏等方面的不同所导致的各国专门从事不同部门产品生产的格局。各国自然资源禀赋不同基础上的国际分工有四个方面的原因。①自然资源的"有与无"产生分工。这种有与无决定了一些国家要生产这种产品。②"多与少"产生分工。一些国家尽管蕴藏着较少的自然资源,但其需要量却很大,另一些国家尽管蕴藏量比较大,但其需要量相对比较小,这就形成一些国家要向国内生产小于国内需要的国家提供一部分资源产品。③主要是经济上的原因。④战略上的原因。

3. 贸易差额论

在 17~18 世纪古典贸易理论出现之前,盛行于英国、西班牙、葡萄牙和挪威等国的是重商主义的贸易差额论。该理论认为:①金银是财富的唯一代表,国家的一切经济活动都是为了获得金银;②要想获得财富,就要从事对外贸易,同时一国贸易要保持顺差;③为了保持顺差,国家必须干预经济和贸易。

4. 李斯特的保护幼稚工业理论

在保护贸易理论中,就其影响而言,李斯特保护幼稚工业理论具有典型的代表性,他系统地提出了保护幼稚工业的理论。德国采取了以他的思想为主导的贸易政策,很快使德国强盛起来。

李斯特比较系统地阐述了贸易保护的思想。作为贸易保护的立论基础,首先提出了经济发展阶段说,将人类社会的发展阶段共分为五个时期,即未开化时期、畜牧时期、农业时期、农工时期和农工商时期。不同的时期,应当采取不同的贸易政策。前三个时期属于贸易政策的第一阶段,对比较先进的国家实行自由贸易,以此为手段,使自己脱离未开化状态,在农业上求得发展;第二阶段是用商业限制政策,促进和保护工业、渔业、海运事业和国外贸易的发展;最后一个阶段是当财富和力量已经达到了最高度以后,再行逐步恢复自由贸易原则,在国内外市场进行无限制的竞争,使从事农工商业的人们在精神上不致松懈,并且可以鼓励他们不断地努力去保护既得的优势地位。

5. 当代西方国际贸易理论——产业内贸易理论

美国经济学家格鲁贝尔等人在研究共同市场成员国之间的贸易情况时,发现发达国家间的贸易并不是按照资源禀赋论原理进行的,而是产业内同类产品的交换。他对此进行研究,提出了产业内贸易理论。认为产业内贸易的产生并不是由于比较优势的存在,而是由于:①各国同种商品的差异性是产业内贸易产生的动因。由于各国同种产品存在差异,不同的产品能够满足不同层次消费者的需要,从而导致了不同国家产业内贸易的产生。②消费者需求偏好有相似性,这是产业内贸易得以产生的保证。收入水平相似的人有相同的偏好,富国有穷人,穷国也有富人,收入相同偏好相似,需求偏好重叠。这样富国的穷人需要不发达国家同种商品的低档次产品,穷国的富人需要发达国家同种商品的高档次产品,导致了产业内贸易产生。③规模经济优势是产业内贸易的利益来源。一个国家不可能生产某种产品的所有系列,因此往往进行专业化分工,选择有限种类的商品生产,追求规模经济优势。

二、当代国际贸易的发展

国际贸易的发展与世界政治、经济、科技创新有密切的联系,尤其是 20 世纪 90 年代以来,国际格局发生了重大的变化,在科技领域有许多突破性的发现,使国际贸易的发展出现了许多新的情况。

(一)以信息革命为特征的科技创新日益成为国际贸易发展的重要推动力

计算机的广泛使用,电子商务的发展及世界信息网络的形成,引发了一场信息革命,使世界各国的经济日益融为一体。古老的市场经济所认为的无数买者和卖者必须对市场拥有完全的信息,直到今天才真正具有了现实意义,真正的世界市场在信息技术高度发展的今天才能够成为事实。信息技术的高速发展,将继续对国际贸易的发展起着巨大的推动作用。

(二)世界经济一体化的程度不断提高

随着世界各国市场的不断开放,阻碍商品在国际流动的障碍正在逐步被取消,各国经济的联系和依赖程度正在加快。区域经济一体化作为世界经济一体化的过渡形式,进展显著。北美自由贸易区的建立和亚太经济合作组织的加强以及上海合作组织的扩大等,使世界经济中最主要的三个地区内部一体化领先于整个世界的一体化步伐,加之其他一些区域经济一体化组织也正在快速发展,使区域经济一体化对世界经济一体化加速发展,起了强有力的推动作用。

(三)世界贸易组织(WTO)的作用在不断加强

国有大有小,经济实力有强有弱,尤其在经济一体化的过程中,南北差距正在逐步被拉大。因此建立一个公平竞争的国际环境,制定一套公认的国际游戏规则是非常必要的。WTO的产生,不仅继承了关税与贸易总协定(GATT)的全部功能,而且扩大了它的适用范围,完善了国际贸易游戏规则的内容,强化了 WTO 对成员国之间争端的解决机制,规定了对成员国贸易政策的监督职能。尽管 WTO 组织不可能彻底消除国际不平等贸易关系,但它能使所有国家的贸易关系统一到一个多边的贸易体制中来。它正日益显示出非常重要的作用,将对国际贸易的发展起到更大的积极作用。

第二节　国际贸易组织

导入案例 13-2　　世贸组织

1994年4月15日在摩洛哥的马拉喀什市举行的关贸总协定乌拉圭回合部长会议上,决定成立更具全球性的世界贸易组织(WTO,简称世贸组织),以取代成立于1947年的关贸总协定(GATT)。世贸组织是一个独立于联合国的永久性国际组织。该组织的基本原则和宗旨是通过实施市场开放、非歧视和公平贸易等原则,来达到推动实现世界贸易自由化的目标。1995年1月1日正式开始运作,负责管理世界经济和贸易秩序,总部设在日内瓦莱蒙湖畔的关贸总协定总部大楼内。1996年1月1日,它正式取代关贸总协定临时机构。与关贸总协定相比,世贸组织管辖的范围除传统的和乌拉圭回合新确定的货物贸易外,还包括长期游离于关贸总协定外的知识产权、投资措施和非货物贸易(服务贸易)等领域。世贸组织具有法人地位,它在调解成员争端方面具有更高的权威性和有效性。目前世界贸易组织在国际贸易乃至整个世界经济中发挥着巨大的作用,成为推动贸易和经济增长的一个重要力量。

国际贸易是世界各国(或地区)之间按一般商业条件所进行的有形商品(实物商品)和无形商品(劳务、技术)的交换活动。国际贸易组织就是实现上述功能的国际组织的总称。国际贸易组织是一个宽泛的概念,而不是某一个组织,与世界贸易组织(WTO)是两个不同的概念。

主要的国际贸易组织包括世界贸易组织(WTO)、国际货币基金组织(IMF)、世界银行(WBG)、亚太经合组织(APEC)、上海合作组织等。

一、世界贸易组织

1994年4月15日在摩洛哥的马拉喀什市举行的关贸总协定乌拉圭回合部长会议决定成立更具全球性的世界贸易组织(简称"世贸组织",World Trade Organization,WTO),以取代成立于1947年的关贸总协定(GATT)。

中国是GATT的创始国之一。1986年7月中国正式提出恢复在GATT的缔约国地位的申请。经过长达15年的谈判磋商,于2001年12月3日中国作为全球最大的发展中国家正式成为了WTO的成员。

世贸组织是一个独立于联合国的永久性国际组织。1995年1月1日正式开始运作,负责管理世界经济和贸易秩序,总部设在瑞士日内瓦莱蒙湖畔。1996年1月1日,它正式取代关贸总协定临时机构。世贸组织是具有法人地位的国际组织,在调解成员争端方面具有更高的权威性。它的前身是1947年订立的关税及贸易总协定。与关贸总协定相比,世贸组织涵盖货物贸易、服务贸易及知识产权贸易,而关贸总协定只适用于商品货物贸易。

二、国际货币基金组织

国际货币基金组织（International Monetary Fund，IMF），是政府间的国际金融组织。它是根据1944年7月在美国新罕布什尔州布雷顿森林召开联合国和联盟国家的国际货币金融会议上通过的《国际货币基金协定》而建立起来的，于1945年12月27日正式成立，1947年3月1日开始办理业务。同年11月15日成为联合国的一个专门机构，但在经营上有其独立性。至今，IMF已有187个成员国。

基金组织设有5个地区部门（非洲、亚洲、欧洲、中东、西半球）和12个职能部门（行政管理、中央银行业务、汇兑和贸易关系、对外关系、财政事务、国际货币基金学院、法律事务、研究、秘书、司库、统计、语言服务局）。其宗旨是作为一个常设机构在国际金融问题上进行协商与协作，促进国际货币合作；促进国际贸易的扩大和平衡发展；促进和保持成员国的就业，生产资源的发展和实际收入的高水平；促进国际汇兑的稳定，在成员国之间保持有秩序的汇价安排，防止竞争性的货币贬值；协助成员国在经常项目交易中建立多边支付制定，消除妨碍国际贸易发展的外汇管制；在有一定保证条件下，在成员国国际收支发生暂时不平衡时，向成员国临时提供普通资金，使其纠正国际收支的失调，而不采取危害本国或国际繁荣的措施，缩短成员国国际收支不平衡的时间，减轻不平衡的程度。

IMF主要业务活动有向成员国提供贷款，在货币问题上促进国际合作，研究国际货币制度改革的有关问题，研究扩大基金组织的作用，提供技术援助和加强同其他国际机构的联系。

三、世界银行

国际复兴开发银行（International Bank for Reconstruction and Development），简称为世界银行（World Bank），它是联合国属下的一个专门机构，是根据1944年美国布雷顿森林会议上通过的《国际复兴开发银行协定》成立的，负责长期贷款的国际金融机构。其宗旨是通过对生产事业的投资，资助成员国的复兴和开发工作；通过对贷款的保证或参与贷款及其他和私人投资的方式促进外国和私人投资，当成员国不能在合理的条件下获得私人资本时，则在适当条件下以银行本身资金或筹集的资金及其他资金给予成员国直接贷款，来补充私人投资的不足；通过鼓励国际投资，开发成员国的生产资源，提供技术咨询和提高生产能力，以促进成员国国际贸易的均衡增长及国际收支状况的改善。

根据世界银行的宗旨，其主要业务活动是对发展中成员国提供长期贷款对成员国政府或经政府担保的私人企业提供贷款和技术援助，资助他们兴建某些建设周期长，利润率偏低，但又为该国经济和社会发展所必需的建设项目。

世界银行与国际开发协会（International Development Association，IDA）、国际金融公司（International Finance Corporation，IFC）、多边投资担保机构（Multilateral Investment Guarantee Agency，MIGA）、国际投资争端解决中心（International Center for Settlement of Investment Disputes，ICSID）五部分共同组成了世界银行集团（World Bank Group）。

四、亚太经合组织

亚太经济合作组织（APEC），简称亚太经合组织。其成立之初是一个区域性经济论坛和磋商机构，是亚太区内各地区之间促进经济增长、合作、贸易、投资的论坛。亚太经济合作组织始设于 1989 年，是经济合作的论坛平台，其运作是通过非约束性的承诺与成员的自愿，强调开放对话及平等尊重各成员意见，不同于其他经由条约确立的政府间组织。

亚太经合组织采取自主自愿、协商一致的合作原则，所做决定必须经各成员一致同意认可。亚太经合组织的组织机构包括领导人非正式会议、部长级会议、高官会、委员会和专题工作组等。其中，领导人非正式会议是亚太经合组织最高级别的会议。

亚太经合组织在全球经济活动中具有举足轻重的地位。它在推动区域和全球范围的贸易投资自由化和便利化、开展经济技术合作方面不断取得进展，为加强区域经济合作、促进亚太地区经济发展和共同繁荣做出了突出贡献。

五、上海合作组织

上海合作组织（SCO），简称上合组织，前身是"上海五国"会晤机制。1996 年，中国、俄罗斯、哈萨克斯坦、吉尔吉斯斯坦、塔吉克斯坦五国元首在上海举行会晤。自此，"上海五国"会晤机制正式建立。上海合作组织的宗旨是加强成员国之间的互相信任与睦邻友好；鼓励成员国在政治、经济、科技、文化、教育、能源、交通、环保和其他领域的有效合作；联合致力维护和保障地区的和平、安全与稳定；建立民主、公正、合理的国际政治经济新秩序。

上海合作组织每年举行一次成员国国家元首正式会谈，定期举行政府首脑会谈，轮流在成员国举行。为扩大和加强各领域合作，除业已形成的相应部门领导人会谈机制外，可视情况组建新的会谈机制，并建立常设和临时专家工作组研究进一步开展合作的方案和建议。

上海合作组织进程中形成的以"互信、互利、平等、协商、尊重多样文明、谋求联合发展"为基本内容的"上海精神"，是本地区国家几年来合作中积累的宝贵财富，成为新世纪上海合作组织成员国国家关系的基本准则。在经济合作方面涵盖贸易投资、海关、金融、税收、交通、能源、农业、科技、电信、环保、卫生、教育等领域。

第三节 国际金融体系

导入案例 13-3 中国与国际金融体系

自改革开放以来，中国正以越来越快的速度融入世界经济体系。1980 年 4 月恢复了在国际货币基金组织（IMF）的成员资格，同年 5 月恢复了在世界银行的地位，随后又成为国际清算银行的一员。这样，从法律角度上看，中国已经是现存国际金融体系的重要参与者。国际金融体系对中国国内金融和经济的影响在 20 世纪 90 年代中期以前尚不十分明显。1996 年中国实现了人民币经常项目的自由兑换，中国的金融市场通过不断进入的外资金融机构、B 种股票市场，以及越来越多的海外借款和债券发行，间接地与国际金融市场联系起来，国际金融体系对中国金融的影响也日益增强。中国加入 WTO 之后，金融市场开放的步伐进一步加快。

2008年全球金融危机之后,中国经济率先恢复增长,金融体系相对稳健,世界对使用人民币的需求增加。中国顺应市场需求,稳步推动人民币在跨境贸易和投资中的使用。2009年,中国正式启动跨境贸易人民币结算试点,并逐步扩大试点范围至完全开放境内外贸易结算。2011年,中国启动了境外直接投资人民币结算和外商直接投资人民币结算工作,便利了人民币跨境直接投资的使用。2016年10月1日,人民币正式加入国际货币基金组织(IMF)特别提款权(SDR)货币篮子,这是人民币国际化的重要里程碑,是中国经济改革开放的重要成果。人民币加入SDR及相关改革对于中国和世界都影响深远、意义重大,有助于国际金融体系均衡发展。

国际金融体系(International Financial System,IFS)是指调节各国货币在国际支付、结算、汇兑与转移等方面所确定的规则、惯例、政策、机制和组织机构安排的总称。国际金融体系是国际货币关系的集中反映,它构成了国际金融活动的总体框架。在市场经济体制下,各国之间的货币金融交往,都要受到国际金融体系的约束。

国际金融体系是一个十分复杂的体系,从广义上讲,其构成要素几乎包括了整个国际金融领域,包括国际汇率体系、国际收支和国际储备体系、国别经济政策与国际经济政策的协调等。但从狭义上讲,国际金融体系主要是指国际货币安排,具体包括国际汇率体系、国际收支和国际储备体系、国别经济政策与国际经济政策的协调。

一、国际金融体系的形成

1. 国际收支及其调节机制

国际收支及其调节机制,即有效地帮助与促进国际收支出现严重失衡的国家通过各种措施进行调节,使其在国际范围能公平地承担国际收支调节的责任和义务。

2. 汇率制度的安排

由于汇率变动可直接地影响到各国之间经济利益的再分配,因此,形成一种较为稳定的、为各国共同遵守的国际汇率安排,成为国际金融体系所要解决的核心问题。一国货币与其他货币之间的汇率如何决定与维持,一国货币能否成为自由兑换货币,是采取固定汇率制度,还是采取浮动汇率制度,或是采取其他汇率制度等,都是国际金融体系的主要内容。

3. 国际储备资产的选择与确定

国际储备资产的选择与确定,即采用什么货币作为国际支付货币;在一个特定时期中心储备货币如何确定,以维护整个储备体系的运行;世界各国的储备资产又如何选择,以满足各种经济交易的要求。

4. 国际金融事务的协调与管理

各国实行的金融货币政策,会对相互交往的国家乃至整个世界经济产生影响,因此如何协调各国与国际金融活动有关的金融货币政策,通过国际金融机构制定若干为各成员国所认同与遵守的规则、惯例和制度,也构成了国际金融体系的重要内容。

二、国际金融体系的发展与作用

1. 发展

从历史的发展过程来看,现代国际金融体系大致经历了三个发展阶段,每个阶段均有一定特点的主体金融体系。

第一阶段是国际金本位制时期，从 1816 年英国实行金本位制开始，到第一次世界大战爆发而结束。

第二阶段是布雷顿森林体系时期，起始于第二次世界大战结束后的 1945 年，终止于 1973 年。

第三阶段是牙买加货币体系时期，起始于 1976 年 1 月 IMF 临时委员会的牙买加协议的正式签订日。

2．作用

不同历史时期的国际金融体系，有它产生的背景，同时也有它重要的作用：

（1）确定了国际收支调节机制与各国可遵守的调节政策，为各国纠正国际收支失衡状况提供了基础；

（2）建立了相对稳定的汇率机制，很大程度上防止了不公平的货币竞争性贬值；

（3）创造了多元化的储备资产，为国际经济的发展提供了足够的清偿力，同时借此抵御区域性或全球性金融危机。

3．促进各国经济政策的协调

在统一的国际金融体系框架内，各国都要遵守一定的共同准则，任何损人利己的行为都会遭到国际指责，因而各国经济政策在一定程度上可得到协调与相互谅解。当然任何一个国际金融体系都有它的缺陷，因此，国际金融体系仍然需要改革，在此基础上寻求发展。

第四节 国际收支

导入案例 13-4 2016 年中国的国际收支情况

2016 年，我国国际收支继续呈现"一顺一逆"的状态，即经常账户顺差，资本和金融账户（不含储备资产）逆差。

一是经常账户仍保持顺差，2016 年，经常账户顺差 2 104 亿美元，其中，货物贸易顺差 4 852 亿美元，虽然较 2015 年的历史高位下降 14%，但仍显著高于 2014 年度及以前各年度水平，显示我国对外贸易仍具有较强的竞争力。服务贸易逆差 2 423 亿美元，增长 33%，主要是旅行项下逆差增长，反映出随着我国经济发展和国民收入提高，更多国人走出国门旅游、留学，享受全球化及相关政策不断开放带来的便利。

二是对外金融资产增加，境内主体继续配置境外资产。2016 年，我国对外金融资产净增加规模创历史新高。具体来看，对外直接投资净增加 2 112 亿美元，较上年多增 12%；通过合格境内机构投资者（QDII）、人民币合格境外投资者（RQDII）和港股通等对外证券投资净增加近 1 000 亿美元，多增约 30%；存贷款和贸易信贷等资产净增加约 3 000 亿美元，多增约 1.5 倍。

三是各类来华投资均呈现净流入。2016年，外国来华直接投资净流入保持了1 527亿美元的较高水平；来华证券投资净流入超过300亿美元，较上年多增约4倍；存贷款、贸易信贷等负债净流入约400亿美元，上年为净流出3 515亿美元。这一方面表明我国经济仍然具有较强的吸引力，另一方面，境内企业在2015年快速偿还对外债务并释放了相关风险后，2016年其融资需求已明显恢复。同时，随着我国金融市场对外开放和配套措施的出台，境外主体来华进行各类投资的动力亦有所增强。

四是储备资产减少。2016年，我国储备资产减少4 436亿美元，其中，因国际收支交易形成的外汇储备（不含汇率、价格等非交易因素影响）下降4 487亿美元，在国际货币基金组织的储备头寸等增加50亿美元。

随着经济全球化的发展，各国的对外经济交往日益密切，国内外的商品市场和要素市场逐渐连为一体。各国要很好地发展经济，必须全面掌握本国对外经济交往的全貌。国际收支作为一国对外经济交易的记录，是一国掌握本国对外经济情况的重要分析工具。

一、国际收支的含义

国际收支（Balance of Payments）是指一定时期内一国或地区的居民与非居民之间由于经济、政治、文化等多项往来而引起的全部国际经济交易系统的货币记录。要更好地理解国际收支概念的内涵，应注重从以下几个方面去把握：

（1）国际收支是流量的概念而非存量，是指一国在一定时期（常为一年）内发生的全部对外经济交易的系统记录。它与国际借贷的概念不同，后者是个存量的概念，是指一国在某一时点对外资产与负债的综合。

（2）国际收支所反映的内容是经济交易。所谓经济交易是指经济价值从一个单位向另一个单位的转移。分为：①一般的进出口贸易，即一般的商品、劳务的买卖；②易货贸易，指商品、劳务和商品、劳务之间的交换，即物物交换；③国际金融资产的交换；④国际实物捐赠，即无偿的、单向的商品和劳务转移；⑤国际捐款，即无偿的、单向的金融资产转移。

（3）反映的是居民与非居民之间的交易。居民即指在一国或地区居住期限达一年或一年以上的经济单位，包括个人、企业、政府、非营利团体。但是，一国的国外领事馆成员，在国外的驻军，被认为是派出国的居民。全球的国际机构被认为是所有国家的非居民，区域性机构也是如此。如联合国、国际货币基金组织、世界银行等是任何国家的非居民。

二、国际收支平衡表

（一）国际收支平衡表

国际收支平衡表（Balance of Payment Statement）是指系统记录一国或地区在一定时期内各种对外往来所引起的全部国际经济交易的一种统计报表。国际收支平衡表是按照现代会计学的复式簿记原理编制出来的会计报表，即以借、贷作为符号，有借必有贷，借贷必相等原理记录国际经济交易。在国际收支平衡表中，所有项目均可归纳为资金来源（借方）科目和资金占用（贷方）科目。借方记录资产的增加或负债的减少，贷方记录资产的减少或负债的增加，每笔交易都会产生一定金额的借方记录和贷方记录。

(二)国际收支平衡表的主要内容

一国国际收支平衡表所包括的内容很多,通常分为经常项目、资本和金融项目以及平衡项目。

1. 经常项目

经常项目(Current Account)也称经常账户或往来项目,是指一国或地区与外国或地区经常交往中发生的货币或资金的收支项目。它反映一国或地区最重要的、最经常的、最频繁的对外往来,是国际收支中的基本项目。它反映国与国之间的实际资源的转移,能够反映一国对外的经济实力与地位。该账户包括货物、服务、收入和经常转移四个科目。

(1)货物(Goods)。货物又称有形贸易(Visible Trade)账户,包括商品进口和出口两个科目,其差额称为贸易差额(Trade Balance)。根据 IMF 的规定,进出口商品的计价均应按 FOB 价计算。

(2)服务(Service)。服务又称无形贸易(Invisible Trade)账户,即通常所说的服务贸易。在科技日益飞速发展的今天,服务所包括的范畴非常广泛,而且在一国经济发展中的作用也越来越大。具体而言,该项主要包括运输、旅游、通信、建筑、保险、金融服务、计算机和信息服务、专有权使用费和其他个人服务、文化和娱乐服务等。

(3)收入(Income)。该科目主要包括两类交易:非居民的工资报酬,主要是指在非居民国家工作而得到的现金或实物形式的工资和福利;投资收益,是指居民因拥有国外金融资产而得到的收益,包括直接投资收益、证券投资收益、储备资产的收入和其他投资收益。

(4)单方面转移(Unilateral Transfers)。单方面转移也称经常转移,是指单方面的无偿的不对等的收支,主要包括政府间的无偿转移,如战争赔款,无偿的经济援助、军事援助、捐款等;私人的无偿转移,如侨汇、捐赠、继承和赠养费、资助性汇款等。

2. 资本和金融项目

资本和金融账户反映居民和非居民间金融资产的转移。该账户下设两个账户:

(1)资本账户(Capital Account)。该账户反映的是资产在国际转移,具体包括资本转移和非生产、非金融资产的收买或放弃。

(2)金融账户(Financial Account)。该账户反映金融资产在国与国之间的转移,即国际的资本流动,具体包括直接投资、证券投资和其他投资三个科目:①直接投资,其典型特征就是投资者对所投资的实体的经营管理拥有一定的发言权,采取的形式可以是直接在国外投资建厂、利润再投资或购买国外企业的股权达到一定的比例;②证券投资,是指购买国外企业的股票或债券但在一定比例以下的投资;③其他投资,是指除直接投资和证券投资以外的国际投资活动,主要包括贷款、预付款金、货币和存款等。

3. 平衡项目

平衡项目(Balancing Account),也称结算项目,是指在技术调整经常项目与资本项目不能自动达到平衡而留下的缺口项目,具体包括官方储备账户及错误和遗漏账户这两个二级账户。简单地说,平衡项目就是为了使国际收支平衡表达到平衡的项目。

(1)官方储备账户(Reserve Account)。官方储备账户具体包括黄金储备、外汇储备、在 IMF 中的储备头寸和特别提款权四个科目。由于该账户是为了平衡总差额而设立的账户,因此储备账户与以上账户借贷的方向相反,储备资产增加记借方(−),储备资产减少记贷方（+）。

（2）错误和遗漏账户（Errors and Omissions Account）。由于国际收支平衡表是采用会计学中的复式记账原理编制的，所以前面各科目形成的借方总额和贷方总额应该相等，报表最后的净值应当为零。但是在实际工作中，常常由于统计资料有误差或遗漏而导致报表出现借方余额或贷方余额而净值不为零。为了解决上述问题，常在国际收支平衡表中人为地设立一个错误和遗漏项目。如果前面所有项目出现借方余额，就在该账户的贷方列出与余额相等的数字；如果前面所有科目出现贷方余额，就在该账户的借方列出与余额相等的数字。

三、国际收支不平衡

（一）国际收支不平衡的标准

一般而言，一国的国际收支平衡表总是平衡的，但这并不代表该国的国际收支也是平衡的。国际收支平衡表的平衡仅仅是一种账面的平衡，是人为的，而判断一国的国际收支是否平衡要依据不同的标准。一般来讲，国际收支不平衡是指自主性交易不平衡。所谓自主性交易是指经济主体为了某种自主性目的而从事的各种经济活动。与自主性交易相对的是补偿性交易，也叫调节性交易，是指一个经济主体为了弥补自主性交易出现的差额或缺口而进行的各种经济活动。如果自主性交易是平衡的，国际收支就是平衡的，就没有必要进行调节性交易。因此，衡量一国国际收支是否平衡，是看其自主性交易是否平衡。

（二）国际收支不平衡的原因

对于一国来说，导致国际收支不平衡的原因往往很多。国际收支不平衡可能会对该国的经济产生许多不利影响，因此政府需要对国际收支进行调节。要想顺利地实现对国际收支的调节，首先需要分析国际收支失衡的原因，针对不同的原因采取不同的调节方式，才有可能达到预期的调节效果。具体而言，导致一国国际收支不平衡的原因有以下几种：

（1）临时性不平衡，是指短期的、由不确定的或偶然的因素引起的国际收支失衡。这种失衡一般程度较轻，持续时间不长，带有可逆性，可以认为是种正常现象。在浮动汇率制下，不需要政策调节，会自动得到纠正。在固定汇率制下，一般也不需要政策调节，动用储备便能调节。

（2）结构性不平衡，是指国内经济、产业结构不能适应市场的变化而发生的国际收支失衡。结构性不平衡通常反映在贸易账户或经常账户上，具有长期性，扭转相对比较困难，发展中国家经常发生这样一种国际收支不平衡。结构性失衡有两层含义：①经济和产业结构变动的滞后和困难所引起的国际收支失衡；②一国产业结构比较单一，或其产业生产和产品出口需求的收入弹性低，或出口需求的价格弹性高而进口需求的价格弹性低所引起的国际收支失衡。

（3）货币性不平衡，是指一定汇率下国内货币成本与一般物价上升而引起出口货物价格相对昂贵，进口货物价格相对便宜，从而导致的国际收支失衡。货币性不平衡可以是短期的，也可以是中长期的。

（4）周期性不平衡，是指一国经济周期波动所引起的国际收支失衡。当一国经济处于衰退期时，社会总需求下降，国际收支盈余，称为顺差；反之，则为逆差。这一情况在第二次世界大战时期表现得尤为明显。

（5）收入性不平衡，是指一国国民收入相对过快增长而导致进口需求增长超过出口增长而引起的国际收支失衡。国民收入过快增长的原因可以是多种多样的，可以是周期性的、货币性的或经济处于高速增长阶段引起的。这些原因引起的国民收入过快增长，导致进口需求增加，从而可能引起国际收支不平衡。

以上这些原因常导致国际收支不平衡，其中由经济结构因素和经济增长率变化所引起的际收支不平衡称为持久性不平衡，具有长期持久的性质。

四、国际收支不平衡的调节

（一）国际收支自动调节

国际收支自动调节是指国际收支失衡引起的国内经济变量变动对国际收支反作用的过程。国际收支失衡后，有时候不需要有关当局立即采取措施来消除，尤其是不是严重失衡的情况下。这种失衡常常作用于经济体系中的某些变量，使国际收支失衡逐步得到缓和，最终恢复平衡。国际收支自动调节机制只能在纯粹的自由经济中才能产生理论上所描述的那些作用。政府的某些宏观经济政策会自动干扰调节过程，使其作用下降、扭曲，或根本不起作用。下面选几个重要的变量加以介绍。

1．货币—价格机制

货币—价格机制是指国内货币存量与一般物价水平变动，以及相对价格水平变动对国际收支的影响。该机制的最早阐述者是 18 世纪的英国经济学家大卫·休谟，他的论述被称为价格—铸币流动机制。因为在当时参与流通的是金属铸币，故称价格—铸币流动机制。而目前参与流通的完全是纸币，但这两种机制的调节原理是一样的。货币—价格机制的调节过程为：①当 BOP 逆差时，货币流量增加，存量减少，国内一般物价水平下降，导致进口减少，国际收支得到改善；②当 BOP 逆差时，对外支出大于收入，对外币需求增加，导致本国货币汇率下降，从而出口增加，进口减少，国际收支得到改善。

2．收入机制

收入机制是指国民收入及社会总需求的变动对国际收支的影响。当 BOP 逆差时，对外支付增加，国民收入下降，引起社会总需求下降，从而进口需求下降，因此国际收支得到改善。

3．利率机制

利率机制是指利率的变化引起资本流动的变化进而影响国际收支。当国际收支发生逆差时，本国货币存量（供应量）相对减少，利率上升。而利率上升，表明本国金融资产的收益率上升，从而对本国金融资产的需求相对上升，对外国金融资产的需求相对减少，资金外流减少而资金内流增加，国际收支因此得到改善。

（二）国际收支失衡的政策调节

国际收支的自动调节机制虽然比较好，但是只有在特定的经济条件下才会发生作用。因此当一国国际收支失衡时，单纯依靠自动调节机制往往不能很好调节国际收支，需要主动采取适当的政策措施。

1．外汇缓冲政策

外汇缓冲政策是指一国政府为对付国际收支不平衡，把其黄金外汇储备作为缓冲体，通过中央银行在外汇市场上买卖外汇来消除国际收支不平衡所形成的外汇供求缺口,从而使收支不平衡所产生的影响仅限于外汇储备的增减,而不导致汇率的急剧变动和进一步影响本国经济。外汇缓冲政策的优点是简便易行,但它也有局限性,仅能用来对付临时性的失衡,不适合对付长期的、巨额的国际收支赤字,因为一国的外汇储备数量是有限的。

2. 财政和货币政策

当一国出现国际收支失衡的状态时,当局可以实行相应的财政政策和货币政策来进行调整,具体表现在:

(1)财政政策。在国际收支出现赤字的情况下,一国政府宜实行紧缩性的财政政策,抑制公共支出和私人支出,从而抑制总需求和物价上涨。总需求和物价上涨受到抑制,有利于改善国际贸易收支和国际收支;在国际收支盈余的情况下刚好相反。一国实行什么样的财政政策,一般主要取决于国内经济的需要。

(2)货币政策,也称金融政策。它是西方国家普遍、频繁采用的间接调节国际收支的政策措施。调节国际收支的货币政策工具主要有贴现政策、改变存款准备金率和公开市场业务。当国际收支逆差时,可以采取紧缩性的货币政策来提高利率,以吸引外国资金的流入和减少本国资金的流出,从而改善资本账户以改善国际收支;国际收支盈余时刚好相反。

3. 汇率政策

汇率政策是指一国通过汇率的调整来实现国际收支平衡的政策措施,一般用来应付货币性失衡。当国际收支赤字时,实行本币贬值,一般该国的贸易收支将改善,从而国际收支得到改善;国际收支盈余时刚好相反。但本币贬值要想改善国际收支会受到很多条件的限制,如本国是否有剩余的生产能力可以利用,本币贬值引起物价上涨社会是否可以承受等。

4. 直接管制

直接管制是指政府通过发布行政命令,对国际经济交易进行行政干预,以求国际收支平衡,具体包括外汇管制和贸易管制。直接管制通常能起到迅速改善国际收支的效果,能按照本国的不同需要,对进出口贸易和资本流动区别对待。但它并不能真正解决国际收支平衡的问题,只是将显性国际收支赤字变为隐性国际收支赤字。一旦取消管制,国际收支赤字会重新出现。此外,实行外汇管制政策,既为国际经济组织反对,又会引起他国的反抗和报复。此政策一般用来调整结构性的国际收支不平衡。

以上各种调节国际收支的政策都有一定的缺陷,因此一国要想成功地调节国际收支失衡,核心问题是当国际收支失衡时,根据国内经济的状况,正确使用并搭配不同类型的调节政策,以最小的代价达到国际收支平衡与均衡。

本章小结

1. 比较优势理论是最重要的解释是国际贸易的理论。该理论的主要观点是当每个国家把自己的生产集中于相对于生产其他产品更有效的产品上时,通过贸易也会有利于双方。

2. 赫克歇尔-俄林的要素禀赋论:各国会尽可能利用自己具有优势的生产要素来生产产品,而通过贸易来换取自己资源稀缺、竞争力差的产品。

3. 世界贸易组织成立于1995年1月1日,它的宗旨为"提高生活水平,保证充分就业和大幅度、稳步提高收入和有效需求，扩大货物和服务的生产与贸易，积极努力确保发展中国家，尤其是不发达国家在国际贸易增长中的份额，与其经济发展需要对称"。它涵盖货物贸易、服务贸易及知识产权贸易。它所制定的一系列多边协议和规则对推动各国贸易和经济乃至全球的贸易和经济发展起着重要的作用。

4．1944 年签署的布雷顿森林协议既创立了国际货币基金组织，也创立了世界银行。国际金融体系是国际调剂资金盈余单位和资金赤字单位之间资金流动的各种制度安排，以及资本的流动性管理和各种汇率安排。它还涉及国际资本流动和国际货币金融政策协调问题。

5．国际收支是一种统计报表，它系统地记载了在特定时期内一个经济体与世界其他地方的各种经济交易。按照国际货币基金组织 1993 年出版的《国际收支手册》，国际收支平衡表分为经常项目账户、资本与金融项目账户和平衡项目账户。

思考与练习

一、重要概念

国际贸易　　世贸组织（WTO）　　关贸总协定（GATT）　　国际金融体系
国际收支　　经常项目　　　　　　平衡项目

二、思考题

1．比较分析绝对优势论和相对优势论的异同点。
2．简述李斯特保护幼稚工业理论的主要观点和内容。联系我国实际谈谈它对我国贸易政策的制定有何启示。
3．简述 WTO 的宗旨、职能和基本原则。
4．结合实际谈谈中国应如何参与国际金融体系的改革。
5．如何理解国际收支的定义？
6．国际收支平衡表有哪些内容？

参 考 文 献

[1] 保罗·萨缪尔森,威廉·诺德豪斯. 经济学[M]. 18版. 萧琛,译. 北京:人民邮电出版社,2008.
[2] 高鸿业. 西方经济学[M]. 4版. 北京:中国人民大学出版社,2007.
[3] 曼昆. 经济学原理[M]. 梁小民,梁砾,译. 北京:北京大学出版社,2009.
[4] 郑健壮,王培才. 经济学基础[M]. 北京:清华大学出版社,2009.
[5] 伍柏麟,尹伯成. 经济学基础教程[M]. 上海:复旦大学出版社,2008.
[6] 李明泉. 经济学基础[M]. 3版. 大连:东北财经大学出版社,2010.
[7] 杨干忠. 社会主义市场经济概论[M]. 2版. 北京:中国人民大学出版社,2008.
[8] 缪代文. 微观经济学与宏观经济学[M]. 北京:高等教育出版社,2000.
[9] 郭羽诞,陈必大. 新编现代西方经济学教程[M]. 上海:上海财经大学出版社,1996.
[10] 王爱红,韩梅. 经济学基础[M]. 北京:机械工业出版社,2011.
[11] 傅晨. 经济学基础[M]. 广州:广东高等教育出版社,2002.
[12] 王建民. 管理经济学[M]. 北京:北京大学出版社,2002.
[13] 陈荣耀,方胜春,徐莉萍. 微观经济学[M]. 上海:东华大学出版社,2002.
[14] 柴泳,杨伯华. 西方经济学[M]. 成都:西南财经大学出版社,1996.
[15] 李羽中. 西方经济学[M]. 广州:广东高等教育出版社,1999.
[16] 董堇. 国际贸易实务[M]. 北京:高等教育出版社,2001.
[17] 李国津,杜木恒. 管理经济学[M]. 北京:中国对外经济贸易出版社,1998.
[18] 张瑞恒. 经济学原理[M]. 重庆:重庆大学出版社,2006.
[19] 王玉珍. 国际金融[M]. 北京:北京工业大学出版社,2000.

参考文献